“一带一路”

沿线国家出口比较优势分析与进口需求研究

南亚和中亚国家

李敬　雷俐　李志军 等／著

B&R

经济日报出版社

“一带一路”沿线国家出口比较优势分析与进口需求研究：南亚和中亚国家

李 敬 雷 俐 李志军等著

主要作者

李　敬　重庆工商大学经济学院

雷　俐　重庆工商大学长江上游经济研究中心

邓　靖　重庆社会科学院

田　文　重庆大学公共管理学院

李志军　《管理世界》经济研究院

周平录　对外经济贸易大学

陈晓易　对外经济贸易大学

王　静　中国社会科学院大学

单　珊　吉林大学创新发展研究院（北京）

贺　静　《管理世界》经济研究院

王冬晨　《管理世界》经济研究院

李逸飞　《管理世界》经济研究院

张世国　《管理世界》经济研究院

王　宇　《管理世界》经济研究院

禤俊名　《管理世界》经济研究院

徐　迅　《管理世界》经济研究院

序 言

2013年国家主席习近平提出“一带一路”倡议，旨在借用古代丝绸之路的历史符号，高举和平发展的旗帜，积极发展与沿线国家的经济合作伙伴关系，共同打造政治互信、经济融合、文化包容的利益共同体、命运共同体和责任共同体。共建“一带一路”正在成为中国参与全球开放合作、改善全球经济治理体系、促进全球共同发展繁荣的中国方案。

五年来，中国政府坚持开放合作、和谐包容、市场运作、互利共赢原则，积极促进政策沟通、设施联通、贸易畅通、资金融通、民心相通，取得显著成绩。政策沟通深入有效，政治互信不断加强。截至2019年3月，中国已经与123个国家和29个国际组织签署了171份共建“一带一路”合作文件。“一带一路”国际合作高峰论坛、G20杭州峰会、博鳌亚洲论坛等已成为中国与“一带一路”国家高层交往的重要平台。设施联通发展迅猛。目前，中国港口已与世界200多个国家、600多个主要港口建立航线联系，海运互联互通指数保持全球第一。海运服务已覆盖“一带一路”沿线所有沿海国家。中国与“一带一路”国家的铁路联通水平表现突出，截至2018年底，中欧班列累计开行数量突破12000列，国内开行城市56个，到达欧洲15个国家49个城市。贸易畅通成效明显。五年来，中国与“一带一路”参与国贸易和投资合作不断扩大，形成了互利共赢的良好局面。2013年至2017年，中国与“一带一路”国家进出口总额达69756.23亿美元，与相关国家贸易增速高于中国对外整体增速，成为推动中国外贸加速回暖的重要力量。资金融通持续扩容。截至2018年底，亚投行成员已达93个，来自“一带一路”的小伙伴超过6成；中国出资400亿美元成立的丝路基金；24个国家设立中资银行分支机构102家；人民币跨境支付系统覆盖俄罗斯、新加坡、马来西亚等40个“一带一路”国家165家银行。民心相通增进友谊。五年来，中国与“一带一路”参与国家之间科教文卫等多层次、多领域人文交流合作务实推进，“一带一路”的民意基础进一步夯实。

在逆全球化浪潮滚滚而来、国际环境复杂多变的背景下，加快推进“一带一路”建设，对促进沿线各国的持续发展与加强区域合作具有十分重大的战略意义。“一带一路”沿线各国资源禀赋各异，潜藏着彼此合作的巨大潜力和空间。本丛书从出口产业比较优势、出口主导产业分布、出口比较优势变化、进口需求及其变化等维度，详细剖析“一带一路”沿线国家的产业情况，可为中国企业参与“一带一路”沿线国家产能合作提供支撑，也可为政府政策制订提供参考。

作者

2019 年 3 月于重庆

目　录

南亚和中亚国家总体情况

南亚 8 国主要包括：印度、巴基斯坦、孟加拉国、斯里兰卡、阿富汗、尼泊尔、马尔代夫和不丹。其中，尼泊尔、阿富汗、不丹为内陆国家；印度、巴基斯坦、孟加拉国为临海国家；斯里兰卡和马尔代夫是岛国。本章节主要从出口比较优势分析、出口主导产业以及进口需求等方面对南亚国家的产业进行分析。由于联合国商品与贸易统计数据库并未完全公布不丹的相关产业数据，因此重点分析了南亚其他 7 个国家的产业情况。

出口比较优势产业方面，印度、巴基斯坦的棉花及其相关产业具有极高的比较优势；孟加拉国的黄麻以及以黄麻为主的纺织产业具有极高的比较优势；斯里兰卡具有出口比较优势的产业主要是茶和香料；阿富汗的水果及其相关产业，马尔代夫的水产产业都具有绝对的比较优势；而尼泊尔的出口比较优势产业则体现在其皮革及其相关产业上。通过对比南亚国家的比较优势产业与出口主导产业发现，因阿富汗、马尔代夫和尼泊尔国家的资源和产业相对单一，因此其出口比较优势产业与出口主导产业都具有较强的一致性。而其他南亚国家的比较优势产业与出口主导产业不具有一致性。对比 2005 年与 2016 年南亚各国比较优势产业的动态变化发现，整体上出口比较优势产业都呈现出弱化趋势。

进口需求方面，南亚国家进口产品结构相似度较高。主要进口矿产品、化学工业及其相关工业的产品；机器、机械器具、电气设备及其零件；车辆、船舶及其相关运输设备等产品。

中亚 5 国主要包括：哈萨克斯坦、乌兹别克斯坦、土库曼斯坦、吉尔吉斯斯坦、塔吉克斯坦。本章节主要从出口比较优势分析、出口主导产业以及进口需求等方面对中亚国家的产业进行分析。由于联合国商品与贸易统计数据库并未完全公布乌兹别克斯坦、土库曼斯坦、塔吉克斯坦的相关产业数据，因此重点分析了哈萨克斯坦、吉尔吉斯斯坦的产业情况。

出口比较优势产业方面，2005 年，哈萨克斯坦在铍及其制品、铍废碎料等稀土产业上具有明显的比较优势；吉尔吉斯斯坦石棉水泥、纤维素纤维水泥等波纹板、暂时保存的猎物等产业上具有明显的比较优势。2016 年，哈萨克斯坦在未锻轧铍、铍粉末等产业具有明显比较优势；吉尔吉斯斯坦苹果干和驴等产业具有明显的比较优势。2005 年至 2016 年，哈萨克斯坦在稀土资源上具有显著的比较优势，但是在出口商品中却表现出对能源产品的依赖；吉尔吉斯斯坦在苹果干、驴、适于缫丝的桑蚕茧等产品上具有显著的比较优势，但是在出口商品中却表现出对非货币用未锻造金等产品的依赖。

进口需求方面，哈萨克斯坦主要进口药物、开采工具及其零件、能源及其制品、矿物原材料、交通工具及其零件等；吉尔吉斯斯坦主要进口能源及其制品、塑胶制品、药物、化工制品、机械零配件等。

一、印度出口比较优势分析与进口需求研究

（一）印度出口比较优势分析

表 IN-1 显示了 2005 年印度出口比较优势指数排名前 100 的产品。比较优势指数反映了一国某产品在全球此类产品出口中的竞争力。若 RCA>1，表明该国此产品具有比较优势，若 RCA>2.5，则说明该产品具有极强的比较优势。从 2005 年印度出口产品前 100 的产品来看，所有产品的比较优势指数 RCA 都大于 2.5，即这 100 种产品相对于其他产品在国家贸易中更具竞争优势。2005 年排名前 10 的产品主要为动、植物油、脂及其分解产品；化学工业及其相关工业的产品；纺织原料及纺织制品；贱金属及其制品；矿产品；食品。具体包括：蓖麻油及其分离品；六氯苯 ISO 及滴滴涕 ISO，INN；椰壳纤维制的铺地制品未簇绒或未植绒不论是否制成的；其他有机化合物；高速钢轧辊；非合金生铁；棉制非针织或钩编的其他装饰制品；非零售精梳粗支纯棉单纱；水煤气、炉煤气及类似气体；花生饼及类似油渣。其比较优势指数分别为 87.4429、87.0299、86.2949、85.6434、85.3041、80.6126、80.4906、80.3576、76.4704、75.8828。可以看出，印度出口产品中，各产品的比较优势指数差距较小，不存在垄断竞争的产品。从产品整体的类别来看，印度的动植物油、脂及其分解产品；精制的食用油脂；动、植物蜡；化学工业及其相关工业的产品；贱金属及其制品；纺织原料及纺织制品；矿产品等具有明显的比较优势。

表 IN-1　2005 年印度比较优势指数排名前 100 产品

排名	产品名称	RCA	排名	产品名称	RCA
1	蓖麻油及其分离品	87.4429	51	其他材料制披巾、头巾及类似品包括围巾、披纱、面纱及类似品	35.4007
2	六氯苯 ISO 及滴滴涕 ISO，INN	87.0299	52	米糠、麸及其他残渣	35.3208
3	椰壳纤维制的铺地制品未簇绒或未植绒，不论是否制成的	86.2949	53	含锑，铍，镉，铬及混合物的矿渣、矿灰及残渣	35.2113

续表

排名	产品名称	RCA	排名	产品名称	RCA
4	其他有机化合物	85.6434	54	蓖麻油及其分离品	34.8979
5	高速钢轧辊	85.3041	55	针织或钩编的棉织窗帘和内部百叶窗	34.5981
6	非合金生铁，按重量计含磷量在 0.5% 以上	80.6126	56	非针织或钩编的羊毛或动物细毛的男式或男式衬衫	34.1744
7	棉制非针织或钩编的其他装饰制品	80.4906	57	铬矿砂及其精矿	34.0541
8	非零售精梳粗支纯棉单纱，粗支指单纱细度≥ 714.29 分特，含棉量≥ 85%	80.3576	58	谷子	34.0240
9	水煤气、炉煤气及类似气体	76.4704	59	硅铬铁	34.0140
10	花生饼及类似油渣	75.8828	60	苯甲醛	33.3564
11	云母废料	74.9729	61	美沙酮中间体，芬普雷司及其盐	33.2386
12	其他拼贴画及类似装饰板	73.4127	62	其他：铁除了铸铁或钢，珐琅	33.0470
13	椰壳纤维纱线	73.1400	63	氨基羟基萘磺酸及其盐	31.7758
14	砂岩，不论是否粗加修整	72.5147	64	刚玉岩、天然刚玉砂等天然磨料	31.7096
15	其他油菜子油渣饼及固体残渣	70.7553	65	未漂白全棉平纹布每平方米重量不超过 100 克，含棉 85% 及以上	31.4589
16	供零售用纯棉纱线，纯棉纱线指按重量计含棉量≥ 85%，缝纫线除外	70.1120	66	其他动物湿革经鞣制不带毛	31.4280
17	黄麻及其他韧皮纤维多股纱或缆线	69.8775	67	其他薄荷油	31.1825
18	砂岩切割成矩形	68.5764	68	手工制纸及纸板	30.9241
19	供零售用混纺棉纱线，混棉纱线指按重量计含棉量< 85%，缝纫线除外	66.5606	69	右丙氧吩 INN 及其盐	30.5484
20	核反应堆	62.7176	70	棉纱	30.2685
21	含硬锌的矿渣、矿灰及残渣	62.6110	71	非零售精梳微支纯棉多股纱，微支指单纱细度在 <83.33 分特，含棉≥ 85%	30.0156
22	未编织的其他非绒头地毯和地板覆盖物	60.3116	72	针织或钩编的男式大衣、短大衣、斗篷、短斗篷	29.2910
23	未漂白黄麻或韧皮纤维机织物宽度超过 150 厘米	59.6852	73	山羊或小山羊干革经鞣制不带毛	29.1916
24	虫胶	58.5566	74	吡啶及其盐	28.5575
25	其他录音磁带，宽度≤ 4 毫米	58.1425	75	棉制女式西服套装	28.2408
26	经梳理、稀疏等方法加工的人发包括作假发及类似品用羊毛、其他动物毛或其他纺织材料	56.9753	76	二氯二氟甲烷 CFC-12	27.3361

续表

排名	产品名称	RCA	排名	产品名称	RCA
27	麻黄素及其盐	55.7781	77	其他羊毛或动物细毛制女童衬衫	27.1350
28	山羊或小山羊湿革经鞣制不带毛	55.2564	78	加工的山羊或小山羊皮革经鞣制或半硝后进一步加工，不带毛，羊皮纸化处理	27.0717
29	薄荷醇	53.3669	79	其他皮革制外底的皮革面短筒靴过踝	26.9778
30	非零售粗梳粗支纯棉单纱，粗支指单纱细度≥ 714.29 分特，含棉量≥ 85%	53.0573	80	适于缫丝的桑蚕茧	26.2835
31	其他纺织料未制成起绒铺地制品未簇绒或未植绒	47.3125	81	棉制女式衬衫	25.8585
32	鸦片液汁及浸膏	46.8993	82	非零售其他纯人纤短纤多股纱线包括缆线，纯指按重量计其他人造纤维短纤含量≥ 85%	25.6180
33	未制成的羊毛起绒地毯及铺地制品包括动物细毛制，未簇绒或未植绒	43.7302	83	与棉混纺印花人纤短纤织物人造纤维短纤含量在 85% 以下	25.6067
34	原状或粗加修整花岗岩	43.1629	84	神香及其他通过燃烧散发香气制品	25.5511
35	焚化城市垃圾所产生的灰、渣	42.9084	85	漂白的平纹织物与人造纤维混纺，按重量计含棉量＜ 85%，每平方米重＞ 200 克	25.4673
36	其他皮革条带为鞋面的皮底鞋皮革条带交叉于脚背并绕大脚趾的	42.7755	86	板岩	25.4395
37	其他床罩	42.4202	87	非零售棉缝纫线按重量计含棉量在 85% 及以上	25.3192
38	非零售精梳特细支纯棉单纱特细支指单纱细度在 106.38–125 分特之间，含棉≥ 85%	41.9024	88	芝麻	24.7655
39	黄麻制其他货物包装袋	41.7357	89	非零售与人纤短纤混纺聚酯短纤纱混纺指按重量计聚酯短纤含量在 85% 以下	24.6332
40	其他废油	41.5005	90	一氯代乙酸的盐和酯包括二氯乙酸或三氯乙酸的盐和酯	24.5427
41	1–1，3– 苯并二噁茂 –5– 基丙烷 –2– 酮	40.9732	91	其他丙二酰脲的衍生物及它们的盐	24.4027
42	芬乙茶碱及其盐	39.7174	92	氨基化合物	23.7579
43	非零售粗梳特细支纯棉多股纱，特细支指单纱细度＜ 125 分特，含棉量≥ 85%	39.2730	93	镀锌的瓦楞形铁或非合金钢宽板材电镀锌的除外，宽≥ 600 毫米	23.7040

续表

排名	产品名称	RCA	排名	产品名称	RCA
44	奎宁及其盐	38.4279	94	苯胺衍生物及其盐	23.6342
45	刺槐豆胶液及增稠剂	36.9842	95	未漂白的全棉平纹机织平布指每平方米重超过 200 克，含棉 85% 及以上	23.4118
46	二氯四氟乙烷	36.9702	96	其他动物干革经鞣制不带毛	23.3472
47	合金生铁、镜铁	36.9143	97	蒽酮酸及其盐类	23.0961
48	可卡因、左甲苯丙胺、去氧麻黄碱、芽子碱以及它们的盐类	36.2083	98	厚度小于 0.5 毫米的冷轧非卷材除冷轧外未进一步加工，宽≥ 600 毫米，未包、镀、涂层	22.7911
49	茉莉花精油	36.1461	99	非零售聚酯短纤多股纱线或缆线	22.5147
50	原状云母及劈开的云母片	35.9968	100	棉制女式连衣裙	22.4950

数据来源：由联合国商品贸易数据计算整理所得

2016 年，印度比较优势指数排名前 100 产品的值都大于 2.5。即这些产品在国家贸易中更具竞争优势。其中排名前 10 的产品主要为化学工业及其相关工业的产品；纺织原料及纺织制品；矿产品；玻璃及其制品；动、植物油、脂及其分解产品；精制的食用油脂；动、植物蜡；植物产品。具体包括六氯苯 ISO 及滴滴涕 ISO，INN；d– 去甲假麻黄碱 INN 及其盐；未漂白黄麻或韧皮纤维机织物；云母废料；砂岩；玻璃阴极射线管；蓖麻油及其分离品；鸦片液汁及浸膏；苯丙酮苯基丙 –2– 酮；椰壳纤维制的铺地制品，其比较优势指数分别为 55.4710、50.4454、50.3606、48.9903、48.4062、47.8307、47.4771、47.3025、45.8202、45.7877。同时由表 IN–2 可知，印度各类产品的比较优势分布较为均匀，各个产品的比较优势指数差距较小。整体来看，2016 年，印度在化学工业及其相关工业的产品；纺织原料及纺织制品；矿产品；动、植物油、脂及其分解产品；精制的食用油脂；动、植物蜡；植物产品等方面具有显著的比较优势。

表 IN–2　2016 年印度比较优势指数排名前 100 产品

排名	产品名称	RCA	排名	产品名称	RCA
1	六氯苯 ISO 及滴滴涕 ISO，INN	55.4710	51	棉短绒	23.7694
2	d– 去甲假麻黄碱 INN 及其盐	50.4454	52	非零售精梳中支纯棉单纱，中支指单纱细度为 232.56–714.29 分特之间，含棉量≥ 85%	23.6190
3	未漂白黄麻或韧皮纤维机织物宽度超过 150 厘米	50.3606	53	其他油菜子油渣饼及固体残渣	23.5547

续表

排名	产品名称	RCA	排名	产品名称	RCA
4	云母废料	48.9903	54	经简单切削或锯开的花岗岩及制品具有一个平面	23.2814
5	砂岩	48.4062	55	非零售精梳特细支纯棉多股纱，特细支指单纱细度在 106.38–125 分特之间，含棉量≥ 85%	23.2645
6	玻璃阴极射线管	47.8307	56	羊毛或动物细毛制的结织栽绒地毯包括羊毛或动物细毛制的其他结织栽绒铺地制品	23.1746
7	蓖麻油及其分离品	47.4771	57	刚玉岩、天然刚玉砂等天然磨料	23.1564
8	鸦片液汁及浸膏	47.3025	58	未制成的羊毛起绒地毯及铺地制品包括动物细毛制，未簇绒或未植绒	22.7855
9	苯丙酮苯基丙 –2– 酮	45.8202	59	成片或成卷的压缩石棉纤维接合材料不含青石棉制品	22.1474
10	椰壳纤维制的铺地制品未簇绒或未植绒，不论是否制成的	45.7877	60	与棉混纺染色聚酯短纤其他机织物合成短纤 85% 以下，每平方米重≤ 170 克	21.8653
11	椰壳纤维纱线	42.9758	61	钠的其他硫酸盐	21.7400
12	其他有机化合物	39.4189	62	印花全棉平纹织布每平方米重量不超过 100 克，含棉 85% 及以上	21.6971
13	其他床罩	39.3319	63	加工的山羊或小山羊皮革经鞣制或半硝后进一步加工，不带毛，羊皮纸化处理	21.5370
14	棉制非针织或钩编的其他装饰制品	38.3433	64	其他茶碱和氨茶碱及其衍生物、盐	21.5354
15	非零售粗梳细支纯棉多股纱，细支指单纱细度在 192.31–232.56 分特之间，含棉量≥ 85%	37.4875	65	其他纺织材料制线，绳，索，缆可编织或编结，可用橡胶或塑料浸渍、涂布，包覆，套裹	21.4015
16	其他丙二酰脲的衍生物及它们的盐	36.8196	66	其他纺材制针织或钩编男睡衣裤	21.2143
17	非零售粗梳较细支纯棉单纱	36.5391	67	金鸡纳生物碱及其衍生物以及它们的盐	21.1439
18	原状或粗加修整花岗岩	35.7115	68	活性染料及以其为基本成分的制品	20.8890
19	非零售精梳粗支纯棉单纱，粗支指单纱细度≥ 714.29 分特，含棉量≥ 85%	35.4939	69	其他纺织材料制成的起绒铺地制品	20.7377
20	非零售粗梳特细支纯棉单纱，特细支指单纱细度＜ 125 分特，含棉量≥ 85%	33.5868	70	镀锌的瓦楞形铁或非合金钢宽板材电镀锌的除外，宽≥ 600 毫米	20.2708
21	萘酚及其盐	32.5711	71	神香及其他通过燃烧散发香气制品	20.0494

续表

排名	产品名称	RCA	排名	产品名称	RCA
22	刺槐豆胶液及增稠剂	32.5600	72	精米	19.8677
23	棉制女式西服套装	32.5479	73	未制成的化纤起绒地毯及铺地制品未簇绒或未植绒	19.7376
24	非零售精梳较细支纯棉单纱，较细支指单纱细度在 125-192.31 分特之间，含棉量≥ 85%	32.1881	74	铁锭及非合金钢锭	19.6635
25	非零售精梳超特细支纯棉单纱超特细支指单纱细度在 83.33-106.38 分特之间，含棉≥ 85%	31.7657	75	其他去壳花生，不论是否破碎	19.5336
26	麻黄素及其盐	31.4546	76	羊毛簇绒地毯及其他簇绒铺地制品包括动物细毛制，不论是否制成	19.4655
27	非零售精梳中支纯棉单纱，中支指单纱细度为 232.56-714.29 分特之间，含棉量≥ 85%	31.4248	77	其他废油	19.3863
28	其他簇绒地毯及其他簇绒铺地制品羊毛、化纤制除外，不论是否制成	31.1253	78	非零售精梳微支纯棉单纱，微支指单纱细度 <83.33 分特，含棉量≥ 85%	19.3616
29	黄麻制其他货物包装袋	30.9533	79	薄荷醇	19.1141
30	其他薄荷油	30.7374	80	其他纺织材料制结织地毯包括其他纺织材料制结织铺地制品	19.0691
31	非零售粗梳特细支纯棉多股纱，特细支指单纱细度＜ 125 分特，含棉量≥ 85%	30.6056	81	氨基羟基萘磺酸及其盐	19.0364
32	合纤制女式西服套装	30.1344	82	镶嵌钻石的银首饰及其零件不论是否包、镀其他贵金属	19.0021
33	经梳理、稀疏等方法加工的人发包括作假发及类似品用羊毛、其他动物毛或其他纺织材料	30.1336	83	其他提取的油树脂	18.8723
34	非零售精梳超特细支多股纱，超特细支指单纱细度在 83.33-106.38 分特之间，含棉≥ 85%	29.9789	84	未上釉的小陶瓷砖，瓦，块及类似品小指最大表面积可置入边长＜ 7 厘米的方格为限	18.5843
35	人造制男式长睡衣及睡衣裤	29.7879	85	“开来姆”，“苏麦克”，“卡拉马尼”地毯包括类似的手织地毯	18.5435
36	其他油渣饼及固体残渣	28.5670	86	芝麻	18.4924
37	其他材料制披巾、头巾及类似品包括围巾、披纱、面纱及类似品	28.4464	87	其他纺织材料制见底布刺绣品成匹，成条或成小块图案	18.2471

续表

排名	产品名称	RCA	排名	产品名称	RCA
38	非零售粘胶纤维高强力纱	28.1233	88	不见底布的刺绣品成匹，成条或成小块图案	18.2060
39	织物宽 >30 厘米的梭织非动力织机	27.3303	89	苯胺衍生物及其盐	18.1935
40	黄麻及其他韧皮纤维多股纱或缆线	26.9276	90	硅锰铁	17.7414
41	生的或经加工、未纺制的椰壳、蕉麻、苎麻纤维包括短纤，落麻，废料，废椰壳纱线及回收纤维	26.7574	91	热轧不锈钢带材厚度≥ 4.75 毫米除热轧外未经进一步加工宽度< 600 毫米	17.7054
42	非零售精梳特细支纯棉单纱，特细支指单纱细度在 106.38–125 分特之间，含棉≥ 85%	26.7569	92	蒽酮酸及其盐类	17.7011
43	印花的其他纯合纤长丝布纯合纤布指按重量计其他合成纤维长丝含量≥ 85%	26.4628	93	其他碑用或建筑用石	17.6942
44	非零售与其他混纺聚酯短纤纱线混纺指按重量计聚酯短纤含量在 85% 以下	25.5443	94	饰面用红柳桉木制单板深红色、浅红色红柳桉木巴梯红柳桉木，厚度≤ 6 毫米	17.6280
45	已冲洗的其他中宽电影胶片	25.4324	95	生或沤制黄麻，其他纺织韧皮纤维不包括亚麻，大麻，苎麻	17.3716
46	其他连二亚硫酸盐及次硫酸盐	24.6798	96	其他毯子及旅行毯	17.1946
47	种用谷子	24.3994	97	制成的其他纺材制非起绒铺地制品	16.9608
48	伪麻黄碱 INN 及其盐类	24.3752	98	合纤制针织或钩编其他男便服套装	16.8534
49	其他含碳量小于 0.25% 的钢坯	24.1802	99	火柴，但品目 3604 的烟火制品除外	16.8352
50	原状云母及劈开的云母片	23.9026	100	去甲麻黄碱及其盐	16.8171

数据来源：由联合国商品贸易数据计算整理所得

2005 年到 2016 年，印度出口比较优势有所变化。从比较优势指数来分析，相对于 2005 年，2016 年印度前 100 名产品的比较优势指数总体有所下降，比较优势均值从 43.4056 下降到 27.1917，降幅为 37.35%；比较优势指数最大值从 87.4429，下降到 55.4710，降幅为 36.56%；最小值从 22.4950 下降至 16.8171，降幅为 25.24%；组间差距也逐渐缩小。这表明印度在国际上具比较优势的产品的竞争力逐渐减弱，且各产品之间的比较优势差距逐年减少。

从产品整体结构来看，2005 年与 2016 年排名前 10 的产品种类相对比较稳定，有机化学品；棉花；地毯及纺织材料的其他辅地制品；盐、硫磺泥土及石料、石膏料、石灰及水泥；钢铁等产品始终具有较大的比较优势。相对于2005年，2016年非针织或非钩编的服装及衣着附件；动植物纺织制成品等产品的比较优势逐渐凸显，而动植物油、脂及其分解产品的比较优势逐渐消失。

从排名前10的具体产品来看，产品比较优势指数变动幅度较大。2005年排名前3的比较优势产品：蓖麻油及其分离品、椰壳纤维制的铺地制品，分别下降到2016年的第7和第10。比较优势指数从87.4429与86.2949下降到47.4771与45.7877。六氯苯ISO及滴滴涕ISO，INN虽然从第2上升到第1，但其比较优势指数却从87.0299下降到了55.4710。总的来看，相比于2005年，d-去甲假麻黄碱INN及其盐、未漂白黄麻或韧皮纤维机织物；云母废料；砂岩；玻璃阴极射线管；鸦片液汁及浸膏；苯丙酮苯基丙-2-酮在2016年印度出口产品中的比较优势逐渐凸显。而其他有机化合物；非合金生铁；棉制非针织或钩编的其他装饰制品；非零售精梳粗支纯棉单纱；水煤气；炉煤气及类似气体；花生饼及类似油渣等产品的比较优势变得不明显。

（二）印度出口主导产业分析

1. 出口主导产业测度

出口主导产业是由产业出口额占国家总出口额的比例来衡量的，所占比例越大，表明其在出口中所占地位越重，同时表明，此国生产相应产品的能力越强或拥有相应丰富的资源。表IN-3及表IN-4分别表示2005年与2016年印度出口额排名前100主导产品。

表IN-3　2005年印度出口额排名前100产品

单位：万美元、%

排名	产品名称	出口值	占比	排名	产品名称	出口值	占比
1	非工业用其他钻石未镶嵌	1158884.83	11.55	51	厚＜3毫米的热轧不锈钢卷板宽度≥600毫米	23957.72	0.24
2	石油油和油脂	763683.48	7.61	52	原状或粗加修整花岗岩	23261.95	0.23
3	未烧结的铁矿石和精矿焙烧黄铁矿除外	377588.65	3.76	53	羊毛或动物细毛制的结织栽绒地毯包括羊毛或动物细毛制的其他结织栽绒铺地制品	23218.93	0.23
4	其他贵金属制首饰及其零件不论是否包、镀其他贵金属	313068.50	3.12	54	初级形状的聚丙烯	22939.76	0.23
5	轻油及制品	235259.88	2.34	55	其他发动机的专用零件指品目8407或8408所列的其他发动机	22926.83	0.23

续表

排名	产品名称	出口值	占比	排名	产品名称	出口值	占比
6	其他有机化合物	163405.93	1.63	56	蓖麻油及其分离品	22791.49	0.23
7	精米	158017.52	1.57	57	排量≤250毫升装往复式活塞内燃发动机摩托车及脚踏两用车	22735.31	0.23
8	其他已配定剂量的药品	138927.85	1.38	58	餐桌、厨房等家用不锈钢器具包括零件、已搪瓷的	22515.91	0.22
9	未按种类指定的商品	112264.97	1.12	59	品目8471所列其他机器零附件	22125.55	0.22
10	镀锌的其他形铁或非合金钢宽板材电镀锌的除外，宽≥600毫米	106627.51	1.06	60	其他阀门用于管道、锅炉、罐、桶或类似品的	22102.16	0.22
11	棉制针织或钩编T恤衫、汗衫等	106510.03	1.06	61	刺槐豆胶液及增稠剂	21827.08	0.22
12	棉制女式衬衫	95217.19	0.95	62	未锻轧非合金铝	21783.97	0.22
13	棉制非针织或钩编的其他装饰制品	78903.68	0.79	63	未制成的羊毛起绒地毯及铺地制品包括动物细毛制，未簇绒或未植绒	21434.84	0.21
14	棉制男式衬衫	72614.92	0.72	64	以皮革，再生皮革作面钱包等物品	21216.14	0.21
15	其他零件和附件	70813.31	0.71	65	冷成形或冷加工的不锈钢条、杆除冷加工外未进一步加工的不锈钢条、杆	20590.16	0.21
16	提炼豆油所得的油饼和其他固体残渣	64327.31	0.64	66	其他鞋面及其零件	20035.95	0.20
17	纺织材料制未列名制品	56962.61	0.57	67	高速钢平轧产品，宽度＞600毫米	19744.24	0.20
18	精炼铜的阴极型材未锻轧的	54981.70	0.55	68	其他：铁除了铸铁或钢，珐琅	19382.38	0.19
19	1升＜排量≤1.5升带点燃往复式活塞内燃发动机其他车	49312.84	0.49	69	棉制女式连衣裙	18996.89	0.19
20	杀虫剂	48761.54	0.49	70	棉制女式长、马、短裤	18928.45	0.19
21	棉制女式裙子及裙裤	47617.84	0.47	71	其他木家具	18510.92	0.18
22	其他贱金属制仿首饰	44916.28	0.45	72	以皮革，再生皮革，漆皮作面手提包不论是否有背带，包括无把手的	18378.48	0.18

续表

排名	产品名称	出口值	占比	排名	产品名称	出口值	占比
23	非工业用钻石未加工或经简单锯开，劈开或粗磨，未镶嵌	43013.63	0.43	73	颜料及以其为基本成分的制品	18111.33	0.18
24	棉制针织或钩编男衬衫	41687.69	0.42	74	厚度＜0.5毫米的非合金钢冷轧卷材未进一步加工，宽≥600毫米，未包、镀、涂层	17855.50	0.18
25	已烧结铁矿砂及其精矿	41676.91	0.42	75	化学纤维制女式衬衫	17426.95	0.17
26	其他拼贴画及类似装饰板	40156.03	0.40	76	化纤制其他地毯及其他铺地制品不论是否制成的	17382.67	0.17
27	经简单切削或锯开的花岗岩及制品具有一个平面	39229.88	0.39	77	他加工的其他宝石或半宝石未成串或镶嵌	16766.74	0.17
28	厚度＜3毫米的其他热轧卷材除热轧外未进一步加工宽≥600毫米，未包、镀、涂层	38960.47	0.39	78	芝麻	16611.11	0.17
29	纵向埋弧焊接石油、天然气粗钢管，粗钢管指外径超过406.4毫米	36024.98	0.36	79	部分或全部去梗的烟草	16443.87	0.16
30	初级形状的聚对苯二甲酸乙二酯	34112.33	0.34	80	骡	16357.53	0.16
31	最大截面尺寸＞6毫米的精炼铜丝	33906.18	0.34	81	棉制针织或钩编女睡衣及睡衣裤	16171.01	0.16
32	非零售粗梳粗支纯棉单纱，粗支指单纱细度≥714.29分特，含棉量≥85%	33680.65	0.34	82	其他硅酸盐水泥	16128.12	0.16
33	氧化铝，但人造刚玉除外	33590.72	0.33	83	其他不以航行为主要功能的船舶包括灯船、消防船、起重船	15923.45	0.16
34	其他丝机织物按重量计丝或绢丝含量在85%及以上，绸丝除外	33581.38	0.33	84	静态转换器	15854.49	0.16
35	对二甲苯	33564.56	0.33	85	棉制针织钩编婴儿服装及衣着附件	15546.95	0.15
36	皮革或再生皮革制的衣服野生动物皮革制作的除外	33421.58	0.33	86	其他机械零件	15544.75	0.15
37	其他皮革制外底的皮革面短筒靴过踝	32656.87	0.33	87	苯	15239.16	0.15

续表

排名	产品名称	出口值	占比	排名	产品名称	出口值	占比
38	其他客或货车用新充气橡胶轮胎	32625.33	0.33	88	已配剂量含有青霉素或链霉素药品	15235.93	0.15
39	未梳的棉花	32612.94	0.32	89	其他非整张牛马皮革经鞣制或半硝后进一步加工，羊皮纸化处理	14928.42	0.15
40	棉质男式短裤	30985.98	0.31	90	供零售用混纺棉纱线，混棉纱线指按重量计含棉量＜85%，缝纫线除外	14875.60	0.15
41	高强力纱纺制机织物由尼龙或其他聚酰胺高强力纱纺制的	30424.07	0.30	91	其他铜制品	14586.31	0.15
42	供零售用纯棉纱，线纯棉纱线指按重量计含棉量≥85%，缝纫线除外	30012.74	0.30	92	活性染料及以其为基本成分的制品	14581.11	0.15
43	其他用未列名可锻性铸铁制品	29620.95	0.30	93	棉制其他盥洗及厨房用毛巾制品含类似毛圈织物的制品，非针织或非钩编	14085.33	0.14
44	初级形状比重≥0.94的聚乙烯	28552.00	0.28	94	非合金生铁，按重量计含磷量在0.5%及以下	13832.89	0.14
45	排量≤1升的带点燃往复式活塞内燃发动机的其他车辆	27885.77	0.28	95	点燃式活塞内燃发动机用零件	13826.56	0.14
46	非零售精梳粗支纯棉单纱，粗支指单纱细度≥714.29分特，含棉量≥85%	27159.49	0.27	96	其他钢铁结构体及部件包括结构体用的已加工钢板、型材、管子及类似品	13690.73	0.14
47	已配剂量含有其他抗菌素的药品	27103.96	0.27	98	其他钢铁制品	13679.04	0.14
48	棉制针织或钩编女衬衫	26437.89	0.26	97	其他船舶，包括军舰和其他比划艇救生艇	13675.80	0.14
49	铬矿砂及其精矿	25549.00	0.25	99	乙二醇	13646.44	0.14
50	其他床罩	24073.64	0.24	100	合成纤维制其他女式裙子及裙裤	13544.93	0.13

数据来源：由联合国商品贸易数据计算整理所得

根据表IN-3、IN-4可知，2005年，印度出口主导产品为非工业用其他钻石未镶嵌；石油油和油脂；未烧结的铁矿石和精矿；其他贵金属制首饰及其零件；轻油及制品；其他有机化合物；精米；其他已配定剂量的药品；镀锌的其他形铁或非合金钢宽板材。2016年印度出口主导产品为非工业用其他钻石未镶嵌；石油油和油脂；轻油及制品，不含生物柴油；其他已配定剂量的药品；其他贵金属制首饰及其零件；精米；非货币用未锻造金；1升<排量≤1.5升带点燃往复式活塞内燃发动机其他车；镶嵌钻石的银首饰及其零件；其他零件和附件。对比2005年及2016年，印度排名前10的主导产品种类变动幅度较小，表明印度主要出口产品结构较为稳定。

表 IN-4　2016 年印度出口额排名前 100 产品

单位：万美元、%

排名	产品名称	出口值	占比	排名	产品名称	出口值	占比
1	非工业用其他钻石未镶嵌	2244071.23	8.62	51	蓖麻油及其分离品	59721.80	0.23
2	石油油和油脂	1608365.06	6.18	52	棉制女式衬衫	59259.37	0.23
3	轻油及制品，不含生物柴油	1066574.51	4.10	53	零售包装抗萌剂及植物生长调节剂	58229.17	0.22
4	其他已配定剂量的药品	979820.74	3.76	54	颜料及以其为基本成分的制品	57098.92	0.22
5	其他贵金属制首饰及其零件不论是否包、镀其他贵金属	920594.27	3.54	55	其他皮革制外底的皮革面短筒靴过踝	56894.63	0.22
6	精米	505756.00	1.94	56	初级形状的聚丙烯	56135.20	0.22
7	非货币用未锻造金	432959.25	1.66	57	零售包装的生物杀虫剂	55228.08	0.21
8	1升<排量≤1.5升带点燃往复式活塞内燃发动机其他车	339612.48	1.30	58	皮革或再生皮革制的衣服野生动物皮革制作的除外	53825.86	0.21
9	镶嵌钻石的银首饰及其零件不论是否包、镀其他贵金属	334794.23	1.29	59	未烧结的铁矿石和精矿焙烧黄铁矿除外	53727.76	0.21
10	其他零件和附件	237987.77	0.91	60	静态转换器	52661.15	0.20
11	棉制针织或钩编T恤衫、汗衫等	173249.23	0.67	61	活性染料及以其为基本成分的制品	52472.82	0.20
12	飞机及直升机用其他零件	166022.93	0.64	62	纺织材料制未列名制品	51932.82	0.20
13	非工业用钻石未加工或经简单锯开，劈开或粗磨，未镶嵌	157607.54	0.61	63	棉制女式连衣裙	51844.39	0.20
14	排量≤250毫升装往复式活塞内燃发动机摩托车及脚踏两用车	151944.84	0.58	64	合成纤维制女式连衣裙	51692.42	0.20
15	精炼铜的阴极型材未锻轧的	149389.91	0.57	65	零售包装的杀菌剂成药	51228.40	0.20

续表

排名	产品名称	出口值	占比	排名	产品名称	出口值	占比
16	未锻轧非合金铝	144713.58	0.56	66	机动车辆装有发动机的底盘	51108.67	0.20
17	未梳的棉花	134589.90	0.52	67	铬铁，按重量计含碳量在4% 以上	51011.79	0.20
18	其他精制糖	132278.27	0.51	68	其他仅含氮杂原子的杂环化合物	50320.26	0.19
19	其他不以航行为主要功能的船舶包括灯船、消防船、起重船	124711.36	0.48	69	其他抗菌素	50188.96	0.19
20	排量≤ 1 升的带点燃往复式活塞内燃发动机的其他车辆	124499.73	0.48	70	纵向埋弧焊接石油、天然气粗钢管粗钢管指外径超过 406.4 毫米	49763.09	0.19
21	1.5 升＜排量≤ 3 升装点燃往复式活塞内燃发动机的其他载人车辆	121311.12	0.47	71	其他铜制品	49030.87	0.19
22	其他有机化合物	113133.46	0.43	72	其他材料制披巾、头巾及类似品包括围巾、披纱、面纱及类似品	47922.09	0.18
23	棉制其他盥洗及厨房用毛巾制品含类似毛圈织物的制品，非针织或非钩编	104660.88	0.40	73	其他通信设备零件	47571.64	0.18
24	其他针织或钩编 T 恤衫、汗衫等	102373.35	0.39	74	上釉的大陶瓷砖，瓦，块及类似品	47525.68	0.18
25	已配剂量含有其他抗菌素的药品	93133.59	0.36	75	对二甲苯	47333.09	0.18
26	棉制男式衬衫	88788.30	0.34	76	已烧结铁矿砂及其精矿	46803.66	0.18
27	其他拖拉机	86227.76	0.33	77	以皮革，再生皮革作面钱包等物品指通常置于口袋或手提包内的物品，包括以漆皮作面的	46798.99	0.18
28	经简单切削或锯开的花岗岩及制品具有一个平面	83970.60	0.32	78	刺槐豆胶液及增稠剂	46453.33	0.18
29	未按种类指定的商品	82105.93	0.32	79	硅锰铁	46204.85	0.18
30	拖轮及顶推船	81456.17	0.31	80	机动车辆用制动器包括助力制动器的零件	45968.75	0.18

续表

排名	产品名称	出口值	占比	排名	产品名称	出口值	占比
31	其他皮革制面的短筒靴过踝	79858.42	0.31	81	浮动或潜水式钻探或生产平台	45048.34	0.17
32	其他床罩	79644.41	0.31	82	苯	43898.48	0.17
33	初级形状的聚对苯二甲酸乙二酯	76114.36	0.29	83	其他结构上含有一个非稠合吡啶环不论是否氢化的化合物	43654.38	0.17
34	飞机和其他飞机的空载重量超过 15000 公斤	72741.72	0.28	84	其他杂环化合物	43624.03	0.17
35	非零售精梳较细支纯棉单纱，较细支指单纱细度在 125–192.31 分特之间，含棉量≥ 85%	71858.79	0.28	85	化纤制的散装货物周转软袋针织或钩编的	42856.95	0.16
36	非零售聚酯变形纱线	71361.89	0.27	86	其他木家具	42819.40	0.16
37	其他阀门用于管道、锅炉、罐、桶或类似品的	70711.39	0.27	87	用于农林车辆机械用的人字形胎面轮胎	42814.85	0.16
38	其他去壳花生，不论是否破碎	70086.92	0.27	88	非零售粗梳中支纯棉单纱，中支指单纱细度为 232.56–714.29 分特之间，含棉量≥ 85%	42753.13	0.16
39	人用疫苗	67721.88	0.26	89	已配剂量含有青霉素或链霉素药品	41763.41	0.16
40	非零售精梳中支纯棉单纱，中支指单纱细度为 232.56–714.29 分特之间，含棉量≥ 85%	67259.03	0.26	90	芝麻	41520.32	0.16
41	其他发动机的专用零件	67183.80	0.26	91	棉质男式短裤	41350.69	0.16
42	镀锌的其他形铁或非合金钢宽板材电镀锌的除外，宽≥ 600 毫米	65621.85	0.25	92	其他客或货车用新充气橡胶轮胎	41061.03	0.16
43	棉制针织钩编婴儿服装及衣着附件	65555.32	0.25	93	非零售包装的杀鼠剂及其他农药	40735.79	0.16
44	其他用未列名可锻性铸铁制品	64318.38	0.25	94	其他含碳量小于 0.25% 的钢坯	40103.36	0.15
45	化学纤维制女式衬衫	63696.42	0.24	95	含其他贵金属或贵金属化合物废碎料主要用于回收贵金属	39659.41	0.15

续表

排名	产品名称	出口值	占比	排名	产品名称	出口值	占比
46	棉制非针织或钩编的其他装饰制品	63134.98	0.24	96	氧化铝，但人造刚玉除外	38963.04	0.15
47	其他塑料制品	62161.57	0.24	97	航空器内燃引擎指点燃往复式或旋转式	38363.53	0.15
48	其他钢铁制品	61983.89	0.24	98	原状或粗加修整花岗岩	37916.12	0.15
49	部分或全部去梗的烟草	60890.91	0.23	99	含锌量≥ 99.995% 的未锻轧锌	37570.19	0.14
50	人造纤维制服装	60704.27	0.23	100	以皮革，再生皮革，漆皮作面手提包不论是否有背带，包括无把手的	37527.51	0.14

数据来源：由联合国商品贸易数据计算整理所得

从出口主导产品的集中度来看，2005 年，排名前 5 的主导产品出口额度为 284.84 亿美元，占比为 28.38%；排名前 10 的出口主导产品出口总额为 352.77 亿美元，占比为 35.15%。2016 年，排名前 5 的主导产品出口额为 681.94 亿美元，占比为 26.19%；前 10 出口主导产品出口总额达到 867.05 亿美元，占比为 33.31%。相比于 2005 年，2016 年印度前 5、前 10 主导产品的出口额度都有所提升，但总体产品集中度却呈现下降趋势。其中，排名第 1 的非工业用其他钻石未镶嵌出口额从 2005 年的 115.89 亿美元增加到 2016 年的 224.41 亿美元，增长率为 93.64%，但出口额度占比却从 2005 年的 11.55% 下降到 2016 年的 8.62%，下降幅度为 25.35%。排名第 2 的石油油和油脂出口额从 2005 年的 76.37 亿美元增加到 2016 年的 160.84 亿美元，增长率为 110.61%，出口额度占比从 2005 年的 7.61% 下降到 2016 年的 6.18%，下降幅度为 18.81%。排名第 3 的轻油及制品出口额从 23.53 亿美元增加到 2016 年的 106.66 亿美元，增长率达到 353.29%，出口额度占比从 2005 年的 2.34% 上升至 2016 年的 4.10%，增长幅度为 75.21%。虽然非工业用其他钻石未镶嵌 与石油油和油脂的出口市场份额有所下降，但仍然是印度最主要的出口产品，占据着主导地位。

从出口主导产品分类来看，2005 年与 2016 年，印度出口主导产业变动幅度较小，具有一致性。主要出口矿产品；化学工业及其相关工业的产品；天然或养殖珍珠、宝石或半宝石、贵金属、包贵金属及其制品；仿首饰；硬币；植物产品。而从印度自身的资源禀赋来看，矿产资源十分丰富，由此可以看出，印度主要出口资源型产品。

2. 出口主导产业与比较优势产业的一致性分析

表 IN-5 为 2016 年印度排名前 10 的比较优势产品及出口主导产品。表中显示，印度比较优势指数排名前列的产品主要为有机化学品和矿产品，出口主导产品中主要为宝石；贵金属及其制品；矿产品；植物产品。对比 2016 年印度排名前 10 的比较优势产品及出口主导产品发现，比较优势排名前 10 的产品，仅有蓖麻油及其分离品在出口主导产品中排名 51，其余产品并未出现在出口主导产品的前 100 名列表中；而出口主导产品排名，仅有精米和镶嵌钻石的银首饰及其零件在比较优势前 100 名列表中，排名分别在第 72 和 82。因此，可以得出印度的比较优势产业与出口主导产业不具有一致性。

表 IN-5　2016 年印度排名前 10 比较优势产品及出口主导产品

排名	比较优势产品名称	RCA	排名	出口主导产品名称	占比 %
1	六氯苯 ISO 及滴滴涕 ISO，INN	55.4710	1	非工业用其他钻石未镶嵌	8.62
2	d- 去甲假麻黄碱 INN 及其盐	50.4454	2	石油油和油脂	6.18
3	未漂白黄麻或韧皮纤维机织物宽度超过 150 厘米	50.3606	3	石油油和油脂	4.10
4	云母废料	48.9903	4	其他已配定剂量的药品	3.76
5	砂岩	48.4062	5	其他贵金属制首饰及其零件不论是否包、镀其他贵金属	3.54
6	玻璃阴极射线管	47.8307	6	精米	1.94
7	蓖麻油及其分离品	47.4771	7	非货币用未锻造金	1.66
8	鸦片液汁及浸膏	47.3025	8	1 升<排量≤ 1.5 升带点燃往复式活塞内燃发动机其他车	1.30
9	苯丙酮苯基丙 -2- 酮	45.8202	9	镶嵌钻石的银首饰及其零件不论是否包、镀其他贵金属	1.29
10	椰壳纤维制的铺地制品未簇绒或未植绒，不论是否制成的	45.7877	10	其他零件和附件	0.91

（三）印度出口比较优势变化分析

1. 描述性分析

依据表 IN-1 及表 IN-2，对比分析 2005 年及 2016 年印度比较优势指数排名前 100 产品，我们可以得出以下信息：

第一，印度整体的比较优势有减弱趋势。2005 年印度排名前 100 产品平均比较优势指数为 43.4056，2016 年为 27.1917。

第二，印度具有比较优势的产品数量呈现缩减态势。2005 年，比较优势指数大于 1 的产品共有 1506 类，大于 2.5 的产品共有 886 类；而 2016 年，比较优势指数大于 1 的产品有 1470 类，大于 2.5 的产品共有 852 类。表明印度在国际上具有比较优势产品的竞争力逐渐减弱。

第三，比较优势指数排名前 10 产品的结构相对稳定，主要包括有机化学品；棉花；地毯及纺织材料的其他铺地制品；盐、硫磺泥土及石料、石膏料、石灰及水泥；钢铁。而从比较优势指数排名前 10 的具体产品来分析，2005 年至 2016 年，产品比较优势指数变动幅度较大。2005 年排名前 3 的比较优势产品蓖麻油及其分离品；六氯苯 ISO 及滴滴涕 ISO，INN；椰壳纤维制的铺地制品，分别变为 2016 年的第 7、第 1，第 10。比较优势指数从 87.4429、87.0299、86.2949 下降到 47.4771、55.4710、45.7877。

2. 回归分析

将 2016 年印度产业比较优势指数作为被解释变量，把 2005 年印度产业比较优势指数作为解释变量，对其进行回归分析。若回归系数 >1，则表明印度更加强化了具有比较优势的产业，弱化了不具有比较优势的产业；若 0< 回归系数 <1，则表明具有比较优势的产业弱化了；若回归系数 <0，则表明印度比较优势的产业发生了质变。使用最小二乘法对其进行回归，得出结果如表 IN–6 所示。

表 IN–6　回归结果

变量	Coef.	Std. Err.	t	P>|t|
2005 比较优势指数	0.3116345	0.007768	40.12	0.00
常数项	1.041863	0.0578625	18.01	0.00
	R^2 = 0.2261		F–statistics =609.43	

从表中可以看出，回归系数为 0.3116345，介于 0 和 1 之间，因此说明相对于 2005 年，2016 年印度具有比较优势的产业弱化了。

（四）印度进口需求及其变化分析

表 IN–7 表示 2005 年印度进口额排名前 100 产品。从表中可以看出，排名前 10 的进口产品主要为矿产品；天然或养殖珍珠、宝石或半宝石、贵金属、包贵金属及其制品；仿首饰；硬币；机器、机械器具、电气设备及其零件；录音机及放声机、电视图像、声音的录制和重放设备及其零件。具体包括石油原油；非工业用钻石；非货币用未锻造金；非货币用半制成金；轻油及制品；非工业用其他钻石；其他煤；其他机器零附件无线电广播、电视发送设备与包含接收装置或声音录制的传递等。其中，石油原油进口额度最高，为347.92亿美元，占比达到24.70%；其次是非工业用钻石和非货币用未锻造金，进口额度分别为71.43亿美元、61.62亿美元，占比分别为5.07%、4.37%。

从印度进口前100名产品种类来看，主要为矿物燃料、矿物油及其蒸馏产品；有机化学品；核反应堆、锅炉、机器机械器具及其零件；电机电气设备及其零件；船舶及浮动结构体；钢铁；天然或养殖珍珠、宝石等。

从印度进口前100名产品的集中度来看，进口产品排名前5的额度占比为41.72%，排名前10的额度占印度进口总额的50.7%。因此可以看出印度进口需求产品集中度高。

表 IN–7　2005 年印度进口额排名前 100 产品

单位：万美元、%

排名	产品名称	进口值	占比	排名	产品名称	进口值	占比
1	石油原油	3479246.19	24.70	51	自动数据处理设备及其部件不论是否在同一机壳内有一或两个存储，输入或输出部件	27133.00	0.19
2	非工业用钻石未加工或经简单锯开，劈开或粗磨，未镶嵌	714349.49	5.07	52	其他医疗、外科或兽医用仪器器具	26097.86	0.19
3	非货币用未锻造金	616244.95	4.37	53	铜废料和废料	25820.82	0.18
4	非货币用半制成金包括镀铂的金	550404.16	3.91	54	其他含碳量小于 0.25% 的钢坯	25806.49	0.18
5	轻油及制品	516070.42	3.66	55	未碾磨天然磷酸钙	25596.39	0.18
6	非工业用其他钻石未镶嵌	336820.29	2.39	56	品目 8535、8536、8537 装置的零件专用于或主要用于	25346.24	0.18
7	其他煤	336538.60	2.39	57	其他半制成银包括镀金，镀铂的银	25105.29	0.18
8	无线电广播、电视发送设备等包含接收装置或声音录制的传送设备	325927.41	2.31	58	铝废碎料	24323.87	0.17
9	未按种类指定的商品	137382.43	0.98	59	织物宽度＞30 厘米的织机	24038.44	0.17

续表

排名	产品名称	进口值	占比	排名	产品名称	进口值	占比
10	其他机器零附件	128757.16	0.91	60	未锻轧非合金镍	23820.12	0.17
11	磷酸和多磷酸	111135.30	0.79	61	其他阀门用于管道、锅炉、罐、桶或类似品的	23652.67	0.17
12	其他以钢铁为主的废五金材料	109256.53	0.78	62	其他钢铁制品	23410.28	0.17
13	飞机和其他飞机的空载重量超过 15000 公斤	104859.59	0.74	63	蒸馏煤焦油所得的其他产品	23095.55	0.16
14	液化丁烷	90093.42	0.64	64	其他簇绒机	22550.36	0.16
15	氯化钾	85373.70	0.61	65	未加香料或着色剂的甘蔗原糖	22007.29	0.16
16	初榨的棕榈油	83215.49	0.59	66	其他液化石油气、烃类气	20667.02	0.15
17	铜矿砂及其精矿	81231.97	0.58	67	其他测量、检验仪器、器具及机器	20651.42	0.15
18	初榨的豆油	79684.22	0.57	68	氢化、酯化或反油酸化植物油、脂	20520.30	0.15
19	其他热轧铁或非合金钢宽平板轧材除热轧外经进一步加工，宽≥600 毫米，未经包，镀，涂层	75261.97	0.53	69	静态转换器	20435.68	0.15
20	光线路终端装置	66492.54	0.47	70	中型飞机及其他航空器中型指 2 吨<空载重量≤ 15 吨	20283.00	0.14
21	液化天然气	66091.16	0.47	71	其他货物和其他船只运输货物和货物的船舶	20136.37	0.14
22	其他教育用途的用于再现声音或图像以外现象的记录介质	65439.57	0.46	72	聚酰胺，尼龙制的帘子布	19978.88	0.14
23	油轮	65277.19	0.46	73	其他已配定剂量的药品	19760.42	0.14
24	飞机及直升机用其他零件	63621.03	0.45	74	干豌豆	19542.55	0.14
25	焦炭或半焦炭、甑炭	61138.03	0.43	75	品目 8426、8429、8430 的其他零件	18616.27	0.13
26	其他零件和附件	57390.89	0.41	76	其他塑料制品	18333.81	0.13
27	氨	54511.88	0.39	77	用于再现除声音或图像以外的现象的记录激光读取盘	18223.51	0.13

续表

排名	产品名称	进口值	占比	排名	产品名称	进口值	占比
28	其他未加工或半制成品的银粉	50050.36	0.36	78	初级形状比重＜0.94的聚乙烯	18060.24	0.13
29	计算机的存储部件	48930.08	0.35	79	未加捻生丝	17650.18	0.13
30	鲜或干的未去壳腰果	47394.35	0.34	80	新的邮票包括支票、股票，债券及类似的所有权凭证	17532.69	0.12
31	其他本章子目注释所列热带原木用油漆，着色剂，杂酚油或其他防腐剂处理的除外	47265.93	0.34	81	其他发动机的专用零件指品目8407或8408所列的其他发动机	17447.27	0.12
32	其他棕榈油及其分离品	45566.32	0.32	82	挖泥船	17138.94	0.12
33	计算机用终端输入或输出部件，不论是否在同一机壳内有存储部件	44636.20	0.32	83	青霉素或衍生物及其盐	17138.63	0.12
34	苯乙烯	43226.67	0.31	84	干豆	16343.75	0.12
35	其他不以航行为主要功能的船舶包括灯船、消防船、起重船	42717.67	0.30	85	未梳的棉花	15918.94	0.11
36	成卷或成张的新闻纸成条宽>36厘米，或一边>36厘米，一边>15厘米成张矩形	41841.61	0.30	86	未锻轧非合金铝	15464.08	0.11
37	其他电视接收机零件	40020.21	0.28	87	彩色卫星电视接收机	15416.38	0.11
38	其他有机化合物	38411.77	0.27	88	取向性硅电钢宽板宽≥600毫米	15383.46	0.11
39	其他机械和机械设备	37759.91	0.27	89	其他抗菌素	15089.86	0.11
40	其他电动机、发电机组零件	36400.74	0.26	90	任何浓度的其他酒精	14967.28	0.11
41	其他未列名原木用油漆，着色剂，杂酚油或其他防腐剂处理的除外	35727.19	0.25	91	拖轮及顶推船	14896.05	0.11
42	对二甲苯	35093.48	0.25	92	其他机械零件	14581.98	0.10
43	磷酸氢二铵	34463.67	0.24	93	鲜或干的未去壳巴旦杏	14543.28	0.10
44	尿素	32774.67	0.23	94	其他凿井机用零件子目843041，843049所列机械的	14351.14	0.10
45	其他发送或接收声音、图像或其它数据用的设备	32379.30	0.23	95	各种硫磺	14317.05	0.10

续表

排名	产品名称	进口值	占比	排名	产品名称	进口值	占比
46	液化丙烷	30888.28	0.22	96	已焙烧钼矿砂及其精矿	14246.14	0.10
47	不锈钢废碎料	30788.73	0.22	97	具有独立功能的电机和设备	13881.37	0.10
48	便携式自动数据处理设备重量≤ 10 千克，至少由一个中央处理器、键盘和显示器组成	29830.71	0.21	98	泵用零件	13843.90	0.10
49	其他回收纸或纸板包括未分选的废碎品	28590.19	0.20	99	其他贵金属制首饰及其零件不论是否包、镀其他贵金属	13770.63	0.10
50	其他单片集成电路 IC	27260.02	0.19	100	其他机械铲、挖掘机及机铲装载机	13386.97	0.10

数据来源：由联合国商品贸易数据计算整理所得

表 IN–8 表示 2016 年印度进口额排名前 100 产品。从表中可以看出，排名前 10 的进口产品为矿产品；天然或养殖珍珠、宝石或半宝石、贵金属、包贵金属及其制品；仿首饰；硬币；机器、机械器具、电气设备及其零件；录音机及放声机、电视图像、声音的录制和重放设备及其零件；动、植物油、脂及其分解产品；精制的食用油脂；动、植物蜡，具体包括石油原油、非货币用未锻造金、非工业用钻石、其他煤、其他通信设备零件、液化天然气、蜂窝网络或其他无线网络的电话机、初榨的棕榈油、光敏半导体器件、发光二极管等。其中，石油原油进口额度最高，为 608.69 亿美元，占比达到 17.06%；其次是非货币用未锻造金和非工业用钻石，进口额度分别为 228.04 亿美元、164.56 亿美元，占比分别为 6.39%、4.61%。

从 2016 年印度进口前 100 名产品种类来看，主要为矿物燃料、矿物油及其蒸馏产品；食用蔬菜；动植物油；有机化学品；塑料及其制品；天然或养殖珍珠、宝石；核反应堆、锅炉、机器机械器具及其零件；电机电气设备及其零件；船舶及浮动结构体等。

从印度进口前 100 名产品的集中度来看，进口产品排名前 5 的额度占比为 34.34%，排名前 10 的额度占印度进口总额的 40.69%。因此，印度进口需求依然集中在部分产品上，进口产品表现相对集中。

表 IN-8 2016 年印度进口额排名前 100 产品

单位：万美元、%

排名	产品名称	进口值	占比	排名	产品名称	进口值	占比
1	石油原油	6086908.94	17.06	51	未煅烧石油焦	84228.38	0.24
2	非货币用未锻造金	2280362.22	6.39	52	其他塑料制品	80627.64	0.23
3	非工业用钻石未加工或经简单锯开，劈开或粗磨，未镶嵌	1645572.87	4.61	53	涡轮喷气发动机推力超过 25 千牛顿	80448.49	0.23
4	其他煤	1173426.24	3.29	54	1，2- 乙二醇	79184.12	0.22
5	未按种类指定的商品	1061342.45	2.98	55	不锈钢废碎料	78456.95	0.22
6	其他通信设备零件	637647.20	1.79	56	苯乙烯	77586.33	0.22
7	液化天然气	542546.77	1.52	57	其他集成电路	77529.90	0.22
8	蜂窝网络或其他无线网络的电话机	407185.54	1.14	58	其他未列名原木用油漆，着色剂，杂酚油或其他防腐剂处理的除外	75974.18	0.21
9	初榨的棕榈油	366690.69	1.03	59	计算机的存储部件	75796.40	0.21
10	光敏半导体器件、发光二极管	315724.38	0.89	60	用作处理器及控制器的集成电路	75709.57	0.21
11	初榨的豆油	301270.20	0.84	61	氨	75329.97	0.21
12	铜矿砂及其精矿	245841.22	0.69	62	其他机械和机械设备	74803.89	0.21
13	非工业用其他钻石未镶嵌	245363.59	0.69	63	其他液化石油气、烃类气	74741.30	0.21
14	交换机和路由器	239580.55	0.67	64	供拆卸的船舶及其他浮动结构体	74732.42	0.21
15	便携式自动数据处理设备重量 ≤ 10 千克，至少由一个中央处理器、键盘和显示器组成	226900.90	0.64	65	初级形状比重 ≥ 0.94 的聚乙烯	72615.46	0.20
16	石油油和油脂	223372.03	0.63	66	浮动或潜水式钻探或生产平台	71911.15	0.20
17	液化丁烷	211365.48	0.59	67	铁路或电车道机车齿轮箱及其零件	71643.04	0.20
18	飞机及直升机用其他零件	201305.51	0.56	68	干绿豆不论是否去皮或分瓣	71109.14	0.20
19	其他棕榈油及其分离品	197474.50	0.55	69	焦炭或半焦炭、甑炭	69564.78	0.20
20	其他阀门用于管道、锅炉、罐、桶或类似品的	177269.24	0.50	70	未精炼铜、电解精炼用铜阳极	69348.77	0.19

续表

排名	产品名称	进口值	占比	排名	产品名称	进口值	占比
21	其他不以航行为主要功能的船舶包括灯船、消防船、起重船	169210.89	0.47	71	干鹰嘴豆不论是否去皮或分瓣	68836.75	0.19
22	磷酸氢二铵	169054.07	0.47	72	铜废料和废料	66899.71	0.19
23	其他未加工或半制成品的银粉	163672.21	0.46	73	其他回收纸或纸板包括未分选的废碎品	65085.47	0.18
24	磷酸和多磷酸	162152.77	0.45	74	其他电动机、发电机组零件	64841.84	0.18
25	其他零件和附件	147258.69	0.41	75	电视摄像机、数码相机和摄像机录像机	62075.27	0.17
26	尿素	145559.03	0.41	76	鲜或干的未去壳巴旦杏	61761.10	0.17
27	轻油及制品，不含生物柴油	145098.69	0.41	77	干木豆木豆属	61629.10	0.17
28	经其他加工的红，蓝，绿宝石未成串或镶嵌	142189.03	0.40	78	干扁豆不论是否去皮或分瓣	61121.99	0.17
29	其他媒体磁性、光学或半导体媒体除外	135452.81	0.38	79	其他有机化合物	58766.13	0.16
30	已加工的养殖珍珠	134363.50	0.38	80	未加工宝石或半宝石	58700.16	0.16
31	铝废碎料	133064.55	0.37	81	其他已配定剂量的药品	58352.95	0.16
32	初榨的葵花油和红花油	131564.22	0.37	82	品目 8426、8429、8430 的其他零件	57747.60	0.16
33	液化丙烷	129911.57	0.36	83	初级形状的聚丙烯	57542.90	0.16
34	其他电视接收机零件	129144.02	0.36	84	移动通信基地站	56608.78	0.16
35	其他以钢铁为主的废五金材料	127792.45	0.36	85	其他医疗、外科或兽医用仪器器具	56324.47	0.16
36	其他通信设备	126242.30	0.35	86	其他编号未列名的化工产品	55059.59	0.15
37	鲜或干的未去壳腰果	118091.42	0.33	87	其他测量、检验仪器、器具及机器	54989.45	0.15
38	自动数据处理设备及其部件不论是否在同一机壳内有一或两个存储，输入或输出部件	117849.44	0.33	88	其他发动机的专用零件指品目 8407 或 8408 所列的其他发动机	53724.12	0.15
39	干豌豆不论是否去皮或分瓣	117174.73	0.33	89	油轮	53488.15	0.15
40	品目 8471 所列其他机器零附件	112056.53	0.31	90	其他颜色的电视接收机	53195.53	0.15

续表

排名	产品名称	进口值	占比	排名	产品名称	进口值	占比
41	初级形状比重＜0.94的聚乙烯	104265.33	0.29	91	未碾磨天然磷酸钙	53140.23	0.15
42	拖轮及顶推船	100215.50	0.28	92	品目8535、8536、8537装置的零件专用于或主要用于	52561.69	0.15
43	初级形状未塑化的聚氯乙烯	99253.17	0.28	93	其他钢铁制品	52340.97	0.15
44	氯化钾	98342.18	0.28	94	其他空气泵、气体压缩机及通风罩	51750.65	0.15
45	对二甲苯	93750.19	0.26	95	其他初级形状的乙烯聚合物	50624.24	0.14
46	未加香料或着色剂其他甘蔗原糖	91872.54	0.26	96	电视接收机在设计上不带有视频显示器或屏幕的	50406.01	0.14
47	静态转换器	88843.85	0.25	97	技术分类天然橡胶TSNR初级形状胶乳，烟胶片除外或板，片，带	49446.80	0.14
48	未梳的棉花	87898.35	0.25	98	取向性硅电钢宽板宽≥600毫米	48349.73	0.14
49	烟煤	86830.00	0.24	99	其他自动调节或控制仪器及装置	47741.43	0.13
50	成卷或成张的新闻纸成条宽>36厘米，或一边>36厘米，一边>15厘米成张矩形	84426.61	0.24	100	初级形状的纯聚氯乙烯	47291.59	0.13

数据来源：由联合国商品贸易数据计算整理所得

对比2005年及2016年印度排名前10的进口产品发现，种类变动幅度较大。相对于2005年，2016年印度提高了对其他通信设备零件；液化天然气；蜂窝网络或其他无线网络的电话机；初榨的棕榈油；光敏半导体器件、发光二极管的进口需求，降低了对轻油及制品、非工业用其他钻石、其他机器零附件的进口需求。

从进口产品的集中度来看，2005年进口产品排名前5的额度占比为41.72%，排名前10的额度占印度进口总额的50.7%；2016年进口产品排名前5的额度占比为34.34%，排名前10的额度占印度进口总额的40.69%。相比于2005年，2016年印度前5、前10进口产品的总体集中度呈现下降趋势。但也存在个体差异，其中，石油原油进口额度占比从2005年的24.70%下降至2016年的17.06%；非工业用钻石占比从2005年的5.07%下降至2016年的4.61%；非货币用未锻造金占比从2005年的

4.37% 上升至 2016 年的 6.39%。尽管印度进口产品总体变动幅度较大，但是石油原油、非工业用钻石、非货币用未锻造金这三类产品始终都是印度主要的进口产品，占据着主导地位。

从印度进口前 100 名产品分类来看，2005 年与 2016 年，印度进口产业变动幅度较小，具有一致性。主要进口的大类产品包括矿物燃料、矿物油及其蒸馏产品；有机化学品；核反应堆、锅炉、机器机械器具及其零件；电机电气设备及其零件；船舶及浮动结构体；钢铁；天然或养殖珍珠、宝石；食用蔬菜；动植物油；塑料及其制品等。

二、巴基斯坦出口比较优势分析与进口需求研究

（一）巴基斯坦出口比较优势分析

表 PK–1 列出了 2005 年巴基斯坦出口比较优势指数排名前 100 的产品。比较优势指数反映了一国某产品在全球此类产品出口中的竞争力。若 RCA>1，表明该国此产品具有比较优势，若 RCA>2.5，则说明该产品具有极强的比较优势。从 2005 年巴基斯坦出口产品前 100 的产品来看，所列产品的比较优势指数都大于 2.5，即这 100 类产品相对于其他产品在国家贸易中更具竞争优势。2005 年排名前 10 的产品均为纺织原料及纺织制品，具体包括：印花与化纤混纺棉机织平布；漂白的与化纤混纺棉机织平布；染色的其他棉布；未漂白其他全棉机织物；未漂白的其他棉织品；其他材料制床上用织物制品；未漂白与化纤混纺棉机织平布；未漂白的其他棉织品；漂白的其他棉布；其他材料毛巾织物及类似毛圈织物，其比较优势指数分别为 529.4325、452.2801、438.1473、410.9552、406.3776、398.9494、398.6101、392.1525、350.9941、340.6555。

由 PK–1 可知，排名前 100 的产品的比较优势指数值相对较大，且组内差距也较大，最大值与最小值差距高达486.4682。从产品整体的类别来看，巴基斯坦的棉花、针织或钩编的服装及衣着附件、其他纺织制成品；成套物品；旧衣着及旧纺织品；碎织物；皮革制品；生僻及皮革等产品具有明显的比较优势。

表 PK–1　2005 年巴基斯坦比较优势指数排名前 100 产品

排名	产品名称	RCA	排名	产品名称	RCA
1	印花与化纤混纺棉机织平布每平方米重≤ 200 克，含棉 85% 以下	529.4325	51	已梳的其他合成纤维短纤包括经其他纺前加工的	91.0831
2	漂白的与化纤混纺棉机织平布每平方米重≤ 200 克，含棉 85% 以下	452.2801	52	棉纱	89.6416

续表

排名	产品名称	RCA	排名	产品名称	RCA
3	染色的其他棉布每平方米重≤ 200 克	438.1473	53	棉制货物包装袋	88.3034
4	未漂白其他全棉机织物每平方米重量不超过 200 克，含棉 85% 及以上	410.9552	54	合成纤维制针织或钩编女西服套装	87.3399
5	未漂白的其他棉织品每平方米重≤ 200 克	406.3776	55	棉制针织或钩编运动套装	86.8355
6	其他材料制床上用织物制品	398.9494	56	棉制非针织网眼窗帘包括帷帘，帐幔，帘帷及床帷	84.4853
7	未漂白与化纤混纺棉机织平布每平方米重 >200 克，含棉 85% 以下	398.6101	57	其他牛马皮革经鞣制不带毛	82.5178
8	未漂白的其他棉织品每平方米重 >200 克	392.1525	58	棉制女式西服套装	80.3649
9	漂白的其他棉布每平方米重≤ 200 克	350.9941	59	棉制针织或钩编男式上衣	80.3020
10	其他材料毛巾织物及类似毛圈织物	340.6555	60	棉制男式其他内衣	78.1239
11	其他材料制其他床上用织物制品	324.2431	61	色织的其他纯合纤长丝布纯合纤布指按重量计其他合成纤维长丝含量≥ 85%	77.5523
12	印花其他棉布每平方米重≤ 200 克	318.0099	62	其他未漂白与化纤混纺棉布每平方米重≤ 200 克，含棉 85% 以下	76.3915
13	棉帐篷	296.7428	63	甘蔗糖蜜	76.2959
14	铝罐、擦洗或抛光垫、手套等	277.6008	64	漂白的其他全棉机织物每平方米重量不超过 200 克，含棉 85% 及以上	75.5028
15	非零售粗梳中支纯棉单纱，中支指单纱细度为 232.56–714.29 分特之间，含棉量≥ 85%	243.7114	65	皮革或再生皮革制的其他手套包括连指或露指的	74.0543
16	印花的其他纯合纤长丝布纯合纤布指按重量计其他合成纤维长丝含量≥ 85%	243.5294	66	其他纺织材料制针织或钩编的窗帘等包括帷帘，帐幔，帘帷及床帷	72.9847
17	棉制其他床上用织物制品	238.5559	67	棉制针织或钩编其他服装	72.1732
18	针织或钩编全长或及膝袜	229.2802	68	任何浓度的其他酒精	71.8680
19	非零售粗梳中支纯棉多股纱，中支指单纱细度为 232.56–714.29 分特之间，含棉量≥ 85%	221.9009	69	非零售粗梳细支纯棉多股纱，细支指单纱细度在 192.31–232.56 分特之间，含棉量≥ 85%	71.4144
20	棉制针织或钩编的床上用织物制品	203.2644	70	胶黄耆树胶	69.4497
21	化纤制其他床上用织物制品	195.1509	71	其他材料制其他盥洗及厨房织物	67.8562

续表

排名	产品名称	RCA	排名	产品名称	RCA
22	染色的与化纤混纺棉机织平布每平方米重≤ 200 克，含棉 85% 以下	189.0324	72	废棉纱线包括废棉线	66.7229
23	其他黄麻或韧皮其他纤维机织物宽度超过 150 厘米	186.4711	73	其他纺材制针织或钩编男衬衫	64.4135
24	未漂白与化纤混纺平纹棉织布指每平方米重≤ 200 克，含棉 85% 以下	176.9809	74	彩色平纹机织物，按重量计合成纤维含量 <85%，主要或仅与棉混纺，每平方米重 >170 克	63.8657
25	其他可充气的球	152.6681	75	棉制其他针织或钩编手套非运动手套	62.0378
26	加工的山羊或小山羊皮革经鞣制或半硝后进一步加工，不带毛，羊皮纸化处理	151.1603	76	火柴，但品目 3604 的烟火制品除外	61.8777
27	皮革或合成革制品，用于机械或机械器具或其他技术用途	147.1733	77	其他皮革或和成本皮革制面的其他鞋靴	59.3807
28	印花其他全棉机织物每平方米重量不超过 200 克，含棉 85% 及以上	141.6225	78	漂白的全棉三、四线斜纹布每平方米重量≤ 200 克，含棉≥ 85%，包括双面斜纹机织物	59.2693
29	羊毛或动物细毛制的结织栽绒地毯包括羊毛或动物细毛制的其他结织栽绒铺地制品	137.2177	79	皮革或再生皮革制专供运动用手套包括连指或露指的，野生动物皮革制作的除外	58.3738
30	未漂白或漂白与棉混纺其他合纤布，混纺合纤布指按重量计其他合成纤维长丝含量在 85% 以下	137.0297	80	其他球但高尔夫球及乒乓球除外	57.4677
31	非零售粗梳特细支纯棉单纱，特细支指单纱细度＜ 125 分特，含棉量≥ 85%	136.3032	81	皮革或再生皮革制的衣服野生动物皮革制作的除外	55.9089
32	3 或 4 条印花斜纹织物与人造纤维混合，按重量计含棉量＜ 85%，每平方米重 <200 克	131.5222	82	合纤制披巾、头巾及类似品包括围巾、披纱、面纱等	55.7239
33	非零售粗梳细支纯棉单纱，细支指单纱细度在 192.31–232.56 分特之间，含棉量≥ 85%	130.8673	83	非零售精梳粗支纯棉单纱，粗支指单纱细度≥ 714.29 分特，含棉量≥ 85%	54.0911
34	棉的油苫布、天蓬及遮阳蓬	129.1268	84	其他纺材制其他针织或钩编织物	52.0392
35	非零售精梳中支纯棉单纱，中支指单纱细度为 232.56–714.29 分特之间，含棉量≥ 85%	129.0552	85	“开来姆”，“苏麦克”，“卡拉马尼”地毯包括类似的手织地毯	49.9568
36	擦地布、擦碗布、抹布及类似擦拭用布	128.2154	86	色织与化纤混纺牛仔布每平方米重超过 200 克，含棉 85% 以下	48.6117

续表

排名	产品名称	RCA	排名	产品名称	RCA
37	化纤制印花床上用织物制品	121.0530	87	印花的纯尼龙机织物按重量计尼龙或其他聚酰胺长丝含量≥ 85%	47.4913
38	未漂棉毛巾织物及类似毛圈机织物品目 5806 的狭幅织物除外	118.1475	88	加工未纺的黄麻及纺织用韧皮纤维包括短纤、废麻、废纱线及回收纤维，不含亚麻、大麻、苎麻	47.3845
39	非零售粗梳粗支纯棉单纱，粗支指单纱细度≥ 714.29 分特，含棉量≥ 85%	118.1263	89	其他纺材制针织或钩编起绒织物	47.3430
40	3 或 4 条漂白斜纹织物与人造纤维混合，按重量计含棉量＜ 85%，每平方米重 <200 克	112.5126	90	截面高度＜ 80 毫米丁字钢	46.7896
41	其他废棉	111.8235	91	合纤制女式西服套装	45.9418
42	漂白的其他棉布每平方米重 >200 克	107.4011	92	其他动物粗毛废料包括废纱线，不包括回收纤维	45.8353
43	其他动物质雕刻料及其制品	106.9786	93	山羊或小山羊湿革经鞣制不带毛	45.6671
44	染色的其他棉布每平方米重 >200 克	105.3152	94	棉制其他餐桌用织物制品	44.8975
45	棉制针织或钩编男衬衫	100.8571	95	漂白的平纹织物与人造纤维混纺，按重量计含棉量＜ 85%，每平方米重＞ 200 克	44.3915
46	棉制其他盥洗及厨房用毛巾制品含类似毛圈织物的制品，非针织或非钩编	98.4125	96	印花全棉平纹织布每平方米重量不超过 100 克，含棉 85% 及以上	44.3048
47	棉针织或钩编窗帘和室内百叶窗	97.1703	97	棉制毯子及旅行毯	44.1115
48	皮革或再生皮革制的其他衣着附件	95.5582	98	棉针织或钩编女式套装	43.8439
49	非零售粗梳粗支纯棉多股纱，粗支指单纱细度≥ 714.29 分特，含棉量≥ 85%	93.2925	99	甘草根	43.1876
50	精米	91.8306	100	非零售精梳微支纯棉单纱微支指单纱细度 <83.33 分特，含棉量≥ 85%	42.9643

数据来源：由联合国商品贸易数据计算整理所得

2016 年，巴基斯坦的比较优势排名前 100 产品的指数都大于 2.5。即这些产品在国家贸易中更具竞争优势。其中排名前 10 的产品均为纺织原料及纺织制品，具体包括棉制男式便服套装；其他材料制其他床上用织物制品；漂白的其他棉布；未漂白的其他棉织品；漂白的其他棉布；漂白的与化纤混纺棉机织平布；未漂白的全棉三、四线斜纹布；未漂白化纤混纺的三、四线斜纹棉布；棉制针织或钩编的床上用织物制品；未漂白全棉三、四线斜纹布，其比较优势指数分别为574.9587、510.8678、489.7674、478.3585、469.0989、458.1742、412.0210、380.8092、358.3770、343.7573。

由表PK-2可知，巴基斯坦各类产品的比较优势指数值较大，排名前10的产品比较优势指数分布较为均匀，不存在比较优势绝对垄断的产品，组内最大值与最小值差距为526.3276，较2005年提高了8.19%。从产品整体的类别来看，2016年，巴基斯坦的棉花；其他纺织制成品；成套物品；旧衣着及旧纺织品；碎织物；针织或钩编的服装及衣着附件；非纺织或非钩编的服装及衣着附件等产品具有显著的比较优势。

表PK-2　2016年巴基斯坦比较优势指数排名前100产品

排名	产品名称	RCA	排名	产品名称	RCA
1	棉制男式便服套装	574.9587	51	其他纺织材料制其他窗帘包括帷帘，帐幔，帘帷及床帷	103.2158
2	其他材料制其他床上用织物制品	510.8678	52	其他动物细毛废料包括废纱线，不包括回收纤维	102.0589
3	漂白的其他棉布每平方米重 >200 克	489.7674	53	其他黄麻或韧皮其他纤维机织物宽度超过150厘米	101.2081
4	未漂白的其他棉织品每平方米重≤200克	478.3585	54	其他材料制男式内衣	97.9348
5	漂白的其他棉布每平方米重≤200克	469.0989	55	其他可充气的球	94.0134
6	漂白的与化纤混纺棉机织平布每平方米重≤200克，含棉85%以下	458.1742	56	加工的其他动物皮革经鞣制或半硝后进一步加工，不带毛，羊皮纸化处理	93.1772
7	未漂白的全棉三、四线斜纹布指每平方米重 >200 克，含棉≥85%包括双面斜纹机织物	412.0210	57	棉制其他盥洗及厨房用毛巾制品含类似毛圈织物的制品，非针织或非钩编	92.6054
8	未漂白化纤混纺的三四线斜纹棉布每平方米重 >200 克，含棉85%以下，双面斜纹布	380.8092	58	染色的与化纤混纺棉机织平布每平方米重≤200克，含棉85%以下	90.6776
9	棉制针织或钩编的床上用织物制品	358.3770	59	皮革或再生皮革制的其他手套包括连指或露指的	89.5833
10	未漂白全棉三、四线斜纹布每平方米重量≤200克，含棉≥85%，包括双面斜纹机织物	343.7573	60	其他纺织制针织或钩编男裤包括马裤，短裤及其他长裤	88.4052
11	未漂白的其他棉织品每平方米重 >200 克	305.4108	61	漂白的全棉三、四线斜纹布指每平方米重超过200克，含棉≥85%，包括双面斜纹机织物	86.9198

续表

排名	产品名称	RCA	排名	产品名称	RCA
12	非零售粗梳中支纯棉多股纱，中支指单纱细度为 232.56–714.29 分特之间，含棉量≥ 85%	302.3183	62	与棉混纺印花聚酯短纤平布混纺为含聚酯短纤 85% 以下，轻质指每平方米重≤ 170 克	82.6318
13	未漂白的其他全棉机织物指每平方米重超过 200 克，含棉 85% 及以上	279.5696	63	与棉混纺漂白或未漂白的聚酯短纤平布混纺为含聚酯短纤 85% 以下，重质指每平方米重＞ 170 克	82.2889
14	非零售棉缝纫线按重量计含棉量在 85% 及以上	271.8473	64	其他废棉	80.9896
15	其他纺材制针织或钩编男衬衫	251.5653	65	化纤材料制成的其他网包括化纤线、绳、索结制的网料，罗网及篓状网除外	79.6018
16	非零售粗梳中支纯棉单纱，中支指单纱细度为 232.56–714.29 分特之间，含棉量≥ 85%	246.2057	66	棉制男式其他内衣	77.6094
17	非零售粗梳粗支纯棉单纱，粗支指单纱细度≥ 714.29 分特，含棉量≥ 85%	217.7931	67	未经处理谷类植物的茎、杆及谷壳	77.5416
18	其他材料制其他盥洗及厨房织物	209.3637	68	其他纺织材料制絮胎及制品	77.4590
19	染色的其他棉布每平方米重 >200 克	207.0405	69	未漂白全棉平纹布 100 克＜每平方米重量≤ 200 克，含棉 85% 及以上	76.4924
20	非零售精梳粗支混纺棉单纱，粗支指单纱细度≥ 714.29 分特，含棉量＜ 85%	197.9844	70	棉制其他餐桌用织物制品	75.0891
21	未漂白与化纤混纺平纹棉织布指每平方米重≤ 200 克，含棉 85% 以下	197.5537	71	皮革或再生皮革制的衣服野生动物皮革制作的除外	73.6485
22	非零售粗梳粗支纯棉多股纱，粗支指单纱细度≥ 714.29 分特，含棉量≥ 85%	191.8637	72	其他纺材制其他针织或钩编手套	73.1066
23	棉质女式便服套装	191.1760	73	精米	70.6669
24	印花与化纤混纺棉机织平布每平方米重≤ 200 克，含棉 85% 以下	182.3950	74	针织或钩编男式便服套装	70.4178
25	棉制其他床上用织物制品	176.7956	75	其他纺织材料制针织或钩编女衬衫	70.1346
26	印花其他棉布每平方米重≤ 200 克	168.7765	76	其他纺织材料制短袜及其他袜类针织或钩编	69.8347
27	其他纺织材料制帐篷	166.3872	77	其他材料制其他便服套装	69.4050
28	其他纺织料制针织或钩编男式上衣	162.4734	78	非零售精梳中支纯棉单纱，中支指单纱细度为 232.56–714.29 分特之间，含棉量≥ 85%	69.1880

续表

排名	产品名称	RCA	排名	产品名称	RCA
29	皮革或再生皮革制专供运动用手套包括连指或露指的，野生动物皮革制作的除外	161.2597	79	修指甲及修脚用具包括指甲锉	68.4813
30	未破碎及未研粉的天然滑石	157.3978	80	印花其他棉布每平方米重 >200 克	67.5460
31	棉制餐桌用织物制品针织或钩编的	154.0995	81	其他漂白与其他化纤混纺棉布每平方米重≤ 200 克，含棉 85% 以下	65.8067
32	擦地布、擦碗布、抹布及类似擦拭用布	142.4587	82	其他纺织材料制男大衣、斗篷、防风衣等	64.7416
33	其他纺织材料制针织或钩编的窗帘等包括帷帘，帐幔，帘帷及床帷	136.9889	83	棉制货物包装袋	64.4257
34	棉的回收纤维	135.1149	84	船舶动力用汽轮机	61.8874
35	其他未漂白与化纤混纺棉布每平方米重≤ 200 克，含棉 85% 以下	134.8988	85	渐紧压袜类例如用以治疗静脉曲张的长筒袜，针织或钩编	61.1975
36	其他材料制男式其他内衣	134.8778	86	0.5 克每立方厘米＜密度≤ 0.8 克每立方厘米的其他纤维板辐射松制的除外	59.8507
37	染色的全棉三、四线斜纹布指每平方米重超过 200 克，含棉≥ 85%，包括双面斜纹机织物	131.9027	87	其他初级形状的铁及非合金钢	58.6014
38	色织其他全棉粗斜纹布劳动布指每平方米重超过 200 克，含棉 85% 及以上	129.0581	88	非零售棉缝纫线按重量计含棉量在 85% 以下	56.4123
39	漂白全棉平纹布每平方米重量≤ 100 克，含棉 85% 及以上	126.6057	89	其他纺织料针织或钩编女式防风衣包括防寒短上衣，防风短上衣及类似品	55.2290
40	非零售粗梳特细混纺棉多股纱或缆线，特细支指单纱细度＜ 125 分特，含棉量＜ 85%	124.9327	90	其他纺材针织或钩编女套头衫等包括开襟衫、背心及类似品	54.6358
41	碎米	123.6432	91	其他含有青霉素或链霉素的混合药	53.8888
42	未漂白的全棉平纹机织平布指每平方米重超过 200 克，含棉 85% 及以上	123.4681	92	未梳的其他动物粗毛	53.2014
43	废棉纱线包括废棉线	119.1111	93	其他纺织材料制餐桌用织物制品	52.9770
44	其他材料制女筒袜单丝细度在 67 分特以下	114.1146	94	其他碎织物等包括废线，绳，索，缆及其制品	52.4955
45	棉制非针织网眼窗帘包括帷帘，帐幔，帘帷及床帷	110.9146	95	其他化学纤维制货物包装袋	51.3887

续表

排名	产品名称	RCA	排名	产品名称	RCA
46	羊毛或动物细毛制的结织栽绒地毯包括羊毛或动物细毛制的其他结织栽绒铺地制品	110.0062	96	棉制其他针织或钩编手套非运动手套	51.0742
47	加工的山羊或小山羊皮革经鞣制或半硝后进一步加工，不带毛，羊皮纸化处理	109.8517	97	其他纺织料针织或钩编男便服套装	50.5258
48	染色的与化纤混纺的 3/4 线斜纹棉布每平方米重不超过 200 克，含棉 85% 以下，含双面斜纹布	108.2815	98	未漂白与化纤混纺棉机织平布每平方米重 >200 克，含棉 85% 以下	50.5160
49	染色全棉平纹布每平方米重量不超过 100 克，含棉 85% 及以上	106.4662	99	印花与化纤混纺的平纹棉布每平方米重超过 200 克，含棉 85% 以下	49.6186
50	其他材料制床上用织物制品	105.6097	100	非零售精梳中支纯棉多股纱，中支指单纱细度为 232.56–714.29 分特之间，含棉量≥ 85%	48.6311

数据来源：由联合国商品贸易数据计算整理所得

对比 2005 年与 2016 年，巴基斯坦的出口比较优势存在变动。从比较优势指数来分析，相对于 2005 年，2016 年巴基斯坦前 100 名产品的比较优势指数总体有所上升，比较优势均值从 137.5190 增加至 147.7281，增长率为 7.42%；比较优势指数最大值从 529.4325 上升到 574.9587，增长率为 8.60%；最小值从 42.9643 上升至 48.6311，增长率为 13.19%；这表明巴基斯坦在国际上具有比较优势的产品的竞争力逐渐提升，但同时各产品之间的比较优势差距有所拉大，巴基斯坦或将出现具有绝对比较优势的产品。

从产品整体结构来看，2005 年与 2016 年排名前 10 的产品种类相对比较稳定，棉花；针织或钩编的服装及衣着附件；其他纺织制成品；成套物品；旧衣着及旧纺织品；碎织物等产品始终具有较大的比较优势，相对于 2005 年，2016 年非针织或非钩编的服装及衣着附件等产品的比较优势逐渐上升，而皮革制品；生僻及皮革等产品的比较优势逐渐下降。

从排名前 10 的具体产品来看，产品比较优势指数变动幅度较大。2005 年排名前 3 的比较优势产品：印花与化纤混纺棉机织平布、漂白的与化纤混纺棉机织平布、染色的其他棉布，分别下降到 2016 年的第 24、第 6、第 143。比较优势指数从 529.4325、452.2801、438.1473 变动为 182.3949、458.1742、32.6171。漂白的与化纤混纺棉机织平布虽然从第 2 滑落到第 6，但其比较优势指数却上升了。总的来看，相比于2005年，棉制男式便服套装；漂白的其他棉布每平方米重>200克；未漂白的全棉三、四线斜纹布；未漂白化纤混纺的3/4斜纹棉布；棉制针织或钩编的床上用织物制品；未漂白全棉三、四线斜纹布在2016年巴基斯坦出口产品中的比较优势逐渐增强。而印花与化纤混纺棉机织平布；染色的其他棉布；未漂白其他全棉机织物；未漂白与化纤混纺棉机织平布每平方米重>200克，含棉85%以下；未漂白的其他棉织品每平方米重>200克；其他材料毛巾织物及类似毛圈织物等产品的比较优势逐渐弱化。

（二）巴基斯坦出口主导产业分析

1. 出口主导产业测度

出口主导产业是由产业出口额占国家总出口额的比例来衡量的，所占比例越大，表明其在出口中所占地位越重，同时表明，此国生产相应产品的能力越强或拥有相应丰富的资源。表PK-3及表PK-4分别表示2005年与2016年巴基斯坦出口额排名前100主导产品。

表PK-3 2005年巴基斯坦出口额排名前100产品

单位：万美元、%

排名	产品名称	出口值	占比	排名	产品名称	出口值	占比
1	精米	109926.69	6.85	51	其他棉制印花床上用织物制品	5848.79	0.36
2	棉制其他床上用织物制品	105770.82	6.59	52	棉制针织或钩编男裤等包括马裤、短裤及其他长裤	5734.94	0.36
3	石油油和油脂	62143.11	3.87	53	棉制男式其他内衣	5446.97	0.34
4	棉制其他盥洗及厨房用毛巾制品含类似毛圈织物的制品，非针织或非钩编	56928.65	3.55	54	棉制针织或钩编女衬衫	5334.70	0.33
5	非零售粗梳中支纯棉单纱，中支指单纱细度为232.56–714.29分特之间，含棉量≥85%	55794.21	3.48	55	合纤制披巾、头巾及类似品包括围巾、披纱、面纱等	5234.32	0.33
6	棉制针织或钩编男衬衫	54355.85	3.39	56	棉制针织或钩编运动套装	5062.56	0.32
7	未漂白其他全棉机织物每平方米重量不超过200克，含棉85%及以上	50042.80	3.12	57	未漂白的其他棉织品每平方米重≤200克	5040.39	0.31

续表

排名	产品名称	出口值	占比	排名	产品名称	出口值	占比
8	棉质男式短裤	49764.28	3.10	58	其他纺材制针织或钩编男衬衫	4730.57	0.29
9	皮革或再生皮革制的衣服野生动物皮革制作的除外	39153.41	2.44	59	甘蔗糖蜜	4662.78	0.29
10	印花与化纤混纺棉机织平布每平方米重≤ 200 克，含棉 85% 以下	34692.52	2.16	60	漂白的其他全棉机织物每平方米重量不超过 200 克，含棉 85% 及以上	4632.79	0.29
11	羊毛或动物细毛制的结织栽绒地毯包括羊毛或动物细毛制的其他结织栽绒铺地制品	27583.66	1.72	61	印花其他棉布每平方米重≤ 200 克	4631.12	0.29
12	化纤制其他床上用织物制品	27387.22	1.71	62	其他已配定剂量的药品	4470.09	0.28
13	染色的其他棉布每平方米重≤ 200 克	24734.47	1.54	63	非零售粗梳细支纯棉单纱，细支指单纱细度在 192.31–232.56 分特之间，含棉量≥ 85%	4288.84	0.27
14	非零售精梳中支纯棉单纱中支指单纱细度为 232.56–714.29 分特之间，含棉量≥ 85%	20431.47	1.27	64	棉制针织或钩编套头衫等包括开襟衫、背心及类似品	4241.00	0.26
15	棉制针织或钩编的床上用织物制品	20268.13	1.26	65	皮革或再生皮革的其他制品	4211.77	0.26
16	棉制针织或钩编 T 恤衫、汗衫等	20163.83	1.26	66	未漂白与化纤混纺平纹棉织布指每平方米重≤ 200 克，含棉 85% 以下	4210.40	0.26
17	擦地布、擦碗布、抹布及类似擦拭用布	19613.14	1.22	67	任何浓度的其他酒精	4174.80	0.26
18	染色的与化纤混纺棉机织平布每平方米重≤ 200 克，含棉 85% 以下	19256.55	1.20	68	溶于非水介质的聚酯油漆及清漆等	4067.86	0.25
19	其他可充气的球	18564.09	1.16	69	棉帐篷	4003.72	0.25
20	其他医疗、外科或兽医用仪器器具	16913.90	1.05	70	其他纺材制其他针织或钩编织物	3759.38	0.23
21	皮革或再生皮革制的其他手套包括连指或露指的	16800.71	1.05	71	非零售精梳中支纯棉单纱，中支指单纱细度为 232.56–714.29 分特之间，含棉量≥ 85%	3722.80	0.23
22	针织或钩编全长或及膝袜	15188.17	0.95	72	漂白的其他棉布每平方米重≤ 200 克	3542.01	0.22

续表

排名	产品名称	出口值	占比	排名	产品名称	出口值	占比
23	非零售粗梳中支纯棉多股纱，中支指单纱细度为232.56–714.29分特之间，含棉量≥85%	15059.06	0.94	73	染色的其他棉布每平方米重>200克	3474.25	0.22
24	棉制女式长、马、短裤	14932.04	0.93	74	染色其他全棉机织物每平方米重量不超过200克，含棉85%及以上	3447.05	0.21
25	其他材料制其他床上用织物制品	13076.90	0.81	75	其他废棉	3416.82	0.21
26	其他材料制床上用织物制品	12742.26	0.79	76	未漂白与化纤混纺棉机织平布每平方米重>200克，含棉85%以下	3386.71	0.21
27	其他牛马皮革经鞣制不带毛	12570.21	0.78	77	其他材料制女式长、马、短裤	3360.57	0.21
28	漂白的与化纤混纺棉机织平布每平方米重≤200克，含棉85%以下	12493.48	0.78	78	色织与化纤混纺牛仔布每平方米重超过200克，含棉85%以下	3331.77	0.21
29	非零售粗梳粗支纯棉单纱，粗支指单纱细度≥714.29分特，含棉量≥85%	11993.17	0.75	79	未漂白或漂白与棉混纺其他合纤布混纺合纤布指按重量计其他合成纤维长丝含量在85%以下	3135.16	0.20
30	棉制针织或钩编其他服装	11952.03	0.74	80	全粒面未剖层或粒面剖层干牛马皮经鞣制不带毛	3119.62	0.19
31	印花的其他纯合纤长丝布纯合纤布指按重量计其他合成纤维长丝含量≥85%	11320.59	0.71	81	其他纺织材料制其他服装	3114.18	0.19
32	小麦或混合麦的细粉	10109.85	0.63	82	未漂白的其他棉织品每平方米重>200克	3091.43	0.19
33	其他硅酸盐水泥	9966.42	0.62	83	铬矿砂及其精矿	3042.66	0.19
34	加工的山羊或小山羊皮革经鞣制或半硝后进一步加工，不带毛，羊皮纸化处理	9796.55	0.61	84	皮革或再生皮革制专供运动用手套包括连指或露指的，野生动物皮革制作的除外	3035.76	0.19
35	初级形状的聚对苯二甲酸乙二酯	9663.78	0.60	85	棉制其他餐桌用织物制品	3028.77	0.19
36	对苯二甲酸及其盐	9212.41	0.57	86	棉制女式西服套装	2975.99	0.19

续表

排名	产品名称	出口值	占比	排名	产品名称	出口值	占比
37	氢化、酯化或反油酸化植物油、脂	9209.61	0.57	87	合纤制女式西服套装	2950.72	0.18
38	印花其他全棉机织物每平方米重量不超过 200 克，含棉 85% 及以上	9149.49	0.57	88	非针织物或钩编手套	2936.70	0.18
39	棉制男式衬衫	8711.02	0.54	89	非零售精梳粗支纯棉单纱，粗支指单纱细度≥ 714.29 分特，含棉量≥ 85%	2923.97	0.18
40	未梳的棉花	8049.46	0.50	90	皮革或再生皮革制的其他衣着附件	2823.22	0.18
41	其他未列名的第 95 章用品及设备	7579.33	0.47	91	其他皮革制面的短筒靴过踝	2801.63	0.17
42	化纤制印花床上用织物制品	7509.13	0.47	92	色织的其他纯合纤长丝布纯合纤布指按重量计其他合成纤维长丝含量≥ 85%	2724.26	0.17
43	色织其他全棉粗斜纹布劳动布指每平方米重超过 200 克，含棉 85% 及以上	7247.68	0.45	93	硫化橡胶制外科用手套硬化橡胶的除外	2688.07	0.17
44	其他皮革或和成本皮革制面的其他鞋靴	6764.41	0.42	94	非零售精梳较细支纯棉单纱，较细支指单纱细度在 125–192.31 分特之间，含棉量≥ 85%	2675.62	0.17
45	无线电广播、电视发送设备等包含接收装置或声音录制的传送设备	6706.04	0.42	95	植物或矿物质雕刻料及制品	2663.64	0.17
46	纺织材料制未列名制品	6150.83	0.38	96	化纤制针织或钩编男衬衫	2620.17	0.16
47	其他塑料制品	6125.67	0.38	97	棉制女式衬衫	2535.40	0.16
48	棉制非针织网眼窗帘包括帷帘，帐幔，帘帷及床帷	6076.76	0.38	98	胶黄耆树胶	2530.93	0.16
49	棉制针织或钩编男式上衣	6014.30	0.37	99	其他材料制寝具及类似品	2526.57	0.16
50	棉制男式上衣	5893.40	0.37	100	披巾、头巾、围巾包括披纱、面纱等及类似品	2452.69	0.15

数据来源：由联合国商品贸易数据计算整理所得

根据表 PK–3、PK–4 可知，2005 年，巴基斯坦排名前 10 的出口主导产品为精米；棉制其他床上用织物制品；石油油和油脂；棉制其他盥洗及厨房用毛巾制品；

非零售粗梳中支纯棉单纱；棉制针织或钩编男衬衫；未漂白其他全棉机织物；棉质男式短裤；皮革或再生皮革制的衣服；印花与化纤混纺棉机织平布，主要类别为植物产品；纺织原料及纺织制品；矿产品；毛皮、人造毛皮及其制品。

2016 年巴基斯坦排名前 10 出口主导产品为精米；非零售粗梳中支纯棉单纱；棉制其他盥洗及厨房用毛巾制品；棉制其他床上用织物制品；棉制男式便服套装；其他材料制其他床上用织物制品；棉制针织或钩编的床上用织物制品；棉质男式短裤；色织其他全棉粗斜纹布劳动布；擦地布、擦碗布、抹布及类似擦拭用布。主要产品类别为植物产品；纺织原料及纺织制品。

对比 2005 年及 2016 年，巴基斯坦排名前 10 的主导产品种类变动幅度较大，2016 年巴基斯坦排名前 10 的出口主导产业更为集中，主要是纺织品；非针织或非钩编的服装及衣着附件；而 2005 年排名前 10 的主导产业比较分散，主要包括棉花，纺织品等。相对于 2005，2016 年巴基斯坦增加了棉制男式便服套装；其他材料制其他床上用织物制品；棉制针织或钩编的床上用织物制品；色织其他全棉粗斜纹布劳动布；擦地布、擦碗布、抹布及类似擦拭用布的出口，减少了石油油和油脂；棉制针织或钩编男衬衫；未漂白其他全棉机织物；皮革或再生皮革制的衣服；印花与化纤混纺棉机织平布的出口。

表 PK–4　2016 年巴基斯坦出口额排名前 100 产品

单位：万美元、%

排名	产品名称	出口值	占比	排名	产品名称	出口值	占比
1	精米	141892.78	6.91	51	印花与化纤混纺棉机织平布每平方米重≤ 200 克，含棉 85% 以下	7193.85	0.35
2	非零售粗梳中支纯棉单纱，中支指单纱细度为 232.56–714.29 分特之间，含棉量≥ 85%	81097.56	3.95	52	其他材料制女式长、马、短裤	7084.74	0.35
3	棉制其他盥洗及厨房用毛巾制品含类似毛圈织物的制品，非针织或非钩编	77708.58	3.78	53	未漂白的其他全棉机织物指每平方米重超过 200 克，含棉 85% 及以上	6995.47	0.34
4	棉制其他床上用织物制品	77330.62	3.77	54	其他皮革制面的其他鞋靴橡胶、塑料、再生皮革制外底，运动用鞋靴除外	6901.81	0.34
5	棉制男式便服套装	70880.78	3.45	55	其他材料制寝具及类似品	6683.10	0.33

续表

排名	产品名称	出口值	占比	排名	产品名称	出口值	占比
6	其他材料制其他床上用织物制品	65187.15	3.17	56	其他材料制其他盥洗及厨房织物	6643.67	0.32
7	棉制针织或钩编的床上用织物制品	60692.99	2.96	57	塑料或橡胶浸渍的手套	6462.58	0.31
8	棉质男式短裤	54387.43	2.65	58	未漂白全棉三、四线斜纹布每平方米重量≤ 200 克，含棉≥ 85%，包括双面斜纹机织物	6436.35	0.31
9	色织其他全棉粗斜纹布劳动布指每平方米重超过 200 克，含棉 85% 及以上	46184.82	2.25	59	非零售精梳中支纯棉单纱，中支指单纱细度为 232.56–714.29 分特之间，含棉量≥ 85%	6308.22	0.31
10	擦地布、擦碗布、抹布及类似擦拭用布	38488.55	1.87	60	染色的与化纤混纺棉机织平布每平方米重≤ 200 克，含棉 85% 以下	6015.55	0.29
11	棉制女式长、马、短裤	36622.22	1.78	61	粒面剖层非整张革经鞣制或半硝后进一步加工，羊皮纸化处理	5691.75	0.28
12	其他医疗、外科或兽医用仪器器具	32602.85	1.59	62	棉质女式便服套装	5648.42	0.28
13	皮革或再生皮革制的衣服野生动物皮革制作的除外	29799.07	1.45	63	其他材料制女筒袜单丝细度在 67 分特以下	5383.55	0.26
14	其他硅酸盐水泥	29339.93	1.43	64	其他纺织材料制针织或钩编女衬衫	5340.07	0.26
15	其他纺材制针织或钩编男衬衫	25251.92	1.23	65	其他钢铁或其他管、管和空心型材	5324.68	0.26
16	碎米	25185.45	1.23	66	氢化、酯化或反油酸化植物油、脂	5299.73	0.26
17	酒精浓度在 80% 及以上的未改性乙醇	22181.68	1.08	67	其他纺织材料针织或钩编女裤	5236.83	0.26
18	棉制针织或钩编男衬衫	20988.99	1.02	68	棉制非针织网眼窗帘包括帷帘，帐幔，帘帷及床帷	5205.96	0.25
19	棉制针织或钩编 T 恤衫、汗衫等	20511.06	1.00	69	染色全棉平纹布每平方米重量不超过 100 克，含棉 85% 及以上	5095.41	0.25

续表

排名	产品名称	出口值	占比	排名	产品名称	出口值	占比
20	皮革或再生皮革制的其他手套包括连指或露指的	18761.49	0.91	70	棉制针织或钩编男裤等包括马裤、短裤及其他长裤	5050.39	0.25
21	未漂白全棉平纹布 100 克＜每平方米重量≤ 200 克，含棉 85% 及以上	18387.35	0.90	71	其他材料制男式上衣	4950.06	0.24
22	小麦或混合麦的细粉	17283.77	0.84	72	合纤制女式长、马、短裤	4735.59	0.23
23	染色的全棉三、四线斜纹布指每平方米重超过 200 克，含棉≥ 85%，包括双面斜纹机织物	16700.12	0.81	73	修指甲及修脚用具包括指甲锉	4498.41	0.22
24	其他可充气的球	16357.39	0.80	74	其他纺织材料制其他窗帘包括帷帘，帐幔，帘帷及床帷	4377.26	0.21
25	其他纺织制针织或钩编男裤包括马裤、短裤及其他长裤	15905.95	0.77	75	未漂白的其他棉织品每平方米重≤ 200 克	4361.99	0.21
26	其他纺材针织或钩编女套头衫等包括开襟衫、背心及类似品	15108.57	0.74	76	染色的其他棉布每平方米重>200 克	4335.03	0.21
27	棉制针织或钩编短袜及其他袜类	14332.41	0.70	77	棉制针织或钩编男内裤及三角裤	4333.65	0.21
28	初级形状的聚对苯二甲酸乙二酯	13583.53	0.66	78	其他纺织材料制短袜及其他袜类针织或钩编	4155.75	0.20
29	未漂白的全棉三、四线斜纹布指每平方米重 >200 克，含棉≥ 85% 包括双面斜纹机织物	13166.39	0.64	79	未漂白的全棉平纹机织平布指每平方米重超过 200 克，含棉 85% 及以上	4134.13	0.20
30	非零售粗梳中支纯棉多股纱，中支指单纱细度为 232.56–714.29 分特之间，含棉量≥ 85%	12892.95	0.63	80	棉制其他针织或钩编手套非运动手套	4120.80	0.20
31	其他纺织料制针织或钩编男式上衣	12790.06	0.62	81	漂白全棉平纹布每平方米重量≤ 100 克，含棉 85% 及以上	4116.46	0.20
32	其他精制糖	12307.83	0.60	82	未梳的棉花	4088.16	0.20
33	漂白的与化纤混纺棉机织平布每平方米重≤ 200 克，含棉 85% 以下	11671.67	0.57	83	渐紧压袜类例如用以治疗静脉曲张的长筒袜，针织或钩编	3979.41	0.19
34	粒面剖层整张牛马皮经鞣制或半硝后进一步加工，羊皮纸化处理	11598.94	0.56	84	纺织材料制未列名制品	3963.45	0.19

续表

排名	产品名称	出口值	占比	排名	产品名称	出口值	占比
35	与棉混纺印花聚酯短纤平布混纺为含聚酯短纤 85% 以下，轻质指每平方米重≤ 170 克	10317.33	0.50	85	铜废料和废料	3913.49	0.19
36	未漂白与化纤混纺平纹棉织布指每平方米重≤ 200 克，含棉 85% 以下	10303.56	0.50	86	其他未列名的第 95 章用品及设备	3899.24	0.19
37	皮革或再生皮革制专供运动用手套包括连指或露指的，野生动物皮革制作的除外	10034.21	0.49	87	其他不含可可的糖食	3895.33	0.19
38	其他针织或钩编 T 恤衫、汗衫等	9953.39	0.48	88	棉制针织或钩编男式上衣	3858.99	0.19
39	加工的山羊或小山羊皮革经鞣制或半硝后进一步加工，不带毛，羊皮纸化处理	9745.25	0.47	89	口香糖	3796.51	0.18
40	其他纺织材料制男士短裤	8895.39	0.43	90	低果糖含量的葡萄糖及糖浆	3786.33	0.18
41	羊毛或动物细毛制的结织栽绒地毯包括羊毛或动物细毛制的其他结织栽绒铺地制品	8298.23	0.40	91	未漂白化纤混纺的 3/4 斜纹棉布每平方米重 >200 克，含棉 85% 以下，双面斜纹布	3681.95	0.18
42	化纤材料制成的其他网包括化纤线、绳、索结制的网料，罗网及篓状网除外	8289.66	0.40	92	其他已配剂量含激素或品目 2937 产品的药品	3669.63	0.18
43	用塑料涂布，浸渍的其他纸及纸板成卷或成张任何尺寸的，包括以纸或纸板为底制成的铺地制品	8222.09	0.40	93	非零售粗梳细支纯棉单纱，细支指单纱细度在 192.31–232.56 分特之间，含棉量≥ 85%	3603.59	0.18
44	铬矿砂及其精矿	8004.75	0.39	94	棉制其他餐桌用织物制品	3539.93	0.17
45	未漂白其他全棉机织物每平方米重量不超过 200 克，含棉 85% 及以上	7732.62	0.38	95	其他含品目 2937 激素等的混合药	3466.57	0.17
46	石油原油	7699.23	0.37	96	染色其他全棉机织物每平方米重量不超过 200 克，含棉 85% 及以上	3459.56	0.17
47	石油油和油脂	7685.94	0.37	98	其他纺织材料制针织或钩编女式上衣	3459.08	0.17

续表

排名	产品名称	出口值	占比	排名	产品名称	出口值	占比
48	非零售粗梳粗支纯棉单纱，粗支指单纱细度≥714.29分特，含棉量≥85%	7627.13	0.37	97	塑料制其他家庭用具及卫生或盥洗用具	3431.52	0.17
49	其他纺织材料制帐篷	7476.30	0.36	99	芝麻	3253.90	0.16
50	其他已配定剂量的药品	7331.69	0.36	100	盐、纯氯化钠、海水	3234.67	0.16

数据来源：由联合国商品贸易数据计算整理所得

从出口主导产品的集中度来看，2005年，排名前5的主导产品出口额度为39.06亿美元，占比为24.33%；排名前10的出口主导产品出口总额为61.86亿美元，占比为38.54%。2016年，排名前5的主导产品出口额为44.89亿美元，占比为21.86%；前10出口主导产品出口总额达到71.39亿美元，占比为34.76%。相比于2005年，2016年巴基斯坦前5、前10主导产品的出口额度都有所提升，总体产品集中度却呈现下降趋势，但具体产品的占比呈现出变化差异。其中，排名第1的精米出口额从2005年的10.99亿美元增加到2016年的14.19亿美元，增长率为29.08%，出口额度占比从6.85%增加到6.91%，上升幅度为0.89%。排名第2的非零售粗梳中支纯棉单纱出口额从2005年的5.58亿美元增加到2016年的8.11亿美元，增长率为45.35%，出口额度占比从3.47%增加到3.95%，上升幅度为13.61%。排名第3的棉制其他盥洗及厨房用毛巾制品出口额从2005年的5.69亿美元增加到2016年的7.77亿美元，增长率达到36.5%，出口额度占比从3.55%上升至3.78%，增长幅度为6.69%。从分析中可以看出，巴基斯坦的精米占据着出口市场的主导地位，且出口市场份额呈现增长趋势，而其他产品的出口市场份额呈现缩减趋势。

从出口主导产品分类来看，2005年与2016年，巴基斯坦出口主导产业变动幅度较小。2005年巴基斯坦主要出口纺织原料及纺织制品；植物产品；矿产品；毛皮、人造毛皮及其制品；化学工业及其相关工业产品。2016年巴基斯坦主要出口纺织原料及纺织制品；植物产品；矿产品；化学工业及其相关工业产品；生皮及皮革、皮革制品。其中，纺织原料及纺织制品的出口主导地位最显著。

2. 出口主导产业与比较优势产业的一致性分析

表PK-5为2016年巴基斯坦排名前10的比较优势产品及出口主导产品。表中显示，巴基斯坦比较优势指数排名前列的产品主要为棉制男式便服套装；其他材料制其他床上用织物制品，出口主导产品中主要为精米；非零售粗梳中支纯棉单纱；

棉制其他盥洗及厨房用毛巾制品。对比2016年巴基斯坦排名前10的比较优势产品及出口主导产品发现，棉制男式便服套装；其他材料制其他床上用织物制品；棉制针织或钩编的床上用织物制品，同时在比较优势排名前10产品和出口主导产品前10中。棉制男式便服套装的RCA排名第1，而其出口占比为第5；其他材料制其他床上用织物制品的RCA排名第2，而其出口占比为第6；棉制针织或钩编的床上用织物制品的RCA排名为第9，而其出口占比为第7。因此，可以得出巴基斯坦的比较优势产业与出口主导产业一致性较低。

表PK-5　2016年巴基斯坦排名前10比较优势产品及出口主导产品

单位：%

排名	比较优势产品名称	RCA	排名	出口主导产品名称	占比
1	棉制男式便服套装	574.9587	1	精米	6.91
2	其他材料制其他床上用织物制品	510.8678	2	非零售粗梳中支纯棉单纱，中支指单纱细度为232.56–714.29分特之间，含棉量≥85%	3.95
3	漂白的其他棉布每平方米重>200克	489.7674	3	棉制其他盥洗及厨房用毛巾制品含类似毛圈织物的制品，非针织或非钩编	3.78
4	未漂白的其他棉织品每平方米重≤200克	478.3585	4	棉制其他床上用织物制品	3.77
5	漂白的其他棉布每平方米重≤200克	469.0989	5	棉制男式便服套装	3.45
6	漂白的与化纤混纺棉机织平布每平方米重≤200克，含棉85%以下	458.1742	6	其他材料制其他床上用织物制品	3.17
7	未漂白的全棉三、四线斜纹布指每平方米重>200克，含棉≥85%包括双面斜纹机织物	412.0210	7	棉制针织或钩编的床上用织物制品	2.96
8	未漂白化纤混纺的3/4斜纹棉布每平方米重>200克，含棉85%以下，双面斜纹布	380.8092	8	棉质男式短裤	2.65
9	棉制针织或钩编的床上用织物制品	358.3770	9	色织其他全棉粗斜纹布劳动布指每平方米重超过200克，含棉85%及以上	2.25
10	未漂白全棉三、四线斜纹布每平方米重量≤200克，含棉≥85%，包括双面斜纹机织物	343.7573	10	擦地布、擦碗布、抹布及类似擦拭用布	1.87

（三）巴基斯坦出口比较优势变化分析

1. 描述性分析

依据表 PK-1 及表 PK-2，对比分析 2005 年及 2016 年巴基斯坦比较优势指数排名前 100 产品，可以得出以下结论：

第一，巴基斯坦出口产品的比较优势呈现上升趋势，2005 年排名前 100 产品的比较优势均值为 137.5190，2016 年为 147.7281，增长率为 7.42%

第二，巴基斯坦具比较优势的产品数量呈现增长态势。2005 年，比较优势指数大于 1 的产品共有 679 类，大于 2.5 的产品共有 458 类；而 2016 年，比较优势指数大于 1 的产业有 676 类，大于 2.5 的产品共有 499 类。表明巴基斯坦在国际上具有较强比较优势产品数量越来越多，整体产品的竞争力逐渐增强。

第三，比较优势指数排名前 10 产品的结构相对稳定，主要包括棉花、针织或钩编的服装及衣着附件、其他纺织制成品；成套物品；旧衣着及旧纺织品；碎织物。而从比较优势指数排名前 10 的具体产品来分析，2005 年至 2016 年，产品比较优势指数变动幅度较大。2005 年排名前 3 的比较优势产品印花与化纤混纺棉机织平布、漂白的与化纤混纺棉机织平布、染色的其他棉布，分别下降到 2016 年的第 24、第 6、第 143。比较优势指数从 529.4325、452.2801、438.1473 变动为 182.3949、458.1742、32.6171。

2. 回归分析

将 2016 年巴基斯坦产业比较优势指数作为因变量，把 2005 年巴基斯坦产业比较优势指数作为自变量，对其进行回归分析。若回归系数大于 1，则表明巴基斯坦更加强化了具有比较优势的产业，弱化了不具有比较优势的产业；若回归系数介于 0 和 1 之间，则表明具有比较优势的产业弱化了；若回归系数小于 0，则表明巴基斯坦比较优势的产业发生了质变。使用最小二乘法对其进行回归，得出结果如表 PK-6 所示。

表 PK-6 回归结果

变量	Coef.	Std. Err.	t	P>|t|
2005 比较优势指数	0.5260025	0.0151941	36.99	0.000
_cons	2.94853	0.4454477	6.62	0.000
R^2 = 0.2656		Likehood =368.14		

从表中可以看出，回归系数为 0.5260025，介于 0 和 1 之间，因此表明，相对

于 2005 年，2016 年巴基斯坦具有比较优势的产业弱化了。尽管巴基斯坦排名前 100 产业的比较优势有所上升，但对于巴基斯坦所有产业来讲，其比较优势产业逐渐弱化，且产业间的比较优势差距逐渐拉大。

（四）巴基斯坦进口需求及其变化分析

表 PK–7 表示 2005 年巴基斯坦进口额排名前 100 产品。从表中可以看出，排名前 10 的进口产品主要为矿产品；动、植物油、脂及其分解产品；精制的食用油脂；动、植物蜡；机器、机械器具、电气设备及其零件；录音机及放声机、电视图像、声音的录制和重放设备及其零件；纺织原料及纺织制品；天然或养殖珍珠、宝石或半宝石、贵金属、包贵金属及其制品；仿首饰；硬币；食品；植物产品；车辆、航空器、船舶及有关运输设备。具体包括石油原油；石油油和油脂；其他棕榈油及其分离品；广播电视、无线电话、无线电报传输设备；无线电广播、电视发送设备等包含接收装置或声音录制的传送设备；未梳的棉花；非货币用未锻造金；其他精制糖；低芥籽酸油菜籽；排量≤ 1 升的带点燃往复式活塞内燃发动机的其他车辆等。其中，石油原油进口额度最高，为 27.85 亿美元，占比为 11.10%；其次是石油油和油脂和其他棕榈油及其分离品，进口额度分别为 21.84 亿美元、6.94 亿美元，占比分别为 8.70%、2.77%。

从巴基斯坦进口前 100 名产品种类来看，主要为核反应堆、锅炉、机器机械器具及其零件；电机电器设备及其零件；车辆及其零件附件；动植物油、脂及其分解产品；矿产品；化学工业及其相关工业产品；塑料及其制品。

从巴基斯坦进口前 100 名产品的结构来看，进口产品排名前 5 的额度占比为 27.85%，排名前 10 的额度占巴基斯坦进口总额的 34.91%。可以看出巴基斯坦进口产品相对集中性，尤其是矿物燃料、矿物油的进口，占整个进口市场份额的20%左右。

表 PK–7　2005 年巴基斯坦进口额排名前 100 产品

单位：万美元、%

排名	产品名称	进口值	占比	排名	产品名称	进口值	占比
1	石油原油	278493.68	11.10	51	硫酸钾	7971.61	0.32
2	石油油和油脂	218375.08	8.70	52	用于制冷设备的压缩机	6830.67	0.27
3	其他棕榈油及其分离品	69396.09	2.77	53	其他发送或接收声音、图像或其它数据用的设备	6811.49	0.27
4	广播电视、无线电话、无线电电报传输设备	67715.32	2.70	54	精炼铜的阴极型材未锻轧的	6628.38	0.26

续表

排名	产品名称	进口值	占比	排名	产品名称	进口值	占比
5	无线电广播、电视发送设备等包含接收装置或声音录制的传送设备	64938.61	2.59	55	其他空气泵、气体压缩机及通风罩	6584.60	0.26
6	未梳的棉花	48242.28	1.92	56	独立窗式或壁式空气调节器	6327.64	0.25
7	非货币用未锻造金	45044.60	1.79	57	其他簇绒机	6276.07	0.25
8	其他精制糖	29230.22	1.16	58	1.5 升<排量≤ 2.5 升装有压燃往复式活塞内燃发动机	6272.34	0.25
9	低芥籽酸油菜籽	29105.46	1.16	59	其他洗涤，漂白或染色机器	6254.77	0.25
10	排量≤ 1 升的带点燃往复式活塞内燃发动机的其他车辆	25537.30	1.02	60	计算机用终端输入或输出部件，不论是否在同一机壳内有存储部件	6249.61	0.25
11	其他煤	24546.70	0.98	61	飞机及直升机用其他零件	6195.13	0.25
12	磷酸二氢铵	24353.96	0.97	62	初榨的棕榈油	5883.92	0.23
13	1 升<排量≤ 1.5 升带点燃往复式活塞内燃发动机其他车	23817.92	0.95	63	上釉的大陶瓷砖，瓦，块及类似品	5865.53	0.23
14	每件净重超过 3 千克的半发酵茶	22780.00	0.91	64	其他医疗、外科或兽医用仪器器具	5798.52	0.23
15	初级形状的聚丙烯	21455.07	0.85	65	提炼豆油所得的油饼和其他固体残渣	5719.28	0.23
16	光线路终端装置	20361.27	0.81	66	非零售聚酯变形纱线	5670.62	0.23
17	乙二醇	19256.02	0.77	67	便携式自动数据处理设备重量≤ 10 千克，至少由一个中央处理器、键盘和显示器组成	5584.58	0.22
18	对二甲苯	18428.86	0.73	68	成卷或成张的新闻纸成条宽 >36 厘米，或一边 >36 厘米，一边 >15 厘米成张矩形	5490.45	0.22
19	其他零件和附件	17775.51	0.71	69	装压缩或液化气的钢铁容器	5461.87	0.22
20	其他以钢铁为主的废五金材料	17526.20	0.70	70	排量≤ 250 毫升装往复式活塞内燃发动机摩托车及脚踏两用车	5356.41	0.21
21	输出功率> 375 千伏安柴油发电机组包括半柴油发电机组	17113.37	0.68	71	其他发动机的专用零件指品目 8407 或 8408 所列的其他发动机	5283.43	0.21

续表

排名	产品名称	进口值	占比	排名	产品名称	进口值	占比
22	未加香料或着色剂的甘蔗原糖	15804.30	0.63	72	未按种类指定的商品	5137.35	0.20
23	尿素	14802.96	0.59	73	柴油型其他货车装有压燃式活塞内燃发动机，重型指 5 吨≤车辆总重≤ 20 吨	5112.48	0.20
24	1.5 升<排量≤ 3 升装点燃往复式活塞内燃发动机的其他载人车辆	14016.28	0.56	74	其他聚酯单纱，非供零售用，细度 <50 分特	5083.47	0.20
25	初级形状比重≥ 0.94 的聚乙烯	14003.24	0.56	75	彩色卫星电视接收机	5077.17	0.20
26	宽度小于厚度两倍的矩形截面钢坯含碳量小于 0.25%	13698.93	0.55	76	未锻轧非合金铝	5072.13	0.20
27	镀锌的其他形铁或非合金钢宽板材电镀锌的除外，宽≥ 600 毫米	13658.85	0.54	77	摩托车零件、附件	5012.00	0.20
28	硬粒小麦	13642.82	0.54	78	纺织纤维拉伸机	5004.09	0.20
29	磷酸和多磷酸	13431.85	0.54	79	其他电视接收机零件	4995.34	0.20
30	初级形状比重< 0.94 的聚乙烯	13419.17	0.53	80	纺织纤维梳理机	4929.21	0.20
31	纺织纺纱机	12968.63	0.52	81	其他热轧铁或非合金钢宽平板轧材除热轧外经进一步加工，宽≥ 600 毫米，未经包，镀，涂层	4792.23	0.19
32	织物宽度> 30 厘米的织机	12425.84	0.50	82	品目 8471 所列其他机器零附件	4788.65	0.19
33	磷酸氢二铵	11974.09	0.48	83	非公路用货运自卸车	4760.16	0.19
34	其他已配定剂量的药品	11440.69	0.46	84	印刷机器	4759.79	0.19
35	破碎或磨粉用机器用于泥土、石料、矿石或其他固体物质的	11439.16	0.46	85	未梳的聚酯短纤包括未经其他纺前加工的	4713.92	0.19
36	机械加工中产生的钢铁废料机械加工指车，刨，铣，磨，锯，锉，剪，冲加工	10804.79	0.43	86	厚度< 0.5 毫米的非合金钢冷轧卷材未进一步加工，宽≥ 600 毫米，未包、镀、涂层	4694.26	0.19
37	对苯二甲酸及其盐	10493.41	0.42	87	含碳量不小于 0.25% 的钢坯	4661.52	0.19
38	其他客或货车用新充气橡胶轮胎	10490.08	0.42	88	厚度小于 3 毫米热轧卷材	4403.45	0.18
39	其他编号未列名的化工产品	10165.98	0.41	89	旧衣物	4397.21	0.18

续表

排名	产品名称	进口值	占比	排名	产品名称	进口值	占比
40	轧有花纹的热轧卷材除热轧外未进一步加工的	9672.65	0.39	90	初级形状的其他聚醚	4387.19	0.17
41	未烧结的铁矿石和精矿焙烧黄铁矿除外	9669.96	0.39	91	其他抗菌素	4340.72	0.17
42	其他机械和机械设备	8928.80	0.36	92	牛、羊脂肪	4330.82	0.17
43	柴油型其他小型货车装有压燃式活塞内燃发动机，小型指车辆总重量≤5吨	8866.05	0.35	93	铝废碎料	4310.36	0.17
44	卷纬机及摇纱机、络纱机	8849.48	0.35	94	干鹰嘴豆	4308.81	0.17
45	其他机械品目 8451 未列名	8744.12	0.35	95	其他生产及处理纺织纱线的机器	4241.57	0.17
46	杀虫剂	8628.19	0.34	96	空调的零件	4051.68	0.16
47	氯乙烯	8614.65	0.34	97	饮料及液体食品灌装设备	4014.73	0.16
48	其他拖拉机	8509.94	0.34	98	电子集成电路卡智能卡	4013.21	0.16
49	浮动或潜水式钻探或生产平台	8286.99	0.33	99	活性染料及以其为基本成分的制品	4000.72	0.16
50	未梳的粘胶短纤包括未经其他纺前加工的	8072.75	0.32	100	其他腈基化合物	3963.95	0.16

数据来源：由联合国商品贸易数据计算整理所得

表 PK-8 表示 2016 年巴基斯坦进口额排名前 100 产品。从表中可以看出，排名前 10 的进口产品主要为矿产品；动、植物油、脂及其分解产品；精制的食用油脂；动、植物蜡；机器、机械器具、电气设备及其零件；录音机及放声机、电视图像、声音的录制和重放设备及其零件；纺织原料及纺织制品；贱金属及其制品；植物产品。具体包括石油油和油脂、轻油及制品，不含生物柴油、石油原油、其他棕榈油及其分离品；液化天然气；蜂窝网络或其他无线网络的电话机；未梳的棉花；其他以钢铁为主的废五金材料、光敏半导体器件、发光二极管；每件净重超过 3 千克的半发酵茶。其中，石油油和油脂进口额度最高，为 35.32 亿美元，占比为 7.52%；其次是轻油及制品和石油原油，进口额度分别为 22.18 亿美元、19.83 亿美元，占比分别为 4.72%、4.22%。

从 2016 年巴基斯坦进口前 100 名产品种类来看，主要为矿物燃料、矿物油及其蒸馏产品；电机电器设备及其零件；车辆及其零件附件；食用蔬菜；动植物油；

化学工业及其相关工业产品；塑料及其制品；纺织原料及纺织制品；钢铁；核反应堆、锅炉、机器机械器具及其零件等。

从巴基斯坦进口前100名产品的结构来看，进口产品排名前5的额度占比为21.73%，排名前10的额度占巴基斯坦进口总额的27.76%。由此可以看出，2016年巴基斯坦进口需求较为分散，进口产品结构逐渐趋于合理化。

表 PK–8 2016年巴基斯坦进口额排名前100产品

单位：万美元、%

排名	产品名称	进口值	占比	排名	产品名称	进口值	占比
1	石油油和油脂	353211.31	7.52	51	初榨的豆油	13785.01	0.29
2	轻油及制品，不含生物柴油	221753.92	4.72	52	鲜或干的槟榔果	13215.17	0.28
3	石油原油	198302.67	4.22	53	功率不超过40兆瓦的其他汽轮机功率指输出功率	13086.88	0.28
4	其他棕榈油及其分离品	162956.85	3.47	54	其他钢铁结构体及部件包括结构体用的已加工钢板、型材、管子及类似品	13049.78	0.28
5	液化天然气	84982.37	1.81	55	上釉的大陶瓷砖，瓦，块及类似品	12789.66	0.27
6	蜂窝网络或其他无线网络的电话机	70764.78	1.51	56	其他涡轮喷气机、涡轮螺旋桨和燃气轮机	12772.05	0.27
7	未梳的棉花	58053.74	1.24	57	其他涂无机物的多层纸及纸板成卷或成张的	12445.66	0.26
8	其他以钢铁为主的废五金材料	57111.46	1.22	58	鲜或冷藏的番茄	12074.64	0.26
9	光敏半导体器件、发光二极管	49370.33	1.05	59	其他电动机、发电机组零件	11815.72	0.25
10	每件净重超过3千克的半发酵茶	48016.16	1.02	60	其他阀门用于管道、锅炉、罐、桶或类似品的	11780.96	0.25
11	磷酸氢二铵	47295.99	1.01	61	干鹰嘴豆	11607.27	0.25
12	低芥籽酸油菜籽	46441.62	0.99	62	其他利用温度变化处理材料的机器	11584.93	0.25
13	机械加工中产生的钢铁废料机械加工指车，刨，铣，磨，锯，锉，剪，冲加工	42613.37	0.91	63	其他非零售粘胶纤维单纱未捻或捻度每米不超过120转的单纱，包括变形纱线	11416.48	0.24
14	排量≤1升的带点燃往复式活塞内燃发动机的其他车辆	40210.99	0.86	64	初级形状的丙烯共聚物	11389.38	0.24

续表

排名	产品名称	进口值	占比	排名	产品名称	进口值	占比
15	供拆卸的船舶及其他浮动结构体	38979.65	0.83	65	其他医疗、外科或兽医用仪器器具	11269.77	0.24
16	初级形状的聚丙烯	38489.39	0.82	66	半挂车用的公路牵引车	11005.93	0.23
17	种用大豆	38344.26	0.82	67	卫生巾护垫及止血塞	10558.23	0.22
18	风力发电设备	38042.97	0.81	68	汽轮机用的零件	10557.92	0.22
19	宽度≥600毫米热轧其他合金钢卷材除热轧外未经进一步加工	36905.66	0.79	69	电力	10153.69	0.22
20	其他发电机组风力驱动除外	32986.38	0.70	70	柴油型其他小型货车装有压燃式活塞内燃发动机，小型指车辆总重量≤5吨	10038.65	0.21
21	1升<排量≤1.5升带点燃往复式活塞内燃发动机其他车	32600.83	0.69	71	其他离心泵	9969.88	0.21
22	干豌豆	32571.10	0.69	72	人造制针织或钩编起绒织物	9847.53	0.21
23	其他已配定剂量的药品	31847.51	0.68	73	供婴幼儿食用的零售包装配方奶粉	9662.64	0.21
24	功率>5000千瓦的其他燃气轮机	31798.27	0.68	74	织物宽度>30厘米的织机	9584.40	0.20
25	其他煤	30861.21	0.66	75	干扁豆	9454.86	0.20
26	初级形状比重<0.94的聚乙烯	28685.26	0.61	76	静态转换器	9390.33	0.20
27	初级形状比重≥0.94的聚乙烯	26640.22	0.57	77	鲜或冷藏的大蒜	9319.84	0.20
28	交换机和路由器	26385.68	0.56	78	柴油型其他货车装有压燃式活塞内燃发动机，重型指5吨≤车辆总重≤20吨	9118.22	0.19
29	厚度<3毫米的其他热轧卷材除热轧外未进一步加工宽≥600毫米，未包、镀、涂层	26078.95	0.55	79	辅助设备用零件	9002.21	0.19
30	对二甲苯	25749.67	0.55	80	染色的其他机织物涤纶长丝含量≥85%	8714.99	0.19
31	油轮	25296.00	0.54	81	空调的零件	8639.86	0.18
32	磷酸和多磷酸	24847.69	0.53	82	其他电力控制或分配的装置电压超过1000伏的线路	8550.69	0.18
33	蒸发量>45吨/时的蒸汽水管锅炉	24670.92	0.52	83	点燃式活塞内燃发动机用零件	8529.06	0.18
34	其他客或货车用新充气橡胶轮胎	24622.66	0.52	84	精炼铜的阴极型材未锻轧的	8506.05	0.18

续表

排名	产品名称	进口值	占比	排名	产品名称	进口值	占比
35	旧衣物	23953.44	0.51	85	未锻轧精炼铅	8501.22	0.18
36	未梳的粘胶短纤包括未经其他纺前加工的	22711.18	0.48	86	干豆	8459.31	0.18
37	便携式自动数据处理设备重量≤10千克，至少由一个中央处理器、键盘和显示器组成	21585.64	0.46	87	活性染料及以其为基本成分的制品	8427.92	0.18
38	1.5升<排量≤3升装点燃往复式活塞内燃发动机的其他载人车辆	21495.91	0.46	88	初级形状的其他聚醚	8293.95	0.18
39	烟煤	21476.52	0.46	89	其他腈基化合物	8273.65	0.18
40	人用疫苗	21183.67	0.45	90	未按种类指定的商品	8220.46	0.17
41	其他液化石油气、烃类气	21054.11	0.45	91	蒸汽锅炉及过热水锅炉的零件	8214.91	0.17
42	1，2–乙二醇	20149.32	0.43	92	压燃式活塞内燃发动机的客车	8105.94	0.17
43	非零售聚酯变形纱线	18916.18	0.40	93	其他发动机的专用零件指品目8407或8408所列的其他发动机	8067.53	0.17
44	用于制冷设备的压缩机	17380.69	0.37	94	其他电力控制或分配的装置电压不超过1000伏的线路	8017.45	0.17
45	其他编号未列名的化工产品	16913.16	0.36	95	其他杂环化合物	7967.97	0.17
46	输出功率>375千伏安柴油发电机组包括半柴油发电机组	16615.83	0.35	96	其他颜色的电视接收机	7931.44	0.17
47	镀锌的其他形铁或非合金钢宽板材电镀锌的除外，宽≥600毫米	15821.61	0.34	97	排量≤250毫升装往复式活塞内燃发动机摩托车及脚踏两用车	7925.53	0.17
48	其他机械铲、挖掘机及机铲装载机	15804.98	0.34	98	过滤或净化水的装置	7793.84	0.17
49	脂肪含量≤1.5%固状乳及奶油指粉状、粒状或其他固体状态，浓缩，加糖或其他甜物质	14704.48	0.31	99	其他抗菌素	7786.71	0.17
50	提炼豆油所得的油饼和其他固体残渣	14173.17	0.30	100	混合烷基苯和混合烷基萘	7712.84	0.16

数据来源：由联合国商品贸易数据计算整理所得

对比2005年及2016年巴基斯坦排名前10的进口产品发现，种类变动幅度较大。

相对于2005年，2016年巴基斯坦提高了轻油及制品，不含生物柴油；液化天然气；蜂窝网络或其他无线网络的电话机；其他以钢铁为主的废五金材料；光敏半导体器件、发光二极管；每件净重超过3千克的半发酵茶等产品的进口需求，降低了对非货币用未锻造金；其他精制糖；低芥籽酸油菜籽；排量≤1升的带点燃往复式活塞内燃发动机的其他车辆等产品的进口需求。

从进口产品的集中度来看，2005年进口产品排名前5的额度占比为27.85%，排名前10的额度占巴基斯坦进口总额的34.91%；2016年进口产品排名前5的额度占比21.73%，排名前10的额度占巴基斯坦进口总额的27.76%。相比于2005年，2016年巴基斯坦前5、前10进口产品的总体集中度呈现下降趋势。但也存在个体差异，如其他棕榈油及其分离品进口额度占比从2005年的2.76%上升到2016年的3.47%。尽管巴基斯坦进口市场份额存在变动，但是石油原油、石油油和油脂这两类产品始终都是巴基斯坦主要的进口需求产品，占据着主导地位。

从巴基斯坦进口前100名产品分类来看，2005年与2016年，进口产业具有一致性。主要进口的大类产品包括矿物燃料、矿物油及其蒸馏产品；电机电器设备及其零件；车辆及其零件附件；核反应堆、锅炉、机器机械器具及其零件；动植物油、脂及其分解产品；化学工业及其相关工业产品；塑料及其制品等。

三、孟加拉国出口比较优势分析与进口需求研究

（一）孟加拉国出口比较优势分析

表 BD-1 显示了 2005 年孟加拉国出口比较优势指数排名前 100 的产品。比较优势指数反映了一国某产品在全球此类产品出口中的竞争力。若 RCA>1，表明该国此产品具有比较优势，若 RCA>2.5，则说明该产品具有极强的比较优势。从 2005 年孟加拉国出口产品前 100 的产品来看，所有产品的比较优势指数 RCA 都大于 2.5，即这 100 种产品相对于其他产品在国家贸易中更具竞争优势。2005 年排名前 10 的产品主要为纺织原料及纺织制品，具体包括：生或沤制黄麻，其他纺织韧皮纤维；黄麻及其他纺织用韧皮纤维单纱；线、绳、索、缆；加工未纺的黄麻及纺织用韧皮纤维；其他棉毛巾织物及类似毛圈机织物；黄麻制其他货物包装袋；未漂白黄麻或韧皮纤维机织物；其他黄麻或韧皮其他纤维机织物；其他纺织材料制男式衬衫；其他纺材针织或钩编女套头衫，其比较优势指数分别为 1112.695、1043.762、760.9399、647.9098、580.7395、482.7732、376.8467、365.3637、310.9631、206.8298。可以看出，孟加拉国出口产品中，各产品的比较优势指数差距较大，黄麻类产品占据了绝对的比较优势。从产品整体的类别来看，孟加拉国的针织或钩编的服装及衣着附件；非针织或非钩编的服装及衣着附件；普通纺织原料、纱线和织物；生皮及皮革；机器机械及其零件等产品具有明显的比较优势。

表 BD-1　2005 年孟加拉国比较优势指数排名前 100 产品

排名	产品名称	RCA	排名	产品名称	RCA
1	生或沤制黄麻，其他纺织韧皮纤维不包括亚麻，大麻，苎麻	1112.695	51	绵羊或羔羊干革经鞣制不带毛	53.7496
2	黄麻及其他纺织用韧皮纤维单纱	1043.762	52	其他皮革条带为鞋面的皮底鞋皮革条带交叉于脚背并绕大脚趾的	51.9480

续表

排名	产品名称	RCA	排名	产品名称	RCA
3	线、绳、索、缆	760.9399	53	其他编结材料制品及其他制品非植物材料制的	51.4138
4	加工未纺的黄麻及纺织用韧皮纤维包括短纤、废麻、废纱线及回收纤维，不含亚麻、大麻、苎麻	647.9098	54	主要或仅与化纤长丝混纺聚酯短纤机织物	48.0317
5	其他棉毛巾织物及类似毛圈机织物品目 5806 的狭幅织物除外	580.7395	55	其他纺织材料制男内裤及三角裤针织或钩编	47.5065
6	黄麻制其他货物包装袋含品目 5303 的其他韧皮纤维制	482.7732	56	棉制女式睡衣及睡衣裤	46.8328
7	未漂白黄麻或韧皮纤维机织物宽度超过 150 厘米	376.8467	57	手工钻孔或攻丝工具	44.2176
8	其他黄麻或韧皮其他纤维机织物宽度超过 150 厘米	365.3637	58	棉制针织或钩编的床上用织物制品	42.6202
9	其他纺织材料制男式衬衫	310.9631	59	毛制针织或钩编男裤包括马裤、短裤及其他长裤	42.2637
10	其他纺材针织或钩编女套头衫等包括开襟衫、背心及类似品	206.8298	60	其他非整张牛马皮革经鞣制或半硝后进一步加工，羊皮纸化处理	42.2520
11	针织或钩编的男式或男式羊毛或动物细毛套装	206.1153	61	其他已梳动物粗毛	41.9457
12	山羊或小山羊干革经鞣制不带毛	198.8318	62	毛制针织或钩编女裤	40.6981
13	毛制针织或钩编男式上衣	196.2441	63	其他羊毛针织或钩编套头衫针织或钩编，包括开襟衫、背心及类似品	40.3294
14	其他材料制针织或钩编男式游泳服	191.8201	64	其他动物干革经鞣制不带毛	39.2132
15	其他材料制床上用织物制品	186.1118	65	棉制男式上衣	38.8282
16	黄麻及其他韧皮纤维多股纱或缆线	183.4242	66	女式游泳服	38.1106
17	其他纺织料制针织或钩编男式上衣	174.5693	67	化纤制针织或钩编男衬衫	37.8628
18	其他材料制男式内衣	154.4381	68	棉制针织或钩编男裤等包括马裤、短裤及其他长裤	37.4530
19	其他羊毛或动物细毛制女童衬衫	149.0957	69	其他纺织材料制针织或钩编女衬衫	37.0377
20	男式游泳服	145.2850	70	全粒面未剖层整张牛马皮经鞣制或半硝后进一步加工，羊皮纸化处理	34.7293
21	其他纺材制针织或钩编男衬衫	142.2732	71	其他材料制女式长、马、短裤	34.0035
22	其他纺织材料制男士短裤	123.1187	72	棉制男式长睡衣及睡衣裤	33.8544

续表

排名	产品名称	RCA	排名	产品名称	RCA
23	其他牛马皮革经鞣制不带毛	114.1707	73	其他纺织材料制运动套装	32.5427
24	未漂白或漂白人纤短纤与粗梳毛混纺布人造纤维短纤含量 <85%	108.3069	74	棉制女式长、马、短裤	31.1354
25	非零售精梳超特细支多股纱，超特细支指单纱细度在 83.33–106.38 分特之间，含棉≥ 85%	99.5342	75	加工的山羊或小山羊皮革经鞣制或半硝后进一步加工，不带毛，羊皮纸化处理	30.4873
26	非零售粗梳特细支纯棉单纱，特细支指单纱细度＜ 125 分特，含棉量≥ 85%	97.9059	76	棉制针织或钩编女三角裤及短衬裤	29.5595
27	其他纺织材料制女式衬衫	95.2330	77	针织或钩编帽子和其他头饰	29.3871
28	针织或钩编羊毛或动物细毛女式或女式套装	93.1177	78	合纤制男式短裤	29.2873
29	棉制男式大衣、斗篷及类似品包括短大衣、短斗篷	90.9870	79	其他材料制女式上衣	28.5556
30	棉制针织或钩编 T 恤衫、汗衫等	82.1717	80	其他纺织材料制短袜及其他袜类针织或钩编	28.3509
31	棉制宽≤ 30 厘米非经编针织或钩编织物	80.6789	81	切削金属的其他钻床但品目 8458 的车床除外	28.0613
32	其他材料制男式其他内衣	77.5068	82	棉制婴儿服装及衣着附件	27.8679
33	合纤制帐篷	76.3381	83	其他整张牛马皮革经鞣制或半硝后进一步加工，羊皮纸化处理	26.7038
34	其他材料制男式上衣	74.7105	84	其他纺织材料针织或钩编女裤	26.6581
35	其他纺织制针织或钩编男裤包括马裤、短裤及其他长裤	74.2129	85	供拆卸的船舶及其他浮动结构体	26.4935
36	其他合成纤维制男式上衣	73.3881	86	其他纺织材料制女睡衣及睡衣裤	26.2783
37	其他纺织材料制女三角裤及短衬裤	70.5591	87	棉制女式衬衫	26.2521
38	羊毛或动物细毛制针织或钩编男式或男式套装	70.4563	88	棉制女式上衣	25.9211
39	其他纺织材料制婴儿服装及衣着附件除棉、合成纤维、羊毛或动物细毛外其他纺织材料制	69.6746	89	合纤制男式西服套装	25.4799
40	其他材料制其他床上用织物制品	67.7647	90	其他纺织材料制针织或钩编女式上衣	23.7652
41	棉制男式衬衫	67.5038	91	其他纺织料针织或钩编男便服套装	23.3236

续表

排名	产品名称	RCA	排名	产品名称	RCA
42	其他材料制女式内衣式背心等含三角裤、短衬裤	67.4360	92	经加工但未纺制的龙舌兰属的其他剑麻和纺织纤维	23.0633
43	棉质男式短裤	67.2763	93	棉制针织或钩编男内裤及三角裤	23.0561
44	棉制针织或钩编男衬衫	65.1589	94	棉制针织或钩编套头衫等包括开襟衫、背心及类似品	20.9903
45	针织或钩编的合成纤维男或男童套装	64.5119	95	毛制男式短裤羊毛或动物细毛制	20.7231
46	其他纺材制针织或钩编男睡衣裤	60.8610	96	其他未列名非机械驱动车辆	20.4371
47	非零售粗梳较细支纯棉单纱	59.9238	97	其他材料制男式内裤及三角裤	20.4368
48	非针织或钩编的羊毛或动物细毛的男式或男式衬衫	58.3708	98	织机用梭织机织机	20.2333
49	化纤制针织或钩编长衬裙及衬裙	54.9638	99	非零售纯聚丙烯腈短纤多股纱线包括缆线，纯指按重量计聚丙烯腈或其变性短纤含量≥ 85%	20.0252
50	其他合纤制针织或钩编男式上衣	53.7912	100	化纤制男士衬衫	19.9630

数据来源：由联合国商品贸易数据计算整理所得

2015 年，孟加拉国比较优势指数排名前 100 产品的值都大于 2.5。即这些产品在国家贸易中更具非常大的竞争优势。其中排名前 10 的为纺织原料及纺织制品和生皮（毛皮除外）及皮革，具体包括黄麻及其他纺织用韧皮纤维单纱；黄麻及其他韧皮纤维多股纱或缆线；生或沤制黄麻，其他纺织韧皮纤维；其他羊毛或动物细毛制女童衬衫；加工未纺的黄麻及纺织用韧皮纤维；山羊或小山羊干革；其他纺织材料制男式衬衫；未漂白黄麻或韧皮纤维机织物；黄麻制其他货物包装袋；其他纺材针织或钩编女套头衫等，其比较优势指数分别为 557.0225、466.1296、383.1469、315.6217、247.7577、233.1437、210.2733、209.4779、192.9981、189.3966。同时由表 BD-2 可知，孟加拉国各类产品的比较优势指数差距逐渐缩小，不存在绝对垄断的产品。整体来看，2015 年，孟加拉国在针织或钩编的服装及衣着附件；非针织或非钩编的服装及衣着附件；其他纺织制成品；生皮及皮革；皮革制品等产品具有明显的比较优势。

表 BD-2　2015 年孟加拉国比较优势指数排名前 100 产品

排名	产品名称	RCA	排名	产品名称	RCA
1	黄麻及其他纺织用韧皮纤维单纱	557.0225	51	棉制男式内裤及三角裤	32.8761

续表

排名	产品名称	RCA	排名	产品名称	RCA
2	黄麻及其他韧皮纤维多股纱或缆线	466.1296	52	棉制男式上衣	30.2364
3	生或沤制黄麻，其他纺织韧皮纤维不包括亚麻，大麻，苎麻	383.1469	53	色织的全棉平纹机织物每平方米重量不超过 100 克，含棉 85% 及以上	29.0272
4	其他羊毛或动物细毛制女童衬衫	315.6217	54	棉制针织或钩编女衬衫	28.9598
5	加工未纺的黄麻及纺织用韧皮纤维包括短纤、废麻、废纱线及回收纤维，不含亚麻、大麻、苎麻	247.7577	55	其他纺织料制针织或钩编男式上衣	28.3904
6	山羊或小山羊干革经鞣制不带毛	233.1437	56	棉制其他床上用织物制品	26.9141
7	其他纺织材料制男式衬衫	210.2733	57	棉制针织或钩编连衣裙	26.5504
8	未漂白黄麻或韧皮纤维机织物宽度超过 150 厘米	209.4779	58	其他材料制男式其他防寒上衣羊毛或动物细毛制	26.2873
9	黄麻制其他货物包装袋含品目 5303 的其他韧皮纤维制	192.9981	59	睡袋	25.8537
10	其他纺材针织或钩编女套头衫等包括开襟衫、背心及类似品	189.3966	60	毛制女式西服套装羊毛或动物细毛制	25.7292
11	其他棉毛巾织物及类似毛圈机织物品目 5806 的狭幅织物除外	180.7484	61	毛制针织或钩编裙子及裙裤	25.2748
12	其他材料毛巾织物及类似毛圈织物	162.8687	62	棉制女式裙子及裙裤	24.4696
13	其他牛马皮革经鞣制不带毛	116.4848	63	其他棉制印花床上用织物制品	24.4635
14	其他纺织材料制男内裤及三角裤针织或钩编	115.1208	64	其他纺材宽≤ 30 厘米针织或钩编织物按重量计弹性纱线或橡胶线含量 <5%	24.1474
15	棉制针织或钩编 T 恤衫、汗衫等	112.9337	65	剑麻或龙舌兰纤维制其他包扎用绳	24.1143
16	棉质男式短裤	107.0997	66	与棉混纺色织合纤短纤其他机织布混纺为含其他合短纤＜ 85%，每平方米重≤ 170 克	23.8957
17	其他纺织材料制男士短裤	85.2081	67	羊毛或动物细毛制女式便服套装	23.4091
18	其他皮革条带为鞋面的皮底鞋皮革条带交叉于脚背并绕大脚趾的	83.5959	68	化纤制男士衬衫	22.4083
19	棉制针织或钩编男衬衫	76.0060	69	合纤制女式长、马、短裤	22.1287
20	棉制男式大衣、斗篷及类似品包括短大衣、短斗篷	74.7624	70	其他编号未列名植物产品	21.9871
21	棉制男式衬衫	74.7248	71	由 56.02、59.03、59.06 或 59.07 所述材料所制成的其他男士服装	21.9028

续表

排名	产品名称	RCA	排名	产品名称	RCA
22	其他动物干革经鞣制不带毛	74.2483	72	棉制针织或钩编男式上衣	21.0812
23	毛制针织或钩编男裤包括马裤、短裤及其他长裤	72.1337	73	加工的山羊或小山羊皮革经鞣制或半硝后进一步加工，不带毛，羊皮纸化处理	21.0007
24	“开来姆”，“苏麦克”，“卡拉马尼”地毯包括类似的手织地毯	66.8148	74	其他材料制男式其他内衣	20.7509
25	其他材料制女式长、马、短裤	63.5050	75	其他纺织料针织或钩编女式防风衣包括防寒短上衣、防风短上衣及类似品	20.7072
26	男式游泳服	60.6360	76	棉质男式其他防寒上衣羊毛或动物细毛制	20.2083
27	毛制针织或钩编女裤	58.7692	77	其他合成纤维制男式上衣	19.2950
28	棉制女式长、马、短裤	57.2503	78	冶炼钢铁产生的其他熔渣、浮渣及其他废料	19.1298
29	棉制针织或钩编女三角裤及短衬裤	55.3013	79	合纤制男式短裤	19.0984
30	以钢纸或纸板作面的手提包不论是否有背带，包括无把手的	53.2863	80	棉制女式上衣	18.9922
31	其他纺织材料制女式衬衫	53.1378	81	其他材料制女式内衣式背心等含三角裤、短衬裤	18.6941
32	棉制针织或钩编男长睡衣及睡衣裤	51.9586	82	化纤制针织或钩编男衬衫	18.6880
33	其他碎织物等包括废线，绳，索，缆及其制品	51.4911	83	棉制针织裙子及裙裤	18.1436
34	毛制针织或钩编男式上衣	47.6556	84	经分拣的碎织物等包括废线，绳，索，缆及其制品	18.0798
35	合纤制帐篷	47.6025	85	合成纤维制针织或钩编女西服套装	17.8632
36	切削金属的其他钻床但品目 8458 的车床除外	47.5462	86	棉制针织钩编婴儿服装及衣着附件	17.1611
37	针织或钩编男式便服套装	46.9295	87	其他纺织材料针织或钩编女裤	16.8156
38	棉制男式长睡衣及睡衣裤	46.6479	88	皮革或再生皮革制的其他手套包括连指或露指的	16.7555
39	其他黄麻或韧皮其他纤维机织物宽度超过 150 厘米	46.0786	89	其他纺织材料制女式长衬裙及衬裙	16.5535
40	棉制针织或钩编女睡衣及睡衣裤	46.0115	90	可加热或制冷的饮料自动销售机	16.3352
41	其他材料制男式上衣	42.4760	91	棉制女式其他防寒上衣	16.0132

续表

排名	产品名称	RCA	排名	产品名称	RCA
42	棉制针织或钩编男裤等包括马裤、短裤及其他长裤	42.1438	92	棉制男式其他内衣	15.6507
43	棉制针织或钩编女裤	40.0253	93	棉制针织或钩编女式大衣包括短大衣、斗篷、短斗篷及类似品	15.6112
44	棉制婴儿服装及衣着附件	39.6251	94	其他材料制女式其他防寒上衣	15.5854
45	化纤制针织或钩编长衬裙及衬裙	38.3596	95	棉制女式连衣裙	15.5661
46	棉制针织或钩编男内裤及三角裤	38.3415	96	针织或钩编滑雪服	15.5435
47	其他纺织材料制女三角裤及短衬裤	38.1954	97	由 56.02、59.03、59.06 或 59.07 所述材料所制成的其他女士服装	15.4687
48	棉制针织或钩编套头衫等包括开襟衫、背心及类似品	38.0611	98	胸罩不论是否针织或钩编	15.3921
49	棉制女式睡衣及睡衣裤	36.9263	99	其他纺材制针织或钩编男睡衣裤	15.1751
50	棉制女式衬衫	36.3516	100	合纤制男式便服套装	15.1381

数据来源：由联合国商品贸易数据计算整理所得

2005 年到 2015 年，孟加拉国出口比较优势变动较为明显。从比较优势指数来分析，相对于 2005 年，2015 年孟加拉国前 100 名产品的比较优势指数总体有所下降，比较优势均值从 117.1661 下降到 66.8155，降幅为 42.97%；比较优势指数最大值从 1112.6958 下降到 557.0225，降幅为 49.94%；最小值从 19.9630 下降至 15.1381，降幅为 24.17%；组间差距从 1092.7328 缩小到 541.8844。这表明孟加拉国在国际上具有比较优势的产品的竞争力逐渐减弱，且各产品之间的比较优势差距逐年减少。

从产品整体结构来看，2005 年与 2015 年排名前 10 的产品种类比较稳定黄麻及其他纺织用韧皮纤维单纱；生或沤制黄麻，其他纺织韧皮纤维；加工未纺的黄麻及纺织用韧皮纤维；其他纺织材料制男式衬衫；未漂白黄麻或韧皮纤维机织物；黄麻制其他货物包装袋；其他纺材针织或钩编女套头衫等产品始终具有较大的比较优势，相对于 2005 年，2015 年黄麻及其他韧皮纤维多股纱或缆线；其他羊毛或动物细毛制女童衬衫；山羊或小山羊干革经鞣制不带毛等产品的比较优势逐渐增强，而其他棉毛巾织物及类似毛圈机织物；其他黄麻或韧皮其他纤维机织物的比较优势逐渐弱化。

从排名前 10 的具体产品来看，产品比较优势指数波动较小。2005 年比较优势排名靠前产品：生或沤制黄麻，其他纺织韧皮纤维；加工未纺的黄麻及纺织用韧皮纤维，分别下降到2015年的第3、第5。比较优势指数从1112.6958与647.9098下降到383.1469与247.7577。黄麻及其他纺织用韧皮纤维单纱尽管从第2上升到第1，但其比较优势指数却从1043.7622下降到了557.0225。总的来看，排名前10的其余产品，相比于2005年，其比较优势都呈现出不用程度的下降趋势，即比较优势逐渐弱化。

（二）孟加拉国出口主导产业分析

1. 出口主导产业测度

出口主导产业是由产业出口额占国家总出口额的比例来衡量的，所占比例越大，表明其在出口中所占地位越重，同时表明，此国生产相应产品的能力越强或拥有相应丰富的资源。表BD-3及表BD-4分别表示2005年与2015年孟加拉国出口额排名前100主导产品。

表BD-3　2005年孟加拉国出口额排名前100产品

单位：万美元、%

排名	产品名称	出口值	占比	排名	产品名称	出口值	占比
1	棉制针织或钩编T恤衫、汗衫等	137851.65	14.77	51	其他纺织制针织或钩编男裤包括马裤、短裤及其他长裤	2680.43	0.29
2	棉质男式短裤	91078.16	9.76	52	其他未列名非机械驱动车辆	2668.32	0.29
3	其他纺材针织或钩编女套头衫等包括开襟衫、背心及类似品	67017.77	7.18	53	化纤制男士衬衫	2651.14	0.28
4	棉制男式衬衫	44949.42	4.82	54	胸罩不论是否针织或钩编	2616.23	0.28
5	棉制女式长、马、短裤	41409.17	4.44	55	其他合纤制针织或钩编男式上衣	2569.33	0.28
6	其他纺织材料制男式衬衫	34002.58	3.64	56	餐具和厨具	2538.09	0.27
7	棉制针织或钩编套头衫等包括开襟衫、背心及类似品	20527.67	2.20	57	棉制针织或钩编的床上用织物制品	2470.83	0.26
8	棉制针织或钩编男衬衫	20416.85	2.19	58	棉制女式睡衣及睡衣裤	2423.20	0.26
9	其他纺织材料制男士短裤	16779.06	1.80	59	其他整张牛马皮革经鞣制或半硝后进一步加工，羊皮纸化处理	2296.18	0.25
10	黄麻及其他纺织用韧皮纤维单纱	12840.05	1.38	60	厚度＜0.5毫米的非合金钢冷轧卷材未进一步加工，宽≥600毫米，未包、镀、涂层	2241.89	0.24

续表

排名	产品名称	出口值	占比	排名	产品名称	出口值	占比
11	生或沤制黄麻，其他纺织韧皮纤维不包括亚麻，大麻，苎麻	11271.39	1.21	61	化纤制针织或钩编男衬衫	2139.73	0.23
12	其他牛马皮革经鞣制不带毛	10111.70	1.08	62	其他纺织材料制女三角裤及短衬裤	2111.83	0.23
13	化纤针织或钩编套头衫包括开襟衫、背心及类似品	10094.93	1.08	63	棉制针织或钩编女裤	2039.04	0.22
14	其他材料制女式长、马、短裤	9723.48	1.04	64	棉制针织或钩编女睡衣及睡衣裤	2031.19	0.22
15	其他针织或钩编T恤衫、汗衫等	9633.50	1.03	65	全粒面未剖层整张牛马皮经鞣制或半硝后进一步加工，羊皮纸化处理	2030.32	0.22
16	尿素	9537.06	1.02	66	其他零件和附件	1898.56	0.20
17	其他合成纤维制男式上衣	9060.49	0.97	67	摄像机、投影仪或摄影放大器或减速器	1870.05	0.20
18	其他纺织材料制女式衬衫	8996.30	0.96	68	其他皮革制面的其他鞋靴橡胶、塑料、再生皮革制外底，运动用鞋靴除外	1761.35	0.19
19	棉制女式衬衫	8988.82	0.96	69	新的邮票包括支票、股票，债券及类似的所有权凭证	1740.57	0.19
20	合纤制男式短裤	8882.41	0.95	70	毛制男式短裤羊毛或动物细毛制	1700.63	0.18
21	黄麻制其他货物包装袋含品目5303的其他韧皮纤维制	7123.55	0.76	71	合纤制针织或钩编男裤包括马裤、短裤及其他长裤	1684.89	0.18
22	棉制女式上衣	7020.98	0.75	72	山羊或小山羊干革经鞣制不带毛	1644.93	0.18
23	其他纺材制针织或钩编男衬衫	6074.84	0.65	73	其他材料制其他床上用织物制品	1588.96	0.17
24	针织或钩编帽子和其他头饰	6072.55	0.65	74	其他纺织材料针织或钩编女裤	1580.81	0.17
25	棉制针织或钩编女衬衫	5864.32	0.63	75	其他棉制印花床上用织物制品	1542.28	0.17
26	其他棉毛巾织物及类似毛圈机织物品目5806的狭幅织物除外	5554.52	0.60	76	非零售纯聚丙烯腈短纤多股纱线包括缆线，纯指按重量计聚丙烯腈或其变性短纤含量≥85%	1536.84	0.16
27	棉制女式裙子及裙裤	5300.16	0.57	77	乙烯聚合物制袋及包	1522.10	0.16

续表

排名	产品名称	出口值	占比	排名	产品名称	出口值	占比
28	合纤制帐篷	5169.30	0.55	78	棉制女式连衣裙	1513.64	0.16
29	棉制针织或钩编女三角裤及短衬裤	5071.00	0.54	79	合纤制男式西服套装	1350.98	0.14
30	其他材料制男式上衣	5008.01	0.54	80	其他纺织材料制婴儿服装及衣着附件除棉、合成纤维、羊毛或动物细毛外其他纺织材料制	1335.94	0.14
31	非机动自行车	4857.73	0.52	81	主要或仅与化纤长丝混纺聚酯短纤机织物	1322.86	0.14
32	氨	4852.30	0.52	82	其他皮革条带为鞋面的皮底鞋皮革条带交叉于脚背并绕大脚趾的	1322.16	0.14
33	未漂白黄麻或韧皮纤维机织物宽度超过 150 厘米	4808.20	0.52	83	部分或全部去梗的烟草	1307.37	0.14
34	其他非整张牛马皮革经鞣制或半硝后进一步加工，羊皮纸化处理	4722.41	0.51	84	黄麻及其他韧皮纤维多股纱或缆线	1297.01	0.14
35	棉制其他床上用织物制品	4642.65	0.50	85	棉制针织或钩编女式上衣	1291.38	0.14
36	车用汽油、航空汽油	4608.81	0.49	86	其他材料制女式裙子及裙裤	1254.62	0.13
37	棉制男式上衣	4301.41	0.46	87	非零售粗梳较细支纯棉单纱	1246.94	0.13
38	线、绳、索、缆	4283.71	0.46	88	品目 8456–8461 机器用其他零件	1162.55	0.12
39	其他材料制女式上衣	4090.20	0.44	89	加工的山羊或小山羊皮革经鞣制或半硝后进一步加工，不带毛，羊皮纸化处理	1148.76	0.12
40	其他纺织料制针织或钩编男式上衣	3888.37	0.42	90	合纤制针织或钩编女式游泳服	1086.84	0.12
41	棉制针织或钩编男裤等包括马裤、短裤及其他长裤	3841.23	0.41	91	丝制女式连衣裙	1058.06	0.11
42	棉制针织或钩编男内裤及三角裤	3787.47	0.41	92	棉制男式长睡衣及睡衣裤	1030.31	0.11
43	其他材料制床上用织物制品	3456.03	0.37	93	合成纤维制针织或钩编女式上衣	992.43	0.11

续表

排名	产品名称	出口值	占比	排名	产品名称	出口值	占比
44	合成纤维制女式上衣	3444.43	0.37	94	其他羊毛针织或钩编套头衫针织或钩编，包括开襟衫、背心及类似品	979.61	0.10
45	棉制婴儿服装及衣着附件	3275.10	0.35	95	集装箱包括用于运输液体的容器	974.17	0.10
46	棉制男式大衣、斗篷及类似品包括短大衣、短斗篷	3096.68	0.33	96	毛制女式长裤、马裤	966.96	0.10
47	合纤制女式长、马、短裤	3002.00	0.32	98	切削金属的其他钻床但品目8458的车床除外	951.04	0.10
48	皮革制鞋面的其他运动鞋靴橡胶、塑料、皮革或再生皮革制外底	2869.22	0.31	97	其他黄麻或韧皮其他纤维机织物宽度超过150厘米	946.96	0.10
49	其他纺织材料制针织或钩编女衬衫	2850.00	0.31	99	加工未纺的黄麻及纺织用韧皮纤维包括短纤、废麻、废纱线及回收纤维，不含亚麻、大麻、苎麻	919.93	0.10
50	男式游泳服	2814.72	0.30	100	化学纤维制女式衬衫	918.03	0.10

数据来源：由联合国商品贸易数据计算整理所得

根据表BD-3、BD-4可知，2005年，孟加拉国出口排名前10的产品为纺织原料及纺织制品，具体包括棉制针织或钩编T恤衫、汗衫等；棉质男式短裤；其他纺材针织或钩编女套头衫等；棉制男式衬衫；棉制女式长、马、短裤；其他纺织材料制男式衬衫；棉制针织或钩编套头衫等；棉制针织或钩编男衬衫；其他纺织材料制男士短裤；黄麻及其他纺织用韧皮纤维单纱。2015年孟加拉国出口排名前10的产品为纺织原料及纺织制品，具体包括棉制针织或钩编T恤衫、汗衫等；棉质男式短裤；棉制女式长、马、短裤；棉制男式衬衫；棉制针织或钩编套头衫等；其他纺材针织或钩编女套头衫等；棉制针织或钩编男衬衫；其他纺织材料制男式衬衫；棉制针织或钩编女裤；其他材料制女式长、马、短裤。对比2005年及2015年，孟加拉国排名前10的主导产品种类变动幅度较小，2015年，孟加拉国仅增加了棉制针织或钩编女裤和其他材料制女式长、马、短裤的出口，减少了其他纺织材料制男士短裤和黄麻及其他纺织用韧皮纤维单纱，这也表明该国主要出口产品结构较为稳定。

表 BD-4 2015 年孟加拉国出口额排名前 100 产品

单位：万美元、%

排名	产品名称	出口值	占比	排名	产品名称	出口值	占比
1	棉制针织或钩编 T 恤衫、汗衫等	578890.21	18.24	51	皮革制鞋面的其他运动鞋靴橡胶、塑料、皮革或再生皮革制外底	8492.44	0.27
2	棉质男式短裤	503021.76	15.85	52	其他棉制印花床上用织物制品	8436.22	0.27
3	棉制女式长、马、短裤	220916.73	6.96	53	棉制男式大衣、斗篷及类似品包括短大衣、短斗篷	8016.07	0.25
4	棉制男式衬衫	168079.68	5.30	54	棉制针织或钩编男式上衣	7875.12	0.25
5	棉制针织或钩编套头衫等包括开襟衫、背心及类似品	124422.08	3.92	55	其他纺织材料针织或钩编女裤	7479.58	0.24
6	其他纺材针织或钩编女套头衫等包括开襟衫、背心及类似品	123571.71	3.89	56	棉制女式裙子及裙裤	7302.20	0.23
7	棉制针织或钩编男衬衫	71793.98	2.26	57	其他羊毛或动物细毛制女童衬衫	7219.69	0.23
8	其他纺织材料制男式衬衫	58406.49	1.84	58	棉制针织或钩编男长睡衣及睡衣裤	7128.83	0.22
9	棉制针织或钩编女裤	44718.83	1.41	59	其他皮革制面的短筒靴过踝	7125.52	0.22
10	其他材料制女式长、马、短裤	42946.91	1.35	60	针织帽类及用其他纺织物制成帽类	6894.11	0.22
11	化纤针织或钩编套头衫包括开襟衫、背心及类似品	40460.04	1.27	61	化纤制其他女三角裤及短衬裤	6868.34	0.22
12	黄麻及其他纺织用韧皮纤维单纱	35848.73	1.13	62	化纤制针织或钩编男衬衫	6460.43	0.20
13	其他纺织材料制男士短裤	34375.49	1.08	63	其他纺织材料制男内裤及三角裤针织或钩编	6078.23	0.19
14	棉制女式衬衫	32344.48	1.02	64	化纤制男士衬衫	6039.01	0.19
15	其他针织或钩编 T 恤衫、汗衫等	31170.37	0.98	65	皮革或再生皮革制的其他手套包括连指或露指的	5816.93	0.18
16	棉制针织或钩编女三角裤及短衬裤	28815.78	0.91	66	未漂白黄麻或韧皮纤维机织物宽度超过 150 厘米	5762.43	0.18
17	胸罩不论是否针织或钩编	28318.14	0.89	67	羊毛制套头衫等针织或钩编，包括开襟衫、背心及类似品	5586.41	0.18

续表

排名	产品名称	出口值	占比	排名	产品名称	出口值	占比
18	棉制针织或钩编男裤等包括马裤、短裤及其他长裤	27828.67	0.88	68	其他非整张牛马皮革经鞣制或半硝后进一步加工，羊皮纸化处理	5466.82	0.17
19	棉制针织或钩编男内裤及三角裤	25882.03	0.82	69	棉质男式其他防寒上衣羊毛或动物细毛制	5374.56	0.17
20	合纤制男式短裤	21970.06	0.69	70	其他未混合的水果汁、蔬菜汁	5222.11	0.16
21	合纤制女式长、马、短裤	20705.91	0.65	71	男式游泳服	5199.98	0.16
22	其他皮革制面的其他鞋靴橡胶、塑料、再生皮革制外底，运动用鞋靴除外	20583.53	0.65	72	石油油和油脂	5194.16	0.16
23	化纤制男式其他防寒上衣羊毛或动物细毛制	20471.00	0.65	73	合成纤维制针织或钩编女裤	5185.73	0.16
24	棉制其他床上用织物制品	17287.92	0.54	74	化学纤维制女式衬衫	5003.87	0.16
25	其他牛马皮革经鞣制不带毛	15930.16	0.50	75	服装或衣着附件指非针织非钩编	4689.55	0.15
26	棉制针织钩编婴儿服装及衣着附件	15909.31	0.50	76	其他已配定剂量的药品	4398.37	0.14
27	棉制其他盥洗及厨房用毛巾制品含类似毛圈织物的制品，非针织或非钩编	15898.45	0.50	77	其他动物皮革制的子弹带包括再生动物皮革制作的	4394.31	0.14
28	由 56.02、59.03、59.06 或 59.07 所述材料所制成的其他男士服装	15459.74	0.49	78	合纤制针织或钩编男裤包括马裤、短裤及其他长裤	4211.83	0.13
29	合纤制帐篷	15262.19	0.48	79	其他材料制女式上衣	3994.93	0.13
30	黄麻及其他韧皮纤维多股纱或缆线	13768.44	0.43	80	切削金属的其他钻床但品目 8458 的车床除外	3922.71	0.12
31	棉制针织或钩编女睡衣及睡衣裤	13653.51	0.43	81	棉制女式其他防寒上衣	3805.56	0.12
32	棉制针织或钩编连衣裙	13063.04	0.41	82	皮革或再生皮革的其他制品	3768.11	0.12
33	棉制女式上衣	12829.50	0.40	83	棉制针织或钩编女式上衣	3758.06	0.12
34	棉制男式上衣	12433.14	0.39	84	化纤制的散装货物周转软袋针织或钩编的	3732.59	0.12
35	轻油及制品，不含生物柴油	12139.35	0.38	85	化纤制针织或钩编女睡衣及睡衣裤	3692.71	0.12

续表

排名	产品名称	出口值	占比	排名	产品名称	出口值	占比
36	棉制针织或钩编女衬衫	11776.36	0.37	86	其他纺织料制针织或钩编男式上衣	3407.66	0.11
37	生或沤制黄麻，其他纺织韧皮纤维不包括亚麻，大麻，苎麻	11555.35	0.36	87	其他合纤制针织或钩编男式上衣	3361.62	0.11
38	其他皮革条带为鞋面的皮底鞋皮革条带交叉于脚背并绕大脚趾的	11330.72	0.36	88	餐具和厨具	3331.64	0.10
39	以钢纸或纸板作面的手提包不论是否有背带，包括无把手的	11239.51	0.35	89	麦精、粮食粉等制食品及乳制食品	3298.00	0.10
40	其他合成纤维制男式上衣	11236.15	0.35	90	棉制女式睡衣及睡衣裤	3255.40	0.10
41	合成纤维制女式上衣	11168.87	0.35	91	其他棉毛巾织物及类似毛圈机织物品目 5806 的狭幅织物除外	3178.99	0.10
42	其他纺织材料制女式衬衫	11158.82	0.35	92	其他涡轮喷气机、涡轮螺旋桨和燃气轮机	3169.18	0.10
43	非机动自行车	10839.39	0.34	93	加工的山羊或小山羊皮革经鞣制或半硝后进一步加工，不带毛，羊皮纸化处理	3029.53	0.10
44	棉制婴儿服装及衣着附件	10457.31	0.33	94	合纤长丝缝纫线	2996.69	0.09
45	由 56.02、59.03、59.06 或 59.07 所述材料所制成的其他女士服装	9999.50	0.32	95	其他碎织物等包括废线，绳，索，缆及其制品	2905.64	0.09
46	化纤制女式其他防寒上衣	9988.42	0.31	96	部分或全部去梗的烟草	2849.38	0.09
47	黄麻制其他货物包装袋含品目 5303 的其他韧皮纤维制	9935.80	0.31	98	乙烯聚合物制袋及包	2785.78	0.09
48	其他材料制男式上衣	9422.89	0.30	97	棉制针织或钩编男式大衣包括短大衣、斗篷、短斗篷及类似品	2754.24	0.09
49	棉制女式连衣裙	9261.30	0.29	99	棉制针织或钩编女式大衣包括短大衣、斗篷、短斗篷及类似品	2753.67	0.09
50	纺织材料制鞋面胶底的其他鞋靴橡胶或塑料制外底，运动用鞋靴除外	8769.70	0.28	100	其他材料的其他鞋类配件	2750.77	0.09

数据来源：由联合国商品贸易数据计算整理所得

从出口主导产品的集中度来看，2005 年，排名前 5 的主导产品出口额为 38.23 亿美元，占比 40.97%；前 10 出口主导产品出口总额达到 48.69 亿美元，占比为 52.17%。2015 年，排名前 5 的主导产品出口额度为 159.53 亿美元，占比为 50.27%；排名前 10 的出口主导产品出口总额为 193.68 亿美元，占比为 61.03%。相比于 2005 年，2015 年孟加拉国前 5、前 10 主导产品的出口额度和产品集中度，都呈现上升趋势。其中，出口额度分别增长 317.29%、297.79%，产品集中度分别增长 22.71%、16.97%。

从排名前 10 的具体产品来看，排名第 1 和第 2 的产品没有发生变动，但出口额度和占比都有所增加。棉制针织或钩编 T 恤衫、汗衫出口额从 2005 年的 13.78 亿美元增加到 2015 年的 57.89 亿美元，增长率为 319.94%，出口额度占比从 2005 年的 14.77% 上升到 2015 年的 18.24%，增长率为 23.48%；棉质男式短裤出口额从 2005 年的 9.11 亿美元增加到 2015 年的 50.3 亿美元，增长率为 452.29%，出口额度占比从 2005 年的 9.76% 上升到 2015 年的 15.85%，增长幅度为 62.41%。2015 年排名第 3 的棉制女式长、马、短裤出口额从 4.14 亿美元增加到 2015 年的 22.09 亿美元，增长率达到 433.49%，出口额度占比从 2005 年的 4.44% 上升至 2015 年的 6.96%，增长幅度为 56.88%。从产品的占比来看，棉制针织或钩编 T 恤衫、汗衫等、棉质男式短裤等产品占据着主导地位。

从出口主导产品分类来看，孟加拉国出口主导产业变动幅度较小，具有较强的一致性。2005 年孟加拉国主要出口针织或钩编的服装及衣着附件；非针织或非钩编的服装及衣着附件；其他纺织制成品；生皮及皮革；其他植物纺织纤维；机器机械器具、电器设备及其零件。2015 年孟加拉国主要出口针织或钩编的服装及衣着附件；非针织或非钩编的服装及衣着附件；其他纺织制成品；鞋靴、护腿和类似品及其零件；生皮及皮革；皮革制品；其他植物纺织纤维。相对于 2005 年，2015 年加大了鞋靴、护腿和类似品及其零件和皮革制品的出口，减少了机器机械器具、电器设备及其零件的出口。

2. 出口主导产业与比较优势产业的一致性分析

表 BD–5 为 2015 年孟加拉国排名前 10 的比较优势产品及出口主导产品。表中显示，孟加拉国比较优势指数排名前列的产品主要为其他植物纺织纤维和非针织或非钩编的服装及衣着附件，出口主导产品中主要为针织或钩编的服装及衣着附件和非针织或非钩编的服装及衣着附件。对比 2015 年孟加拉国排名前 10 的比较优势产品及出口主导产品发现，仅有其他纺材针织或钩编女套头衫等和其他纺织材料制男式衬衫同时在出口主导排名前10的产品中。因此，可以得出孟加拉国的比较优势产业与出口主导产业具有较低的一致性。

表 BD-5 2015 年孟加拉国排名前 10 比较优势产品及出口主导产品

单位：%

排名	比较优势产品名称	RCA	排名	出口主导产品名称	占比
1	黄麻及其他纺织用韧皮纤维单纱	557.0225	1	棉制针织或钩编T恤衫、汗衫等	18.24
2	黄麻及其他韧皮纤维多股纱或缆线	466.1296	2	棉质男式短裤	15.85
3	生或沤制黄麻，其他纺织韧皮纤维不包括亚麻、大麻、苎麻	383.1469	3	棉制女式长、马、短裤	6.96
4	其他羊毛或动物细毛制女童衬衫	315.6217	4	棉制男式衬衫	5.30
5	加工未纺的黄麻及纺织用韧皮纤维包括短纤、废麻、废纱线及回收纤维、不含亚麻、大麻、苎麻	247.7577	5	棉制针织或钩编套头衫等包括开襟衫、背心及类似品	3.92
6	山羊或小山羊干革经鞣制不带毛	233.1437	6	其他纺材针织或钩编女套头衫等包括开襟衫、背心及类似品	3.89
7	其他纺织材料制男式衬衫	210.2733	7	棉制针织或钩编男衬衫	2.26
8	未漂白黄麻或韧皮纤维机织物宽度超过150厘米	209.4779	8	其他纺织材料制男式衬衫	1.84
9	黄麻制其他货物包装袋含品目5303的其他韧皮纤维制	192.9981	9	棉制针织或钩编女裤	1.41
10	其他纺材针织或钩编女套头衫等包括开襟衫、背心及类似品	189.3966	10	其他材料制女式长、马、短裤	1.35

（三）孟加拉国出口比较优势变化分析

1. 描述性分析

依据表 BD-1 及表 BD-2，对比分析 2005 年及 2015 年孟加拉国比较优势指数排名前 100 产品，我们可以得出以下信息：

第一，孟加拉国整体的比较优势有减弱趋势。2005 年孟加拉国排名前 100 产品平均比较优势指数为 117.1661，2015 年为 66.8155，降幅为 42.97%。

第二，孟加拉国具比较优势的产品数量呈现缩减态势。2005 年，比较优势指数大于 1 的产品共有 430 类，大于 2.5 的产品共有 321 类；而 2015 年，比较优势指数大于 1 的产品有 413 类，大于 2.5 的产品共有 282 类。表明孟加拉国在国际上具有比较优势产品的竞争力逐渐减弱。

第三，比较优势指数排名前 10 产品的结构相对稳定，主要包括其他纺织韧皮纤维；针织或钩编的服装及衣着附件；非针织或非钩编的服装及衣着附件；其他纺织制成品。而从比较优势指数排名前 10 的具体产品来分析，2005 年至 2015 年，产品比较优势指数变动幅度较大。2005 年排名第 1、第 2、第 4 的比较优势产品：生或沤制黄麻，其他纺织韧皮纤维、黄麻及其他纺织用韧皮纤维单、加工未纺的黄麻及纺织用韧皮纤维，分别变动到 2015 年的第 3、第 1、第 5。比较优势指数从 1112.6958、1043.7622、647.9098 下降到 383.1469、557.0225、247.7577。

2. 回归分析

将 2015 年孟加拉国产业比较优势指数作为被解释变量，把 2005 年孟加拉国产业比较优势指数作为解释变量，对其进行回归分析。若回归系数 >1，则表明孟加拉国更加强化了具有比较优势的产业，弱化了不具有比较优势的产业；若 0< 回归系数 <1，则表明具有比较优势的产业弱化了；若回归系数 <0，则表明孟加拉国比较优势的产业发生了质变。使用最小二乘法对其进行回归，得出结果如表 BD-6 所示。

表 BD-6　回归结果

变量	Coef.	Std. Err.	t	P>|t|
2005 比较优势指数	0.3838055	0.0068228	56.25	0.000
_cons	1.215761	0.3051464	3.98	0.000
	R^2 = 0.5604		F-statistics =3164.41	

从表中可以看出，P 值在 1% 的水平下显著，回归系数为 0.3838055，介于 0 和 1 之间，因此表明相对于 2005 年，2015 年孟加拉国具有比较优势的产业被弱化了。

（四）孟加拉国进口需求及其变化分析

表 BD-7 列出了 2005 年孟加拉国进口额排名前 100 产品。从表中可以看出，排名前 10 的进口产品主要为矿产品；纺织原料及纺织制品；机器、机械器具、电气设备及其零件；动、植物油、脂及其分解产品；精制的食用油脂；动、植物蜡；车辆、航空器、船舶及有关运输设备；植物产品；贱金属及其制品；食品。具体包括轻油及制品；未梳的棉花；装有接收装置的发送设备；初榨的棕榈油；供拆卸的船舶及其他浮动结构体；小麦硬粒小麦除外和混合麦；石油原油；厚度＜ 3 毫米的其他热轧卷材；非针织非钩编服装或衣着附件；其他精制糖。其中，轻油及制品进口额度最高，为 9.75 亿美元，占比为 7.72%；其次是非未梳的棉花和装有接收装置的发送设备，进口额度分别为 6.64 亿美元、4.89 亿美元，占比分别为 5.26%、3.88%。

从孟加拉国进口前 100 名产品种类来看，主要为核反应堆、锅炉、机器机械器具及其零件；棉花；化学纤维短纤；钢铁；矿物燃料、矿物油及其蒸馏产品；化学工业品；乳品；植物产品等。

从孟加拉国进口前 100 名产品的集中度来看，进口产品排名前 5 的额度占比为 23.23%，排名前 10 的额度占孟加拉国进口总额的 31.68%。因此可以看出孟加拉国进口产品相对分散。

表 BD-7　2005 年孟加拉国进口额排名前 100 产品

单位：万美元、%

排名	产品名称	进口值	占比	排名	产品名称	进口值	占比
1	轻油及制品	97498.20	7.72	51	宽度小于厚度两倍的矩形截面钢坯含碳量小于 0.25%	3673.39	0.29
2	未梳的棉花	66403.64	5.26	52	非零售粗梳粗支纯棉单纱，粗支指单纱细度≥ 714.29 分特，含棉量≥ 85%	3613.06	0.29
3	装有接收装置的发送设备	48952.14	3.88	53	制糖机器	3494.24	0.28
4	初榨的棕榈油	48287.70	3.82	54	与棉混纺染色聚酯短纤其他机织物合成短纤 85% 以下，每平方米重≤ 170 克	3349.43	0.27
5	供拆卸的船舶及其他浮动结构体	32280.33	2.56	55	电镀锌的铁或非合金钢宽板材宽≥ 600 毫米	3330.58	0.26
6	小麦（硬粒小麦除外）和混合麦	26083.10	2.07	56	汽轮机用的零件	3217.54	0.25
7	石油原油	23512.76	1.86	57	漂白全棉平纹布每平方米重量≤ 100 克，含棉 85% 及以上	3087.41	0.24
8	厚度＜ 3 毫米的其他热轧卷材除热轧外未进一步加工宽≥ 600 毫米，未包、镀、涂层	19711.69	1.56	58	其他涂无机物的多层纸及纸板成卷或成张的	3027.65	0.24
9	服装或衣着附件指非针织非钩编	19600.21	1.55	59	品目 8471 所列其他机器零附件	3025.58	0.24
10	其他精制糖	17817.49	1.41	60	脂肪含量≤ 1.5% 固状乳及奶油指粉状、粒状或其他固体状态，浓缩，加糖或其他甜物质	2982.80	0.24

续表

排名	产品名称	进口值	占比	排名	产品名称	进口值	占比
11	石油原油包括从沥青矿物提取的原油	15819.20	1.25	61	未锻轧非合金铝	2977.47	0.24
12	初榨的豆油	15065.23	1.19	62	干鹰嘴豆	2964.30	0.23
13	过磷酸钙	12508.78	0.99	63	干扁豆	2964.03	0.23
14	石油油和油脂	11487.90	0.91	64	已梳的尼龙或其他聚酰胺短纤包括经其他纺前加工的	2950.75	0.23
15	尿素	9924.37	0.79	65	初级形状比重≥ 0.94 的聚乙烯	2941.14	0.23
16	精米	9768.33	0.77	66	染色的全棉平纹机织布指每平方米重超过 200 克，含棉 85% 及以上	2939.65	0.23
17	纺织纺纱机	8318.40	0.66	67	品目 8456–8461 机器用其他零件	2864.92	0.23
18	其他以钢铁为主的废五金材料	7957.28	0.63	68	冷藏 – 冷冻组合机各自装有单独外门的	2854.76	0.23
19	氯化钾	7889.31	0.62	69	其他抗菌素	2820.28	0.22
20	其他自动缝纫机	7491.88	0.59	70	柴油型其他货车装有压燃式活塞内燃发动机，重型指 5 吨≤车辆总重≤ 20 吨	2803.22	0.22
21	未漂白全棉平纹布每平方米重量不超过 100 克，含棉 85% 及以上	7433.44	0.59	71	染色的纯尼龙机织物	2788.93	0.22
22	其他机械和机械设备	7298.53	0.58	72	卷纬机及摇纱机、络纱机	2768.79	0.22
23	非零售纯聚丙烯腈短纤多股纱线包括缆线，纯指按重量计聚丙烯腈或其变性短纤含量≥ 85%	6717.70	0.53	73	纺织工业用其他未列名产品和制剂	2767.30	0.22
24	色织其他全棉粗斜纹布劳动布指每平方米重超过 200 克，含棉 85% 及以上	6686.03	0.53	74	计算机用终端输入或输出部件，不论是否在同一机壳内有存储部件	2703.45	0.21
25	含碳量不小于 0.25% 的钢坯	6675.63	0.53	75	纺织纤维拉伸机	2675.10	0.21
26	磷酸氢二铵	6586.87	0.52	76	低芥籽酸油菜籽	2648.43	0.21
27	非零售精梳粗支纯棉单纱，粗支指单纱细度≥ 714.29 分特，含棉量≥ 85%	6259.28	0.50	77	其他客或货车用新充气橡胶轮胎	2630.68	0.21

续表

排名	产品名称	进口值	占比	排名	产品名称	进口值	占比
28	输出功率＞375千伏安柴油发电机组包括半柴油发电机组	6064.22	0.48	78	染色的其他机织物涤纶长丝含量≥85%	2627.25	0.21
29	未漂白其他全棉机织物每平方米重量不超过200克，含棉85%及以上	6016.90	0.48	79	色织与化纤混纺牛仔布每平方米重超过200克，含棉85%以下	2625.14	0.21
30	初级形状的聚对苯二甲酸乙二酯	5814.93	0.46	80	镀锡钢铁废碎料	2609.83	0.21
31	初级形状的聚丙烯	5700.36	0.45	81	电话或电报交换设备	2604.67	0.21
32	其他洗涤，漂白或染色机器	5537.42	0.44	82	织物宽＞30厘米的梭织动力织机	2570.55	0.20
33	脂肪量＞1.5%未加糖固状乳及奶油指粉状、粒状或其他固体状态，浓缩，未加糖或其他甜物质	5450.47	0.43	83	其他机械品目8451未列名	2553.40	0.20
34	1＜排量≤1.5升带点燃往复式活塞内燃发动机其他车	5431.72	0.43	84	其他配制的动物饲料	2498.19	0.20
35	初级形状的纯聚氯乙烯	5408.68	0.43	85	回收废碎的漂白化学木浆制的纸和纸板未经本体染色	2444.00	0.19
36	用于再现除声音或图像以外的现象的记录激光读取盘	5322.91	0.42	86	其他簇绒机	2437.85	0.19
37	聚酯短纤其他织物纯聚酯布指按重量计聚酯短纤含量在85%及以上	5042.06	0.40	87	其他已配定剂量的药品	2426.56	0.19
38	其他利用温度变化处理材料的机器	4930.79	0.39	88	柴油型其他小型货车装有压燃式活塞内燃发动机，小型指车辆总重量≤5吨	2416.14	0.19
39	初级形状比重＜0.94的聚乙烯	4711.90	0.37	89	纺织纤维梳理机	2388.37	0.19
40	1.5升＜排量≤3升装点燃往复式活塞内燃发动机的其他载人车辆	4570.81	0.36	90	其他玉米	2348.40	0.19
41	排量≤250毫升装往复式活塞内燃发动机摩托车及脚踏两用车	4335.76	0.34	91	非零售纯聚丙烯腈短纤单纱	2341.08	0.19

续表

排名	产品名称	进口值	占比	排名	产品名称	进口值	占比
42	干豌豆	4298.56	0.34	92	其他本章子目注释所列热带原木用油漆，着色剂，杂酚油或其他防腐剂处理的除外	2315.39	0.18
43	含锌量≥ 99.995% 的未锻轧锌	4188.81	0.33	93	种用大豆	2295.30	0.18
44	切削金属的其他钻床但品目 8458 的车床除外	4072.56	0.32	94	其他活动房屋	2291.43	0.18
45	草坪及运动场地滚压机	4043.53	0.32	95	精炼铜的阴极型材未锻轧的	2264.77	0.18
46	活性染料及以其为基本成分的制品	3900.47	0.31	96	石油沥青	2224.96	0.18
47	水泥熟料	3871.42	0.31	97	人用疫苗	2218.82	0.18
48	圆筒直径＞ 165 毫米的圆型针织机	3836.40	0.30	98	针织或钩编的毛圈绒头织物	2215.44	0.18
49	未梳的聚酯短纤包括未经其他纺前加工的	3718.85	0.29	99	其他高架移动式起重吊运设备	2202.60	0.17
50	碳酸钠纯碱	3677.77	0.29	100	染色全棉平纹布每平方米重量不超过 100 克，含棉 85% 及以上	2201.93	0.17

数据来源：由联合国商品贸易数据计算整理所得

表 BD–8 表示 2015 年孟加拉国进口额排名前 100 产品。从表中可以看出，排名前 10 的进口产品主要为矿产品；纺织原料及纺织制品；动、植物油、脂及其分解产品；精制的食用油脂；动、植物蜡；植物产品；车辆、航空器、船舶及有关运输设备；食品。具体包括轻油及制品，不含生物柴油；未梳的棉花；其他棕榈油及其分离品；石油油和油脂；初榨的豆油；其他硬粒小麦；供拆卸的船舶及其他浮动结构体；服装或衣着附件指非针织非钩编；未加香料或着色剂其他甘蔗原糖；水泥熟料。其中，轻油及制品，不含生物柴油进口额度最高，为 30.97 亿美元，占比为 6.44%；其次是未梳的棉花和其他棕榈油及其分离品，进口额度分别为 22.29 亿美元、17.49 亿美元，占比分别为 4.64%、3.64%。

从 2015 年孟加拉国进口前 100 名产品种类来看，主要为矿物燃料、矿物油及其蒸馏产品；棉花；化学纤维短纤和长纤；核反应堆、锅炉、机器机械器具及其零件；电机、电气设备及其零件；车辆及其零件附件；肥料；塑料及其制品；杂项化学产品；谷物；钢铁等。

从孟加拉国进口前100名产品的集中度来看，进口产品排名前5的额度占比为19.31%，排名前10的额度占比27.90%。因此可以看出，孟加拉国进口需求呈现多样化，进口产品依然相对分散。

表 BD-8 2015 年孟加拉国进口额排名前 100 产品

单位：万美元、%

排名	产品名称	进口值	占比	排名	产品名称	进口值	占比
1	轻油及制品，不含生物柴油	309658.09	6.44	51	染色的其他全棉机织物指每平方米重超过 200 克，含棉 85% 及以上	14387.54	0.30
2	未梳的棉花	222951.74	4.64	52	染色的其他机织物涤纶长丝含量≥ 85%	14305.75	0.30
3	其他棕榈油及其分离品	174934.32	3.64	53	纺织工业用其他未列名产品和制剂	14126.00	0.29
4	石油油和油脂	126262.99	2.63	54	排量≤ 250 毫升装往复式活塞内燃发动机摩托车及脚踏两用车	14093.12	0.29
5	初榨的豆油	94426.98	1.96	55	初级形状的聚对苯二甲酸乙二酯	13907.73	0.29
6	其他硬粒小麦	88318.46	1.84	56	合纤长丝缝纫线	13792.47	0.29
7	供拆卸的船舶及其他浮动结构体	84498.77	1.76	57	提炼豆油所得的油饼和其他固体残渣	13728.54	0.29
8	服装或衣着附件指非针织非钩编	82785.17	1.72	58	非零售粗梳粗支纯棉单纱，粗支指单纱细度≥ 714.29 分特，含棉量≥ 85%	13129.72	0.27
9	未加香料或着色剂其他甘蔗原糖	81738.13	1.70	59	其他涂无机物的多层纸及纸板成卷或成张的	13071.47	0.27
10	水泥熟料	75216.68	1.57	60	其他光学媒体	12963.29	0.27
11	色织其他全棉粗斜纹布劳动布指每平方米重超过 200 克，含棉 85% 及以上	72184.61	1.50	61	染色的全棉三、四线斜纹布指每平方米重超过 200 克，含棉≥ 85%，包括双面斜纹机织物	12926.60	0.27
12	蜂窝网络或其他无线网络的电话机	56217.46	1.17	62	未锻轧非合金铝	11892.99	0.25
13	宽度小于厚度两倍的矩形截面钢坯含碳量小于 0.25%	53533.50	1.11	63	柴油型其他货车装有压燃式活塞内燃发动机，重型指 5 吨≤车辆总重≤ 20 吨	11878.29	0.25

续表

排名	产品名称	进口值	占比	排名	产品名称	进口值	占比
14	其他大豆	47779.09	0.99	64	干豌豆	11542.43	0.24
15	厚度＜3毫米的其他热轧卷材除热轧外未进一步加工宽≥600毫米，未包、镀、涂层	45331.42	0.94	65	飞机和其他飞机的空载重量超过15000公斤	11323.26	0.24
16	未漂白全棉平纹布每平方米重量不超过100克，含棉85%及以上	41176.87	0.86	66	漂白非针叶木碱木浆或硫酸盐木浆	11216.87	0.23
17	尿素	39666.93	0.83	67	精炼铜的阴极型材未锻轧的	11190.20	0.23
18	精米	38249.70	0.80	68	初级形状比重≥0.94的聚乙烯	11066.07	0.23
19	石油原油	37300.96	0.78	69	种用硬粒小麦	10812.36	0.22
20	非零售精梳粗支纯棉单纱，粗支指单纱细度≥714.29分特，含棉量≥85%	37286.80	0.78	70	非零售纯聚丙烯腈短纤多股纱线包括缆线，纯指按重量计聚丙烯腈或其变性短纤含量≥85%	10812.26	0.22
21	初级形状的聚丙烯	35116.41	0.73	71	石油沥青	10535.42	0.22
22	磷酸氢二铵	29868.35	0.62	72	脂肪含量≤1.5%固状乳及奶油指粉状、粒状或其他固体状态，浓缩，加糖或其他甜物质	10382.63	0.22
23	过磷酸钙	29669.73	0.62	73	其他客或货车用新充气橡胶轮胎	10328.07	0.21
24	其他配制的动物饲料	29292.64	0.61	74	染色的全棉三、四线斜纹布每平方米重量≤200克，含棉≥85%，包括双面斜纹机织物	10070.91	0.21
25	其他煤	28499.61	0.59	75	纺织纺纱机	10046.40	0.21
26	缝编机	26337.68	0.55	76	针织或钩编的毛圈绒头织物	9978.92	0.21
27	交换机和路由器	25774.52	0.54	77	功率超过40兆的其他汽轮机	9805.40	0.20
28	设计图纸原稿或手稿及其复制件手绘的建筑、工程、工业、商业、地形或类似用途的	25518.12	0.53	78	其他机械和机械设备	9737.99	0.20

续表

排名	产品名称	进口值	占比	排名	产品名称	进口值	占比
29	氯化钾	24859.74	0.52	79	其他玉米	9620.65	0.20
30	活性染料及以其为基本成分的制品	24064.66	0.50	80	1.5 升＜排量≤ 3 升装点燃往复式活塞内燃发动机的其他载人车辆	9591.95	0.20
31	初级形状比重＜ 0.94 的聚乙烯	23428.68	0.49	81	其他洗涤，漂白或染色机器	9436.92	0.20
32	其他以钢铁为主的废五金材料	23162.20	0.48	82	种子谷物其他清洁、清选、分级机包括干豆的清洁，分选或分级机	9424.53	0.20
33	输出功率＞ 375 千伏安柴油发电机组包括半柴油发电机组	22134.71	0.46	83	柴油型其他小型货车装有压燃式活塞内燃发动机，小型指车辆总重量≤ 5 吨	9347.59	0.19
34	染色其他全棉机织物每平方米重量不超过 200 克，含棉 85% 及以上	21925.35	0.46	84	非零售精梳较细支纯棉单纱，较细支指单纱细度在 125–192.31 分特之间，含棉量≥ 85%	9100.61	0.19
35	聚酯短纤其他织物纯聚酯布指按重量计聚酯短纤含量在 85% 及以上	21335.43	0.44	85	计算机的存储部件	8917.59	0.19
36	1 升＜排量≤ 1.5 升带点燃往复式活塞内燃发动机其他车	20438.01	0.43	86	其他机械品目 8451 未列名	8909.55	0.19
37	鲜或冷藏的葱	20206.65	0.42	87	非零售精梳中支纯棉单纱，中支指单纱细度为 232.56–714.29 分特之间，含棉量≥ 85%	8703.65	0.18
38	色织的全棉平纹机织物 100 克＜每平方米重量≤ 200 克，含棉 85% 及以上	20033.71	0.42	88	未漂白的其他全棉机织物指每平方米重超过 200 克，含棉 85% 及以上	8666.20	0.18
39	染色全棉平纹布每平方米重量不超过 100 克，含棉 85% 及以上	20009.80	0.42	89	鲜苹果	8654.05	0.18
40	初级形状的纯聚氯乙烯	17467.51	0.36	90	漂白的其他全棉机织物指每平方米重超过 200 克，含棉 85% 及以上	8632.69	0.18

续表

排名	产品名称	进口值	占比	排名	产品名称	进口值	占比
41	脂肪量＞ 1.5% 未加糖固状乳及奶油指粉状、粒状或其他固体状态，浓缩，未加糖或其他甜物质	16793.01	0.35	91	染色的纯尼龙机织物	8369.75	0.17
42	色织与化纤混纺牛仔布每平方米重超过 200 克，含棉 85% 以下	16386.41	0.34	92	染色全棉平纹布 100 克＜每平方米重量≤ 200 克，含棉 85% 及以上	8342.31	0.17
43	其他自动缝纫机	15714.35	0.33	93	漂白全棉平纹布每平方米重量≤ 100 克，含棉 85% 及以上	8247.93	0.17
44	干扁豆	15591.95	0.32	94	其他抗菌素	8244.79	0.17
45	未漂白其他全棉机织物每平方米重量不超过 200 克，含棉 85% 及以上	15578.07	0.32	95	用于制冷设备的压缩机	8167.32	0.17
46	未梳的聚酯短纤包括未经其他纺前加工的	15463.56	0.32	96	棉制其他染色针织或钩编织物	8112.44	0.17
47	干鹰嘴豆	15461.57	0.32	97	挖泥船	8058.65	0.17
48	其他含碳量小于 0.25% 的钢坯	15115.15	0.31	98	未梳的粘胶短纤包括未经其他纺前加工的	7679.40	0.16
49	非零售聚酯变形纱线	14690.83	0.31	99	零售包装的生物杀虫剂	7562.33	0.16
50	含锌量≥ 99.995% 的未锻轧锌	14490.50	0.30	100	涂漆或涂塑的铁或非合金钢宽板材宽度≥ 600 毫米	7543.53	0.16

数据来源：由联合国商品贸易数据计算整理所得

对比2005年及2015年孟加拉国排名前10的进口产品发现，种类变动幅度较大。相对于 2005 年，2015 年孟加拉国增加了对其他棕榈油及其分离品；石油油和油脂；初榨的豆油；其他硬粒小麦；未加香料或着色剂其他甘蔗原糖；水泥熟料的进口需求，降低了对装有接收装置的发送设备；初榨的棕榈油；小麦硬粒小麦除外和混合麦；石油原油；厚度＜ 3 毫米的其他热轧卷材；其他精制糖的进口需求。

从进口产品的集中度来看，2005 年进口产品排名前 5 的额度占比为 23.23%，排名前 10 的额度占孟加拉国进口总额的 31.68%；2015 年进口产品排名前 5 的额度占比为 19.31%，排名前 10 的额度占比为 27.90%。相比于 2005 年，2015 年孟加拉国前 5、前 10 进口产品的总体集中度呈现下降趋势。这表明孟加拉国进口需求呈现多样化，进口产品相对分散。

从进口前100名产品分类来看，2005年与2015年，孟加拉国进口产业变动幅度较为明显。其中，主要为核反应堆、锅炉、机器机械器具及其零件；棉花；化学纤维短纤；化学工业品；钢铁；矿物燃料、矿物油及其蒸馏产品是相对稳定的进口需求产品。与2005年相比，2015年孟加拉国增加了电机、电气设备及其零件，车辆及其零件附件，肥料，塑料及其制品，谷物等产品的进口；降低了乳品，植物产品的进口需求。

四、斯里兰卡出口比较优势分析与进口需求研究

（一）斯里兰卡出口比较优势分析

表 LK-1 列出了 2005 年斯里兰卡出口比较优势指数排名前 100 的产品。比较优势指数反映了一国某产品在全球此类产品出口中的竞争力。若 RCA>1，表明该国此产品具有比较优势，若 RCA>2.5，则说明该产品具有极强的比较优势。从 2005 年斯里兰卡出口产品前 100 的产品来看，所列产品的比较优势指数都大于 2.5，即这 100 类产品相对于其他产品在国家贸易中更具竞争优势。

2005 年排名前 10 的产品主要为纺织原料及纺织制品；植物产品；贱金属及其制品；塑料及其制品、橡胶及其制品。具体包括：生椰纤维；肉桂和桂花；加工为纺织的椰子纤维；精炼铜的线锭未锻轧的；其他纺织材料制女三角裤及短衬裤；每件净重不超过 3 千克半发酵的茶；每件净重超过 3 千克的茶；其他的旧的充气橡胶轮胎；干的椰子；干椰子肉，其比较优势指数分别为 1099.1253、847.9969、753.4329、670.0496、521.5966、486.8305、422.6986、388.6779、352.0720、333.9391。

由 LK-1 可知，排名前 100 的产品的比较优势指数值相对较大，且组内差距也较大，最大值与最小值差距高达 1068.6667。从产品整体的类别来看，斯里兰卡的针织或钩编的服装及衣着附件；非针织或非钩编的服装及衣着附件；咖啡、茶、马黛茶及调味香料；其他植物纺织纤维；化学纤维短纤；絮胎、毡呢及无纺织物；鱼、甲壳动物、软体动物及其他水生无脊椎动物；食品工业的残渣及废料；矿产品；橡胶及其制品；铜及其制品；天然或养殖珍珠等产品具有明显的比较优势。

表 LK-1　2005 年斯里兰卡比较优势指数排名前 100 产品

排名	产品名称	RCA	排名	产品名称	RCA
1	生椰纤维	1099.1253	51	化纤制针织或钩编长衬裙及衬裙	61.8528

续表

排名	产品名称	RCA	排名	产品名称	RCA
2	肉桂和桂花	847.9969	52	其他材料制女式内衣式背心等含三角裤、短衬裤	57.8016
3	加工为纺织的椰子纤维	753.4329	53	活性炭	57.1896
4	精炼铜的线锭未锻轧的	670.0496	54	其他鲜或冷比目鱼鲽科、鲆科、舌鳎科、鳎科、菱鲆科、刺鲆科	57.0206
5	其他纺织材料制女三角裤及短衬裤	521.5966	55	硫化橡胶制外科用手套硬化橡胶的除外	56.9991
6	每件净重不超过 3 千克半发酵的茶	486.8305	56	胸罩不论是否针织或钩编	55.6016
7	每件净重超过 3 千克的	422.6986	57	硫化橡胶制其他手套硬化橡胶的除外	54.0424
8	其他的旧的充气橡胶轮胎	388.6779	58	锆矿砂及其精矿	53.9566
9	干的椰子	352.0720	59	其他合纤制针织或钩编男式上衣	52.7522
10	干椰子肉	333.9391	60	观赏鱼	51.2593
11	丁香母丁香、公丁香及丁香梗	267.3558	61	其他针织或钩编的纺织材料	50.6961
12	用枝条或其他植物材料捆扎成的帚	258.4180	62	其他纺织材料制男内裤及三角裤针织或钩编	49.6630
13	其他椰子	258.3499	63	其他硫化橡胶制衣着用品及附件硬化橡胶的除外	48.1609
14	其他纺织材料的帆	227.7005	64	干辣椒未压碎或磨碎	47.7156
15	其他铅的氧化物	225.6160	65	其他合成纤维制男式上衣	46.4589
16	塑料或橡胶浸渍的手套	194.5943	66	其他化纤制其他针织或钩编女浴衣、晨衣等	45.0649
17	人造制长衬裙及衬裙	193.0224	67	其他纺织材料制其他女浴衣、晨衣等	44.2208
18	其他纺织纤维制成的其他网及网料	168.7315	68	切割的石英除天然砂以外	43.7657
19	其他用途其他新的充气橡胶轮胎	161.7575	69	针织或钩编合成纤维的裤袜和紧身衣	42.3815
20	云母废料	160.6085	70	其他纺织材料制婴儿服装及衣着附件针织或钩编	42.1560
21	椰壳纤维纱线	159.5561	71	石英天然砂除外	41.8821
22	经其他加工的红，蓝，绿宝石未成串或镶嵌	132.5877	72	棉制针织或钩编男衬衫	40.8062
23	水果及坚果的细粉、粗粉及粉末	129.3404	73	其他纺织料制针织或钩编男式上衣	40.2094
24	其他冻金枪鱼鱼肝及鱼卵除外	123.4538	74	最大截面尺寸＞ 7 毫米的非合金铝丝	39.7429
25	肉豆蔻	120.1568	75	其他纺织材料针织或钩编女裤	38.9164

续表

排名	产品名称	RCA	排名	产品名称	RCA
26	椰子或干椰肉油渣饼及固体残渣	112.7696	76	铜链条及其零件	38.3025
27	人造制女式睡衣及睡衣裤	112.1173	77	编结或用条带拼制成的帽类不论有无衬里或饰物	37.5407
28	其他纺织材料制女睡衣及睡衣裤	110.2453	78	棉制婴儿服装及衣着附件	37.3450
29	男式游泳服	99.6204	79	其他纺材制针织或钩编男衬衫	36.9530
30	其他棉制其他针织或钩编女浴衣、晨衣等	99.1708	80	其他材料制男式上衣	36.8716
31	棉制女式裙子及裙裤	97.4461	81	降落伞及其零件、附件包括可操纵降落伞、滑翔伞及旋翼降落伞	36.7944
32	暂时保藏的黄瓜及小黄瓜用二氧化硫气体、盐水等物质处理，但不适于直接食用的	93.5169	82	其他材料制女式裙子及裙裤	36.1553
33	其他木材纤维板，密度为每立方厘米 <35 克	88.0441	83	合成纤维制女式连衣裙	34.9702
34	椰壳纤维制的铺地制品未簇绒或未植绒，不论是否制成的	82.2449	84	非绝缘的铜丝绞股线、缆、编带等	34.9554
35	化纤制女式内衣式背心等含三角裤、短衬裤	81.7937	85	棉制其他女式内衣式背心等含三角裤、短衬裤	34.8267
36	肉豆蔻衣	81.3238	86	合成纤维制针织或钩编女式上衣	34.8171
37	氢化、酯化或反油酸化植物油、脂	75.9279	87	咖喱	34.7963
38	其他纺织材料制女式衬衫	74.5998	88	棉制针织或钩编女三角裤及短衬裤	34.7893
39	其他纺织材料制针织或钩编女式上衣	73.7553	89	玩具乐器与器具	33.9841
40	人造制男式长睡衣及睡衣裤	73.4316	90	海绵硫化橡胶制型材、异型材及杆	33.3455
41	其他材料制女式长、马、短裤	73.3006	91	其他纺织材料制线，绳，索，缆可编织或编结，可用橡胶或塑料浸渍、涂布，包覆，套裹	33.3361
42	主要用于扫帚或刷子的植物材料	72.3590	92	化纤制其他女三角裤及短衬裤	32.6436
43	小麦糠、麸及其他残渣	67.1481	93	其他纺织材料制男士短裤	32.4554
44	非零售其他纯人纤短纤多股纱线包括缆线，纯指按重量计其他人造纤维短纤含量≥ 85%	66.9145	94	合纤制帐篷	32.0470
45	女式游泳服	66.7990	95	硫化橡胶制铺地制品及门垫硬质橡胶的除外	31.8696

续表

排名	产品名称	RCA	排名	产品名称	RCA
46	其他编号未列名植物产品	64.8726	96	其他纺织材料制婴儿服装及衣着附件除棉、合成纤维、羊毛或动物细毛外其他纺织材料制	31.8122
47	与棉混纺的未漂白或漂白的其他合纤短纤布其他合短纤＜85%，每平方米重≤170克，特指其他机织物	64.5605	97	合成纤维制其他女式裙子及裙裤	31.3367
48	每件净重不超过3千克未发酵的茶	64.2962	98	棉制女式睡衣及睡衣裤	30.5508
49	其他未锻轧的精炼铜	64.0634	99	化学纤维制女式衬衫	30.5208
50	其他冻比目鱼	63.3583	100	合成纤维制女式上衣	30.4586

数据来源：由联合国商品贸易数据计算整理所得

2016年，斯里兰卡的比较优势排名前100产品的指数都大于2.5。即这些产品在国家贸易中更具竞争优势。其中排名前10的产品为植物产品；武器、弹药及其零件、附件；纺织原料及纺织制品；植物产品；塑料及其制品：橡胶及其制品；动物产品；杂项制品。具体包括未磨锡兰肉桂；炮兵武器；其他纺织材料制女三角裤及短衬裤；每件净重不超过3千克半发酵的茶；每件净重超过3千克的茶；生的或经加工、未纺制的椰壳、蕉麻、苎麻纤维包括短纤，落麻，废料，废椰壳纱线及回收纤维；其他的旧的充气橡胶轮胎；其他冻金枪鱼；用枝条或其他植物材料捆扎成的帚；干的椰子，其比较优势指数分别为1088.4774、555.7103、510.1297、483.5374、450.7729、394.6594、370.8102、351.7063、265.8811、248.8135。

由表LK-2可知，斯里兰卡各类产品的比较优势指数值较大，排名前10的产品比较优势指数分布不均匀，未磨锡兰肉桂的比较优势强劲，组内最大值与最小值差距为1062.7346，较2005年降低了0.56%。从产品整体的类别来看，2016年斯里兰卡的咖啡、茶、马黛茶及调味香料；鱼、甲壳动物、软体动物及其他水生无脊椎动物；橡胶及其制品；其他植物纺织纤维；化学纤维短纤；絮胎、毡呢及无纺织物；针织或钩编的服装及衣着附件；非纺织或非钩编的服装及衣着附件；食用水果及坚果等产品具有明显的比较优势。

表LK-2　2016年斯里兰卡比较优势指数排名前100产品

排名	产品名称	RCA	排名	产品名称	RCA
1	未磨锡兰肉桂	1088.4774	51	其他谷物糠、麸及其他残渣	50.8216

续表

排名	产品名称	RCA	排名	产品名称	RCA
2	炮兵武器	555.7103	52	其他用途其他新的充气橡胶轮胎	50.6949
3	其他纺织材料制女三角裤及短衬裤	510.1297	53	羊毛或动物细毛制女式便服套装	50.6505
4	每件净重不超过 3 千克半发酵的茶	483.5374	54	每件净重不超过 3 千克未发酵的茶	50.3766
5	每件净重超过 3 千克的未发酵的茶	450.7729	55	已磨肉桂及肉桂花	50.2442
6	生的或经加工、未纺制的椰壳、蕉麻、苎麻纤维包括短纤，落麻，废料，废椰壳纱线及回收纤维	394.6594	56	棉制女式睡衣及睡衣裤	49.6278
7	其他的旧的充气橡胶轮胎	370.8102	57	其他纺织材料制针织或钩编连衣裙	48.0018
8	其他冻金枪鱼鱼肝及鱼卵除外	351.7063	58	其他纺织材料制男士短裤	47.4531
9	用枝条或其他植物材料捆扎成的帚	265.8811	59	原状云母及劈开的云母片	47.2395
10	干的椰子	248.8135	60	其他建筑业，工业用新的充气橡胶轮胎辋圈≤ 61 厘米	45.4173
11	风帆	227.7180	61	其他纺织材料制女式衬衫	45.1773
12	鲜或冷黄鳍金枪鱼	227.1966	62	棉制男式长睡衣及睡衣裤	44.5256
13	鲜或冷鲣鱼或狐鲣（鲣）	209.6612	63	其他纺织材料针织或钩编女裤	43.9675
14	鲜的未去内壳椰子	205.6172	64	鲜或干的其他柑桔属水果	43.4078
15	其他材料制女式长衬裙及衬裙	200.4755	65	化纤材料制成的其他网包括化纤线、绳、索结制的网料，罗网及篓状网除外	41.1556
16	椰壳纤维纱线	198.3460	66	棉制针织或钩编其他睡衣裤	40.9977
17	塑料或橡胶浸渍的手套	162.1603	67	棉制针织或钩编女裤	40.9033
18	椰子或干椰肉油渣饼及固体残渣	154.4290	68	自行车用新的充气橡胶轮胎	40.4152
19	未梳的其他人造纤维短纤包括未经其他纺前加工的	152.2682	69	合成纤维制针织或钩编女裤	39.4119
20	人字形非子午线轮胎建筑业，工业用，辋圈≤ 61 厘米，新充气橡胶胎	145.6296	70	其他鞋面及其零件	38.3818
21	未磨的肉豆蔻衣	143.8369	71	鲜或干的芭蕉	38.1350
22	未磨的肉豆蔻	132.9853	72	其他纺织材料制男内裤及三角裤针织或钩编	37.9729
23	棉制针织或钩编女三角裤及短衬裤	130.2422	73	硫化橡胶制其他手套硬化橡胶的除外	37.5685
24	一氧化铅铅黄，黄丹	120.1563	74	棉制针织或钩编运动套装	36.5169
25	其他观赏用非淡水鱼	112.0068	75	合纤制针织或钩编男式游泳服	35.8055

续表

排名	产品名称	RCA	排名	产品名称	RCA
26	鲜或干的槟榔果	111.5052	76	降落伞及其零件、附件包括可操纵降落伞、滑翔伞及旋翼降落伞	35.1625
27	其他初级形状的天然橡胶胶乳除外的初级形状或板，片，带状	105.2499	77	观赏用淡水鱼	35.0014
28	化纤制针织或钩编长衬裙及衬裙	99.5484	78	其他纺织材料制婴儿服装及衣着附件针织或钩编	34.8628
29	化纤制其他女三角裤及短衬裤	95.0237	79	干椰子肉	34.7907
30	胸罩不论是否针织或钩编	86.9029	80	棉制婴儿服装及衣着附件	34.7352
31	人造制长衬裙及衬裙	86.2642	81	新的邮票包括支票、股票，债券及类似的所有权凭证	34.2636
32	初榨椰子油	80.6259	82	已磨的肉豆蔻	34.1841
33	干辣椒未压碎或磨碎	71.8895	83	鲜或冷的剑鱼鱼片	34.1256
34	活性炭	71.6303	84	其他纺织制针织或钩编男裤包括马裤、短裤及其他长裤	31.8997
35	其他材料制女式长、马、短裤	70.6768	85	制作或保藏的坚果及其他子仁	30.4636
36	其他提取的油树脂	69.5479	86	其他针织或钩编 T 恤衫、汗衫等	30.4370
37	帆板	68.8352	87	其他纺织材料制针织或钩编女式西服套装	30.0253
38	已磨的丁香母丁香、公丁香及丁香梗	66.9446	88	合成纤维制针织或钩编女西服套装	29.9387
39	椰壳纤维制的铺地制品未簇绒或未植绒，不论是否制成的	65.5204	89	其他纺织材料制女式长衬裙及衬裙	29.7396
40	棉制男式内裤及三角裤	64.3562	90	与棉混纺的未漂白或漂白的其他合纤短纤布其他合短纤＜85%，每平方米重≤170克，特指其他机织物	29.5087
41	其他人字形胎面新充气橡胶轮胎建筑业，工业用，辋圈＞61厘米	59.9774	91	棉制男式衬衫	29.3316
42	其他纺织材料制女睡衣及睡衣裤	59.8285	92	其他供吸用的烟草	28.7837
43	棉制针织或钩编男内裤及三角裤	59.6569	93	鲜或冷的其他鱼的鱼片	28.5116
44	石英天然砂除外	57.3137	94	其他纺织材料制线，绳，索，缆可编织或编结，可用橡胶或塑料浸渍、涂布，包覆，套裹	28.3334
45	硫化橡胶制外科用手套硬化橡胶的除外	56.9342	95	用纺织材料包覆的橡胶线及绳	27.9149

续表

排名	产品名称	RCA	排名	产品名称	RCA
46	棉制针织钩编婴儿服装及衣着附件	56.2659	96	其他纺织材料制男式衬衫	27.0431
47	合纤制针织或钩编女式游泳服	55.0294	97	其他纺织材料制非绣制的标签等包括徽章及类似品，成匹，成条或裁成一定形状或尺寸	26.7038
48	其他编号未列名植物产品	53.3511	98	非零售其他纯人造纤维短纤单纱，纯指按重量计其纤维短纤含量在85%及以上	26.3127
49	其他材料制女式内衣式背心等含三角裤、短衬裤	52.0217	99	其他纺织材料制针织或钩编女式上衣	26.1387
50	未磨的丁香母丁香、公丁香及丁香梗	51.6535	100	鲜或冷的黑鱼和尼罗河鲈鱼	25.7428

数据来源：由联合国商品贸易数据计算整理所得

对比2005年与2016年，斯里兰卡的出口比较优势存在变动。从比较优势指数来分析，相对于2005年，2016年斯里兰卡前100名产品的比较优势指数总体有所下降，比较优势均值从127.5514降低至108.7860，下降幅度为14.71%；比较优势指数最大值从1099.1253下降到1088.4774，下降幅度为0.97%；最小值从30.4586下降至25.7428，下降幅度为15.48%；这表明斯里兰卡在国际上具有比较优势的产品的竞争力逐渐下降，但同时各产品之间的比较优势差距又逐渐减少。

从产品整体结构来看，2005年与2016年排名前10的产品种类相对比较稳定，咖啡、茶、马黛茶及调味香料；鱼、甲壳动物、软体动物及其他水生无脊椎动物；橡胶及其制品；其他植物纺织纤维；化学纤维短纤；絮胎、毡呢及无纺织物；针织或钩编的服装及衣着附件；非纺织或非钩编的服装及衣着附件等产品始终具有较大的比较优势，相对于2005年，2016年食用水果及坚果的比较优势逐渐上升，而食品工业的残渣及废料，矿产品，铜及其制品，天然或养殖珍珠的比较优势逐渐下降。

从排名前10的具体产品来看，产品比较优势指数变动幅度较大。相比于2005年，未磨锡兰肉桂；炮兵武器；生的或经加工、未纺制的椰壳、蕉麻、苎麻纤维；其他冻金枪鱼；用枝条或其他植物材料捆扎成的帚等产品在2016年斯里兰卡出口产品中的比较优势逐渐增强。而生椰纤维；肉桂和桂花；加工为纺织的椰子纤维；精炼铜的线锭未锻轧的；干椰子肉等产品的比较优势逐渐弱化。

（二）斯里兰卡出口主导产业分析

1. 出口主导产业测度

出口主导产业是由产业出口额占国家总出口额的比例来衡量的，所占比例越大，表明其在出口中所占地位越重，同时表明，此国生产相应产品的能力越强或拥有相应丰富的资源。表 LK-3 及表 LK-4 分别表示 2005 年与 2016 年斯里兰卡出口额排名前 100 主导产品。

表 LK-3　2005 年斯里兰卡出口额排名前 100 产品

单位：万美元、%

排名	产品名称	出口值	占比	排名	产品名称	出口值	占比
1	每件净重超过 3 千克未发酵的茶	46064.03	7.48	51	化纤针织或钩编套头衫包括开襟衫、背心及类似品	2628.57	0.43
2	每件净重不超过 3 千克半发酵的茶	32803.34	5.33	52	合成纤维制其他女式裙子及裙裤	2623.41	0.43
3	胸罩不论是否针织或钩编	19537.20	3.17	53	乙烯聚合物制袋及包	2538.47	0.41
4	棉制女式长、马、短裤	17786.46	2.89	54	合成纤维制女式连衣裙	2509.10	0.41
5	其他的旧的充气橡胶轮胎	15615.58	2.54	55	棉制针织或钩编男内裤及三角裤	2384.62	0.39
6	棉质男式短裤	15426.11	2.50	56	其他材料制女式上衣	2289.91	0.37
7	棉制针织或钩编 T 恤衫、汗衫等	13943.67	2.26	57	其他抗菌素	2281.16	0.37
8	其他材料制女式长、马、短裤	13836.32	2.25	58	棉制男式上衣	2209.34	0.36
9	非工业用其他钻石未镶嵌	13483.87	2.19	59	冻鱼鱼肝及鱼卵除外	2189.97	0.36
10	棉制男式衬衫	12905.22	2.10	60	其他棉制其他针织或钩编女浴衣、晨衣等	2177.08	0.35
11	氢化、酯化或反油酸化植物油、脂	12258.44	1.99	61	硫化橡胶制外科用手套硬化橡胶的除外	2127.35	0.35
12	未按种类指定的商品	11911.20	1.93	62	非绝缘的铜丝绞股线、缆、编带等	2106.34	0.34
13	其他纺织材料制女三角裤及短衬裤	10305.17	1.67	63	人造制女式睡衣及睡衣裤	2071.34	0.34
14	经其他加工的红，蓝，绿宝石未成串或镶嵌	9850.60	1.60	64	活性炭	1922.58	0.31

续表

排名	产品名称	出口值	占比	排名	产品名称	出口值	占比
15	其他用途其他新的充气橡胶轮胎	8985.40	1.46	65	其他木材纤维板，密度为每立方厘米 <35 克	1894.32	0.31
16	棉制针织或钩编男衬衫	8440.27	1.37	66	冻对虾	1756.62	0.29
17	其他未锻轧的精炼铜	7855.90	1.28	67	丁香母丁香、公丁香及丁香梗	1752.27	0.28
18	塑料或橡胶浸渍的手套	7740.06	1.26	68	小麦或混合麦的细粉	1742.73	0.28
19	棉制针织或钩编套头衫等包括开襟衫、背心及类似品	7439.32	1.21	69	供吸用的烟草不论是否含有任何比例的烟草代用品	1724.85	0.28
20	硫化橡胶制其他手套硬化橡胶的除外	6433.56	1.04	70	道路车轮及其零件和附件	1724.03	0.28
21	棉制女式衬衫	5948.38	0.97	71	用枝条或其他植物材料捆扎成的帚	1703.80	0.28
22	飞机及直升机用其他零件	5812.89	0.94	72	化纤制女式内衣式背心等含三角裤、短衬裤	1699.79	0.28
23	肉桂和桂花	5806.22	0.94	73	天然橡胶烟胶片	1696.21	0.28
24	非工业用钻石未加工或经简单锯开，劈开或粗磨，未镶嵌	5433.04	0.88	74	其他合纤制针织或钩编男式上衣	1663.27	0.27
25	品目 8471 所列其他机器零附件	5339.93	0.87	75	额定容量≤ 1 千伏安的其他变压器	1636.32	0.27
26	其他针织或钩编 T 恤衫、汗衫等	5234.01	0.85	76	其他材料制男式上衣	1631.51	0.26
27	合纤制女式长、马、短裤	5033.56	0.82	77	合纤制针织或钩编女式游泳服	1580.35	0.26
28	其他纺织材料制女式衬衫	4651.89	0.76	78	他加工的其他宝石或半宝石未成串或镶嵌	1554.99	0.25
29	合纤制男式短裤	4525.47	0.73	79	其他纺织材料针织或钩编女裤	1523.35	0.25
30	棉制针织或钩编女衬衫	4353.56	0.71	80	棉制针织或钩编女睡衣及睡衣裤	1493.58	0.24
31	棉制女式裙子及裙裤	4325.34	0.70	81	其他贵金属制首饰及其零件不论是否包、镀其他贵金属	1465.14	0.24
32	其他纺材针织或钩编女套头衫等包括开襟衫、背心及类似品	4156.69	0.67	82	棉制女式连衣裙	1458.43	0.24
33	精炼铜的线锭未锻轧的	4082.71	0.66	83	其他纺织材料制男式衬衫	1438.65	0.23

续表

排名	产品名称	出口值	占比	排名	产品名称	出口值	占比
34	化纤制其他女三角裤及短衬裤	4044.29	0.66	84	合纤制帐篷	1432.49	0.23
35	棉制针织或钩编女三角裤及短衬裤	3939.65	0.64	85	钩编的帽类	1415.64	0.23
36	化学纤维制女式衬衫	3905.31	0.63	86	品目 8537 货品用的其他盘、板等未装有开关装置	1415.07	0.23
37	合成纤维制女式上衣	3815.69	0.62	87	每件净重不超过 3 千克未发酵的茶	1411.59	0.23
38	生椰纤维	3803.91	0.62	88	干椰子肉	1397.93	0.23
39	其他合成纤维制男式上衣	3786.26	0.61	89	其他纺织材料制女睡衣及睡衣裤	1393.29	0.23
40	未去梗的烟草	3412.00	0.55	90	其他纺织材料制针织或钩编女衬衫	1390.54	0.23
41	其他材料制女式裙子及裙裤	3373.59	0.55	91	锆矿砂及其精矿	1375.09	0.22
42	干的椰子	3355.73	0.54	92	合成纤维制针织或钩编女式上衣	1373.93	0.22
43	棉制女式上衣	3193.03	0.52	93	丝制女式连衣裙	1312.30	0.21
44	最大截面尺寸＞7 毫米的非合金铝丝	3061.88	0.50	94	其他未列名硫化橡胶制品硬质橡胶除外	1311.02	0.21
45	其他纺织材料制男士短裤	2919.75	0.47	95	其他化纤制其他针织或钩编女浴衣、晨衣等	1306.70	0.21
46	棉制婴儿服装及衣着附件	2897.13	0.47	96	其他混合制成的植物质、动物质油脂或制品	1290.66	0.21
47	棉制针织钩编婴儿服装及衣着附件	2894.15	0.47	98	化纤制针织或钩编女衬衫	1275.90	0.21
48	餐具和厨具	2778.50	0.45	97	男式游泳服	1274.02	0.21
49	其他初级形状的天然橡胶胶乳除外的初级形状或板，片，带状	2730.91	0.44	99	其他纺织材料制针织或钩编女式上衣	1262.34	0.20
50	棉制针织或钩编女裤	2711.74	0.44	100	水果及坚果的细粉、粗粉及粉末	1245.75	0.20

数据来源：由联合国商品贸易数据计算整理所得

根据表 LK-3、LK-4 可知，2005 年，斯里兰卡排名前 10 的出口主导产品主要为植物产品；纺织原料及纺织制品；塑料及其制品：橡胶及其制品；天然或养殖珍珠、宝石或半宝石、贵金属、包贵金属及其制品；仿首饰；硬币。具体包括每件净重超过3千克的茶；每件净重不超过3千克半发酵的茶；胸罩不论是否针织或钩编；棉制女式长、马、短裤；其他的旧的充气橡胶轮胎；棉质男式短裤；棉制针织或钩编T恤衫、汗衫等；其他材料制女式长、马、短裤；非工业用其他钻石未镶嵌；棉制男式衬衫。

2016年斯里兰卡排名前10出口主导产品主要为植物产品；纺织原料及纺织制品；塑料及其制品：橡胶及其制品。具体包括每件净重超过3千克的未发酵的茶；每件净重不超过3千克半发酵的茶；胸罩不论是否针织或钩编；其他的旧的充气橡胶轮胎；其他针织或钩编T恤衫、汗衫等；塑料或橡胶浸渍的手套；棉质男式短裤；棉制针织或钩编女三角裤及短衬裤；棉制针织钩编婴儿服装及衣着附件；棉制男式衬衫。

对比2005年及2016年，斯里兰卡排名前10的主导产品种类变动明显。其中，每件净重超过3千克的茶；每件净重不超过3千克半发酵的茶；胸罩不论是否针织或钩编；其他的旧的充气橡胶轮胎；棉质男式短裤；棉制男式衬衫依然是排名靠前的出口产品。相对于2005年，2016年斯里兰卡增加了其他针织或钩编T恤衫、汗衫等；塑料或橡胶浸渍的手套；棉制针织或钩编女三角裤及短衬裤；棉制针织钩编婴儿服装及衣着附件的出口，减少了棉制女式长、马、短裤；棉制针织或钩编T恤衫、汗衫等；其他材料制女式长、马、短裤；非工业用其他钻石未镶嵌的出口。

表 LK–4　2016年斯里兰卡出口额排名前100产品

单位：万美元、%

排名	产品名称	出口值	占比	排名	产品名称	出口值	占比
1	每件净重超过3千克的未发酵的茶	64409.79	6.11	51	其他冻金枪鱼鱼肝及鱼卵除外	4288.45	0.41
2	每件净重不超过3千克半发酵的茶	56386.75	5.35	52	鲜或冷黄鳍金枪鱼	4035.27	0.38
3	胸罩不论是否针织或钩编	55902.63	5.30	53	其他用途其他新的充气橡胶轮胎	3922.49	0.37
4	其他的旧的充气橡胶轮胎	31896.25	3.02	54	乙烯聚合物制袋及包	3882.23	0.37
5	其他针织或钩编T恤衫、汗衫等	29892.66	2.83	55	每件净重不超过3千克未发酵的茶	3865.18	0.37

续表

排名	产品名称	出口值	占比	排名	产品名称	出口值	占比
6	塑料或橡胶浸渍的手套	24652.78	2.34	56	用于汽车、飞机或轮船的点火接线装置和其他接线装置	3778.19	0.36
7	棉质男式短裤	22282.38	2.11	57	人字形非子午线轮胎建筑业，工业用，辋圈≤ 61 厘米，新充气橡胶胎	3710.26	0.35
8	棉制针织或钩编女三角裤及短衬裤	22276.97	2.11	58	新的邮票包括支票、股票，债券及类似的所有权凭证	3663.43	0.35
9	棉制针织钩编婴儿服装及衣着附件	18886.04	1.79	59	非机动自行车	3606.32	0.34
10	棉制男式衬衫	18591.27	1.76	60	合纤制男式短裤	3601.13	0.34
11	化纤制其他女三角裤及短衬裤	16926.90	1.61	61	鲜或干的槟榔果	3397.23	0.32
12	石油油和油脂	15816.15	1.50	62	其他人字形胎面新充气橡胶轮胎建筑业，工业用，辋圈＞ 61 厘米	3386.43	0.32
13	未磨锡兰肉桂	15469.31	1.47	63	品目 8535、8536、8537 装置的零件专用于或主要用于	3112.23	0.30
14	其他编号未列名的食品	15432.65	1.46	64	非公路用货运自卸车	2995.94	0.28
15	棉制针织或钩编 T 恤衫、汗衫等	15267.79	1.45	65	其他纺织制针织或钩编男裤包括马裤、短裤及其他长裤	2947.70	0.28
16	棉制针织或钩编女裤	13848.40	1.31	66	合纤制女式长、马、短裤	2935.66	0.28
17	其他纺织材料制女三角裤及短衬裤	13677.07	1.30	67	用枝条或其他植物材料捆扎成的帚	2928.18	0.28
18	生的或经加工、未纺制的椰壳、蕉麻、苎麻纤维包括短纤，落麻，废料，废椰壳纱线及回收纤维	13554.37	1.29	68	其他测量、检验仪器、器具及机器	2907.80	0.28
19	其他材料制女式长、马、短裤	13507.82	1.28	69	风帆	2885.11	0.27
20	合成纤维制针织或钩编女裤	13425.28	1.27	70	其他纺织材料制女式衬衫	2872.26	0.27
21	棉制针织或钩编男内裤及三角裤	13334.23	1.26	71	棉制婴儿服装及衣着附件	2819.01	0.27
22	棉制女式长、马、短裤	12760.85	1.21	72	丝制女式连衣裙	2727.29	0.26

续表

排名	产品名称	出口值	占比	排名	产品名称	出口值	占比
23	硫化橡胶制其他手套硬化橡胶的除外	12664.49	1.20	73	飞机及直升机用其他零件	2693.31	0.26
24	棉制针织或钩编套头衫等包括开襟衫、背心及类似品	12273.11	1.16	74	其他初级形状的天然橡胶胶乳除外的初级形状或板，片，带状	2649.51	0.25
25	合纤制针织或钩编女式游泳服	10576.06	1.00	75	其他电力控制或分配的装置电压不超过 1000 伏的线路	2502.51	0.24
26	干的椰子	10558.06	1.00	76	三轮车、踏板车、踏板汽车和类似的带轮玩具；玩偶车	2396.79	0.23
27	炮兵武器	9549.82	0.91	77	未去梗的烟草	2395.85	0.23
28	非工业用其他钻石未镶嵌	8512.52	0.81	78	其他纺材针织或钩编女套头衫等包括开襟衫、背心及类似品	2360.65	0.22
29	其他鞋面及其零件	8481.40	0.80	79	额定容量≤ 1 千伏安的其他变压器	2349.52	0.22
30	制作或保藏的坚果及其他子仁	8253.29	0.78	80	小麦或混合麦的细粉	2292.92	0.22
31	经其他加工的红，蓝，绿宝石未成串或镶嵌	7925.17	0.75	81	化纤材料制成的其他网包括化纤线、绳、索结制的网料，罗网及篓状网除外	2201.19	0.21
32	初榨椰子油	7687.83	0.73	82	餐具和厨具	2162.75	0.21
33	活性炭	7494.34	0.71	83	针织帽类及用其他纺织物制成帽类	2162.36	0.21
34	其他纺织材料针织或钩编女裤	6830.42	0.65	84	其他纺织材料制针织或钩编连衣裙	2138.76	0.20
35	干辣椒未压碎或磨碎	6805.15	0.65	85	自行车用新的充气橡胶轮胎	2124.84	0.20
36	其他未列名硫化橡胶制品硬质橡胶除外	6640.04	0.63	86	其他回收纸或纸板包括未分选的废碎品	2076.52	0.20
37	棉制女式衬衫	6451.05	0.61	87	干扁豆	2028.35	0.19
38	化学纤维制女式衬衫	6430.29	0.61	88	染色的其他全棉机织物指每平方米重超过 200 克，含棉 85% 及以上	1998.93	0.19
39	其他供吸用的烟草	6286.47	0.60	89	棉制针织或钩编女睡衣及睡衣裤	1988.37	0.19

续表

排名	产品名称	出口值	占比	排名	产品名称	出口值	占比
40	棉制针织或钩编男衬衫	6140.92	0.58	90	化纤制针织或钩编女睡衣及睡衣裤	1985.20	0.19
41	其他合纤制针织或钩编连衣裙	5409.19	0.51	91	其他编号未列名植物产品	1959.81	0.19
42	其他货物和其他船只运输货物和货物的船舶	5325.31	0.50	92	其他水上运动用具包括滑水板、冲浪板	1911.75	0.18
43	其他纺织材料制男士短裤	5282.04	0.50	93	非工业用钻石未加工或经简单锯开，劈开或粗磨，未镶嵌	1901.59	0.18
44	合成纤维制女式连衣裙	5255.97	0.50	94	棉制女式连衣裙	1824.70	0.17
45	硫化橡胶制外科用手套硬化橡胶的除外	4936.46	0.47	95	非零售其他纯人造纤维短纤单纱，纯指按重量计其纤维短纤含量在 85% 及以上	1771.66	0.17
46	化纤针织或钩编套头衫包括开襟衫、背心及类似品	4699.11	0.45	96	其他纺织材料制男式衬衫	1734.60	0.16
47	棉制其他染色针织或钩编织物	4662.61	0.44	98	椰子油及其分离品	1710.26	0.16
48	其他装有升降装置工作车用零件品目 8427 所列机械用的	4633.09	0.44	97	茶、马黛茶浓缩精汁及其制品	1678.62	0.16
49	其他提取的油树脂	4503.84	0.43	99	鲜或干的芭蕉	1630.15	0.15
50	其他配制的动物饲料	4356.10	0.41	100	皮革或再生皮革制的衣服野生动物皮革制作的除外	1598.27	0.15

数据来源：由联合国商品贸易数据计算整理所得

从出口主导产品的集中度来看，2005 年，排名前 5 的主导产品出口额度为 13.18 亿美元，占比为 21.39%；排名前 10 的出口主导产品出口总额为 20.14 亿美元，占比为 32.69%。2016 年，排名前 5 的主导产品出口额为 23.85 亿美元，占比为 22.61%；前 10 出口主导产品出口总额达到 34.52 亿美元，占比为 32.73%。相比于 2005 年，2016 年斯里兰卡前 5、前 10 主导产品的出口额度和产品集中度都有所提升。其中，前 5、前 10 主导产品出口额度分别增加了 80.94%、71.39%；产品集中度分别增加了 5.69%、0.11%。但从具体的产品来看，部分产品的占比额度下降幅度较大，如排名第 1 的每件净重超过 3 千克的未发酵的茶，2005 年其占比为 7.48%，而 2016 年降低至 6.11%。

从出口主导产品分类来看，2005 年与 2016 年，斯里兰卡出口主导产业结构变动较小。2005年斯里兰卡主要出口咖啡、茶、马黛茶及调味香料；针织或钩编的服装及衣着附件；非纺织或非钩编的服装及衣着附件；橡胶及其制品；天然或养殖珍珠。2016年主要出口咖啡、茶、马黛茶及调味香料；针织或钩编的服装及衣着附件；非纺织或非钩编的服装及衣着附件；橡胶及其制品；电机电器设备及其零件；天然或养殖珍珠等产品。其中，咖啡、茶、马黛茶及调味香料的出口主导地位最显著。

2. 出口主导产业与比较优势产业的一致性分析

表LK-5为2016年斯里兰卡排名前10的比较优势产品及出口主导产品。由表可知，斯里兰卡比较优势指数排名前列的产品较为分散，主要为咖啡、茶、马黛茶及调味香料；武器、弹药及其零件附件；针织或钩编的服装及衣着附件；杂项制品等。出口主导产品相对集中，主要是针织或钩编的服装及衣着附件；咖啡、茶、马黛茶及调味香料；非针织或非钩编的服装及衣着附件。通过对比发现，每件净重不超过3千克半发酵的茶；每件净重超过3千克的未发酵的茶；其他的旧的充气橡胶轮胎，同时在比较优势排名前10产品和出口主导产品前10中。每件净重不超过3千克半发酵的茶的RCA排名第4，而其出口占比为第2；每件净重超过3千克的未发酵的茶的RCA排名第5，而其出口占比为第1；其他的旧的充气橡胶轮胎的RCA排名为第7，而其出口占比为第4。因此，可以得出斯里兰卡的比较优势产业与出口主导产业具有较弱的一致性。

表LK-5　2016年斯里兰卡排名前10比较优势产品及出口主导产品

单位：%

排名	比较优势产品名称	RCA	排名	出口主导产品名称	占比
1	未磨锡兰肉桂	1088.4774	1	每件净重超过3千克的未发酵的茶	6.11
2	炮兵武器	555.7103	2	每件净重不超过3千克半发酵的茶	5.35
3	其他纺织材料制女三角裤及短衬裤	510.1297	3	胸罩不论是否针织或钩编	5.30
4	每件净重不超过3千克半发酵的茶	483.5374	4	其他的旧的充气橡胶轮胎	3.02
5	每件净重超过3千克的未发酵的茶	450.7729	5	其他针织或钩编T恤衫、汗衫等	2.83
6	生的或经加工、未纺制的椰壳、蕉麻、苎麻纤维包括短纤，落麻，废料，废椰壳纱线及回收纤维	394.6594	6	塑料或橡胶浸渍的手套	2.34
7	其他的旧的充气橡胶轮胎	370.8102	7	棉质男式短裤	2.11

续表

排名	比较优势产品名称	RCA	排名	出口主导产品名称	占比
8	其他冻金枪鱼鱼肝及鱼卵除外	351.7063	8	棉制针织或钩编女三角裤及短衬裤	2.11
9	用枝条或其他植物材料捆扎成的帚	265.8811	9	棉制针织钩编婴儿服装及衣着附件	1.79
10	干的椰子	248.8135	10	棉制男式衬衫	1.76

（三）斯里兰卡出口比较优势变化分析

1. 描述性分析

依据表 LK-1 及表 LK-2，对比分析 2005 年及 2016 年斯里兰卡比较优势指数排名前 100 产品，可以得出以下结论：

第一，斯里兰卡出口产品的比较优势呈现下降趋势，2005 年排名前 100 产品的比较优势均值为 127.5514，2016 年为 108.7860，下降幅度为 14.71%。

第二，斯里兰卡具有比较优势的产品数量呈现增长态势。2005 年，比较优势指数大于 1 的产品共有 544 类，大于 2.5 的产品共有 395 类；而 2016 年，比较优势指数大于 1 的产品有 595 类，大于 2.5 的产品共有 409 类。表明斯里兰卡在国际上具有较强比较优势产品数量增加，整体产品的竞争力有所提高。

第三，比较优势指数排名前 10 产品的结构相对稳定，主要包括咖啡、茶、马黛茶及调味香料；鱼、甲壳动物、软体动物及其他水生无脊椎动物；橡胶及其制品；其他植物纺织纤维；化学纤维短纤；絮胎、毡呢及无纺织物；针织或钩编的服装及衣着附件；非纺织或非钩编的服装及衣着附件。

2. 回归分析

将 2016 年斯里兰卡产业比较优势指数作为因变量，把 2005 年斯里兰卡产业比较优势指数作为自变量，对其进行回归分析。若回归系数大于 1，则表明斯里兰卡更加强化了具有比较优势的产业，弱化了不具有比较优势的产业；若回归系数介于 0 和 1 之间，则表明具有比较优势的产业弱化了；若回归系数小于 0，则表明比较优势的产业发生了质变。使用最小二乘法对其进行回归，得出结果如表 LK-6 所示。

表 LK-6　回归结果

变量	Coef.	Std. Err.	t	P>ltl
2005 比较优势指数	0.2608362	0.012581	20.73	0.000
_cons	2.462054	0.4392169	5.61	0.000
R^2 = 0.0970		F-statistics=429.84		

从表中可以看出，回归系数为 0.2608362，介于 0 和 1 之间，表明 2016 年斯里兰卡具有比较优势的产业较 2005 年逐渐弱化。

（四）斯里兰卡进口需求及其变化分析

表 LK-7 表示 2005 年斯里兰卡进口额排名前 100 产品。从表中可以看出，排名前 10 的进口产品主要为矿产品；天然或养殖珍珠、宝石或半宝石、贵金属、包贵金属及其制品；仿首饰；硬币；植物产品；食品；纺织原料及纺织制品；化学工业及其相关工业的产品；活动物；动物产品。具体包括石油原油；石油油和油脂；非工业用钻石未加工或经简单锯开，劈开或粗磨，未镶嵌；小麦及混合麦；其他精制糖；聚酯短纤其他织物纯聚酯布指按重量计聚酯短纤含量在 85% 及以上；其他纺材制其他针织或钩编织物；染色的其他全棉机织物指每平方米重超过 200 克，含棉 85% 及以上；其他已配定剂量的药品；脂肪量＞ 1.5% 未加糖固状乳及奶油指粉状、粒状或其他固体状态，浓缩，未加糖或其他甜物质。其中，石油原油进口额度最高，为 7.13 亿美元，占比为 8.58%；其次是石油油和油脂和非工业用钻石，进口额度分别为 2.67 亿美元、1.95 亿美元，占比分别为 3.21%、2.35%。

从斯里兰卡进口前 100 名产品种类来看，主要为棉花；植物产品；矿物燃料、矿物油及其蒸馏产品；化学纤维短纤；特种机织物、簇绒织物；其他矿产品；塑料及其制品；纸及纸板、纸浆或纸板制品；针织物及钩编织物；钢铁；电机电气设备及其零件、车辆及其零件附件。

从斯里兰卡进口前 100 名产品集中度来看，进口产品排名前 5 的额度占比为 17.64%，排名前 10 的额度占斯里兰卡进口总额的 23.95%。可以看出斯里兰卡进口产品相对分散，进口需求呈现多样化。

表 LK-7　2005 年斯里兰卡进口额排名前 100 产品

单位：万美元、%

排名	产品名称	进口值	占比	排名	产品名称	进口值	占比
1	石油原油	71314.68	8.58	51	合成纤维其他染色针织或钩编织物染色	2633.39	0.32
2	石油油和油脂	26663.72	3.21	52	其他非自动缝纫机家用型除外	2542.73	0.31
3	非工业用钻石未加工或经简单锯开，劈开或粗磨，未镶嵌	19527.58	2.35	53	彩色卫星电视接收机	2506.86	0.30
4	小麦及混合麦	15369.52	1.85	54	其他单片集成电路 IC	2499.23	0.30
5	其他精制糖	13697.31	1.65	55	其他玉米	2494.78	0.30
6	聚酯短纤其他织物纯聚酯布指按重量计聚酯短纤含量在 85% 及以上	10693.99	1.29	56	初级形状的纯聚氯乙烯	2433.45	0.29
7	其他纺材制其他针织或钩编织物	10673.12	1.28	57	其他拖拉机	2412.80	0.29
8	染色的其他全棉机织物指每平方米重超过 200 克，含棉 85% 及以上	10528.74	1.27	58	圆截面直径 <14 毫米的其他热轧盘条不带有轧制过程中产生的变形	2409.48	0.29
9	其他已配定剂量的药品	10274.94	1.24	59	服装或衣着零件指非针织非钩编	2404.52	0.29
10	脂肪量＞ 1.5% 未加糖固状乳及奶油指粉状、粒状或其他固体状态，浓缩，未加糖或其他甜物质	10184.57	1.23	60	制作或保藏的鲭鱼	2290.69	0.28
11	柴油型其他小型货车装有压燃式活塞内燃发动机，小型指车辆总重量≤ 5 吨	9620.26	1.16	61	与棉混纺的未漂白或漂白的其他合纤短纤布其他合短纤＜ 85%，每平方米重≤ 170 克，特指其他机织物	2283.48	0.27
12	排量≤ 250 毫升装往复式活塞内燃发动机摩托车及脚踏两用车	9464.17	1.14	62	其他 40< 每平方米≤ 150 克未涂中厚纸书写印刷用，含机械或化学 – 机械法制纤维≤ 10%	2268.27	0.27
13	尿素	8574.63	1.03	63	用其他塑料浸渍的纺织物包括用其他塑料涂布、包覆或层压的	2213.29	0.27
14	初榨的棕榈油	8446.74	1.02	64	其他塑料制品	2200.15	0.26
15	铜废料和废料	8310.86	1.00	65	碳	2163.89	0.26

续表

排名	产品名称	进口值	占比	排名	产品名称	进口值	占比
16	棉制其他染色针织或钩编织物	7713.16	0.93	66	鲜或冷藏的葱	2140.28	0.26
17	其他硅酸盐水泥	7546.91	0.91	67	涂无机物的其他书写、印刷用途的纸及纸板所含用机械或化学－机械法制得的纤维≤ 10%	2115.20	0.25
18	其他液化石油气、烃类气	7240.45	0.87	68	主要或仅与粘胶纤维短纤混纺聚酯短纤织物	2020.96	0.24
19	排量≤ 1 升的带点燃往复式活塞内燃发动机的其他车辆	7114.10	0.86	69	衣服零件针织或钩编	1959.78	0.24
20	1 升＜排量≤ 1.5 升带点燃往复式活塞内燃发动机其他车	6679.04	0.80	70	其他含碳量小于 0.25% 的钢坯	1928.10	0.23
21	广播电视、无线电话、无线电电报传输设备	5691.24	0.69	71	含弹性纱线≥ 5% 狭幅织物包括含橡胶线，品目 5807 的货品除外	1921.09	0.23
22	未漂白的全棉平纹机织平布指每平方米重超过 200 克，含棉 85% 及以上	5672.96	0.68	72	其他医疗、外科或兽医用仪器器具	1838.91	0.22
23	棉制其他漂或未漂针织或钩编织物漂白或未漂白	5216.42	0.63	73	非零售精梳粗支纯棉单纱，粗支指单纱细度≥ 714.29 分特，含棉量≥ 85%	1826.98	0.22
24	轻油及制品	4975.72	0.60	74	手扶拖拉机	1808.08	0.22
25	非工业用其他钻石未镶嵌	4872.03	0.59	75	染色的全棉平纹机织布指每平方米重超过 200 克，含棉 85% 及以上	1771.39	0.21
26	柴油型其他货车装有压燃式活塞内燃发动机，重型指 5 吨≤车辆总重≤ 20 吨	4796.23	0.58	76	其他纺材宽 >30 厘米针织或钩编织物按重量计含弹性纱线或橡胶线≥ 5%	1753.54	0.21
27	水泥熟料	4703.10	0.57	77	印花的其他全棉机织物指每平方米重超过 200 克，含棉 85% 及以上	1742.75	0.21
28	宽度小于厚度两倍的矩形截面钢坯含碳量小于 0.25%	4679.59	0.56	78	未漂或漂白聚酯短纤其他机织物纯聚酯布指按重量计聚酯短纤含量在 85% 及以上	1739.74	0.21
29	最大截面尺寸＞ 6 毫米的精炼铜丝	4656.71	0.56	79	其他纺织材料制机织非绣制标签等包括徽章及类似品，成匹、成条或裁成一定形状或尺寸	1737.31	0.21

续表

排名	产品名称	进口值	占比	排名	产品名称	进口值	占比
30	其他棕榈油及其分离品	4633.00	0.56	80	计算机用终端输入或输出部件，不论是否在同一机壳内有存储部件	1730.30	0.21
31	未去梗的烟草	4558.44	0.55	81	其他铁或非合金钢圆形截面焊缝管	1630.63	0.20
32	初级形状比重＜0.94 的聚乙烯	4520.48	0.54	82	辣椒	1622.15	0.20
33	压燃式活塞内燃发动机的客车	4179.83	0.50	83	其他材料网眼薄纱及其他网眼织物	1610.21	0.19
34	无线电广播、电视发送设备等包含接收装置或声音录制的传送设备	4104.36	0.49	84	10 毫米≥厚度≥ 4.75 毫米的热轧非卷材除热轧外未进一步加工，宽≥ 600 毫米，未包、镀，涂层	1592.89	0.19
35	非货币用未锻造金	4077.59	0.49	85	其他拉链	1568.58	0.19
36	其他干鱼，食用杂碎除外	3762.34	0.45	86	其他塑料制衣服及衣着附件	1564.73	0.19
37	色织其他全棉粗斜纹布劳动布指每平方米重超过 200 克，含棉 85% 及以上	3529.38	0.42	87	脂肪含量≤ 1.5% 固状乳及奶油指粉状、粒状或其他固体状态，浓缩，加糖或其他甜物质	1527.26	0.18
38	品目 8471 所列其他机器零附件	3517.86	0.42	88	精米	1502.73	0.18
39	非零售粗梳粗支纯棉单纱，粗支指单纱细度≥ 714.29 分特，含棉量≥ 85%	3454.43	0.42	89	总重量≤ 5 吨的其他货车汽油型，装有点燃式活塞内燃发动机	1495.24	0.18
40	用于声音或其他类似记录的介质	3354.00	0.40	90	过磷酸钙	1461.17	0.18
41	初级形状的聚丙烯	3331.26	0.40	91	宽 >30 厘米弹性针织或钩编织物按重量计弹性纱线含量在 5% 及以上且不含橡胶线	1439.34	0.17
42	小麦或混合麦的细粉	3187.90	0.38	92	染色全棉平纹布每平方米重量不超过 100 克，含棉 85% 及以上	1421.25	0.17
43	干扁豆	3155.08	0.38	93	用聚氨基甲酸酯浸渍的纺织物包括用聚氨基甲酸酯涂布，包覆或层压的	1391.86	0.17
44	其他纺织材料制机制花边成卷成条或成小块图案的，但品目 6002 的织物除外	2984.87	0.36	94	镀锌的其他形铁或非合金钢宽板材电镀锌的除外，宽≥ 600 毫米	1362.12	0.16

续表

排名	产品名称	进口值	占比	排名	产品名称	进口值	占比
45	初级形状比重≥ 0.94 的聚乙烯	2877.63	0.35	95	机动小客车用新的充气轮胎	1351.91	0.16
46	未漂白的其他全棉机织物指每平方米重超过 200 克，含棉 85% 及以上	2831.89	0.34	96	纸或纸板印制的各种标签	1326.30	0.16
47	提炼豆油所得的油饼和其他固体残渣	2828.16	0.34	97	上釉的大陶瓷砖，瓦，块及类似品	1311.62	0.16
48	染色的全棉三、四线斜纹布指每平方米重超过 200 克，含棉≥ 85%，包括双面斜纹机织物	2815.94	0.34	98	聚酰胺，尼龙制的帘子布	1261.11	0.15
49	未锻轧非合金铝	2764.74	0.33	99	1.5 升<排量≤ 3 升装点燃往复式活塞内燃发动机的其他载人车辆	1256.97	0.15
50	成卷或成张的新闻纸成条宽 >36 厘米，或一边 >36 厘米，一边 >15 厘米成张矩形	2758.47	0.33	100	其他电话线路或线路电报用电气设备	1248.06	0.15

数据来源：由联合国商品贸易数据计算整理所得

表 LK–8 表示 2016 年斯里兰卡进口额排名前 100 产品。从表中可以看出，排名前 10 的进口产品主要为矿产品；天然或养殖珍珠、宝石或半宝石、贵金属、包贵金属及其制品；仿首饰；硬币；化学工业及其相关工业的产品；纺织原料及纺织制品；食品；车辆、航空器、船舶及有关运输设备；机器、机械器具、电气设备及其零件；录音机及放声机、电视图像、声音的录制和重放设备及其零件。具体包括石油油和油脂；石油原油；轻油及制品，不含生物柴油；非货币用未锻造金；其他已配定剂量的药品；其他纺材制其他针织或钩编织物；其他硅酸盐水泥；其他精制糖；飞机和其他飞机的空载重量超过 15000 公斤；蜂窝网络或其他无线网络的电话机。其中，石油油和油脂进口额度最高，为 9.99 亿美元，占比为 5.12%；其次是石油原油和轻油及制品不含生物柴油，进口额度分别为 4.88 亿美元、4.50 亿美元，占比分别为 2.51%、2.31%。

从 2016 年斯里兰卡进口前 100 名产品种类来看，主要为矿物燃料、矿物油及其蒸馏产品；针织或钩编的服装及衣着附件；核反应堆、锅炉、机器机械器具及零件；电机电气设备及其零件；车辆及其零件附件；食用蔬菜、根及块茎；食品、饮料；盐、硫磺、泥土及石料、石膏料石灰；塑料及其制品；橡胶及其制品；纸及纸板、纸浆或纸板制品；化学纤维短纤；棉花；钢铁等。

从斯里兰卡进口前100名产品集中度来看，进口产品排名前5的额度占比为13.78%，排名前10的额度占斯里兰卡进口总额的21.54%。由此可以看出，2016年斯里兰卡进口需求较为分散，进口产品结构逐渐多样化。

表 LK-8　2016年斯里兰卡进口额排名前100产品

单位：万美元、%

排名	产品名称	进口值	占比	排名	产品名称	进口值	占比
1	石油油和油脂	99901.94	5.12	51	合成纤维其他染色针织或钩编织物染色	5899.63	0.30
2	石油原油	48860.16	2.51	52	其他非自动缝纫机家用型除外	5732.64	0.29
3	轻油及制品，不含生物柴油	45044.64	2.31	53	其他拖拉机	5585.46	0.29
4	非货币用未锻造金	37480.43	1.92	54	鲜或冷藏的葱	5561.37	0.29
5	其他已配定剂量的药品	37403.21	1.92	55	非工业用其他钻石未镶嵌	5416.02	0.28
6	其他纺材制其他针织或钩编织物	34442.29	1.77	56	其他未列名热带木板材经纵锯、纵切、刨切或旋切的，厚度超过6毫米	5402.97	0.28
7	其他硅酸盐水泥	34441.78	1.77	57	非工业用钻石未加工或经简单锯开，劈开或粗磨，未镶嵌	5206.76	0.27
8	其他精制糖	31791.27	1.63	58	初级形状的聚丙烯	5169.58	0.27
9	飞机和其他飞机的空载重量超过15000公斤	26583.32	1.36	59	印花其他全棉机织物每平方米重量不超过200克，含棉85%及以上	5161.02	0.26
10	蜂窝网络或其他无线网络的电话机	24185.71	1.24	60	最大截面尺寸＞6毫米的精炼铜丝	5138.96	0.26
11	宽度小于厚度两倍的矩形截面钢坯含碳量小于0.25%	23595.53	1.21	61	其他医疗、外科或兽医用仪器器具	5056.89	0.26
12	其他小麦及混合麦	23017.23	1.18	62	其他塑料制品	4931.38	0.25
13	1升＜排量≤1.5升带点燃往复式活塞内燃发动机其他车	22578.88	1.16	63	其他涂无机物的多层纸及纸板成卷或成张的	4883.00	0.25
14	排量≤250毫升装往复式活塞内燃发动机摩托车及脚踏两用车	22142.24	1.14	64	其他阀门用于管道、锅炉、罐、桶或类似品的	4626.62	0.24

续表

排名	产品名称	进口值	占比	排名	产品名称	进口值	占比
15	挖泥船	21969.80	1.13	65	其他编号未列名的食品	4524.22	0.23
16	排量≤ 1 升的带点燃往复式活塞内燃发动机的其他车辆	21202.54	1.09	66	鲜或冷藏的大蒜	4422.04	0.23
17	脂肪量> 1.5% 未加糖固状乳及奶油指粉状、粒状或其他固体状态，浓缩，未加糖或其他甜物质	20973.82	1.08	67	挖掘机上部结构可转 360 度的	4386.42	0.22
18	水泥熟料	18896.94	0.97	68	其他棕榈油及其分离品	4377.41	0.22
19	烟煤	18657.19	0.96	69	独立窗式或壁式空气调节器	4318.82	0.22
20	聚酯短纤其他织物纯聚酯布指按重量计聚酯短纤含量在 85% 及以上	16327.75	0.84	70	初级形状的纯聚氯乙烯	4216.16	0.22
21	柴油型其他小型货车装有压燃式活塞内燃发动机，小型指车辆总重量≤ 5 吨	16230.76	0.83	71	漂白的其他全棉机织物指每平方米重超过 200 克，含棉 85% 及以上	4045.51	0.21
22	其他液化石油气、烃类气	15682.94	0.80	72	其他输出功率≤ 750 瓦的直流电动机、发电机	4042.77	0.21
23	1.5 升<排量≤ 3 升装点燃往复式活塞内燃发动机的其他载人车辆	14359.91	0.74	73	初榨的棕榈油	4024.00	0.21
24	交换机和路由器	14047.69	0.72	74	人造纤维制其他针织或钩编织物染色	3975.02	0.20
25	干扁豆	13931.02	0.71	75	色织其他全棉粗斜纹布劳动布指每平方米重超过 200 克，含棉 85% 及以上	3903.93	0.20
26	染色的其他全棉机织物指每平方米重超过 200 克，含棉 85% 及以上	10968.38	0.56	76	其他石棉	3890.45	0.20
27	棉制其他染色针织或钩编织物	10357.51	0.53	77	静态转换器	3818.22	0.20
28	其他干鱼，食用杂碎除外	9818.63	0.50	78	干绿豆	3796.47	0.19
29	其他纺织材料制机制花边成卷成条或成小块图案的，但品目 6002 的织物除外	9731.99	0.50	79	移动通信基地站	3787.79	0.19
30	压燃式活塞内燃发动机的客车	9694.99	0.50	80	涂漆或涂塑的铁或非合金钢宽板材宽度≥ 600 毫米	3769.62	0.19

续表

排名	产品名称	进口值	占比	排名	产品名称	进口值	占比
31	钢铁制桥梁及桥梁体段	9391.99	0.48	81	成卷或成张的新闻纸成条宽>36 厘米，或一边 >36 厘米，一边 >15 厘米成张矩形	3739.98	0.19
32	干且未磨辣椒	9231.68	0.47	82	未梳的粘胶短纤包括未经其他纺前加工的	3620.06	0.19
33	含弹性纱线≥ 5% 狭幅织物包括含橡胶线，品目 5807 的货品除外	9106.41	0.47	83	色织与化纤混纺牛仔布每平方米重超过 200 克，含棉 85% 以下	3619.85	0.19
34	宽 >30 厘米弹性针织或钩编织物按重量计弹性纱线含量在 5% 及以上且不含橡胶线	8846.57	0.45	84	麦精、粮食粉等制食品及乳制食品	3606.16	0.18
35	提炼豆油所得的油饼和其他固体残渣	8781.86	0.45	85	染色的全棉三、四线斜纹布指每平方米重超过 200 克，含棉≥ 85%，包括双面斜纹机织物	3605.35	0.18
36	其他颜色的电视接收机	8761.56	0.45	86	主要或仅与粘胶纤维短纤混纺聚酯短纤织物	3590.04	0.18
37	便携式自动数据处理设备重量≤ 10 千克，至少由一个中央处理器、键盘和显示器组成	8257.35	0.42	87	其他客或货车用新充气橡胶轮胎	3578.73	0.18
38	柴油型其他货车装有压燃式活塞内燃发动机，重型指 5 吨≤车辆总重≤ 20 吨	8170.49	0.42	88	其他配制的动物饲料	3515.56	0.18
39	天然橡胶烟胶片	8100.56	0.42	89	其他初级形状羧基丁苯橡胶等胶乳除外	3504.19	0.18
40	初级形状比重＜ 0.94 的聚乙烯	7767.16	0.40	90	输出功率＞ 375 千伏安柴油发电机组包括半柴油发电机组	3490.57	0.18
41	上釉的大陶瓷砖，瓦，块及类似品	7550.87	0.39	91	功率≤ 125 瓦的风扇	3482.07	0.18
42	染色其他全棉机织物每平方米重量不超过 200 克，含棉 85% 及以上	7158.61	0.37	92	镀或涂铝锌合金的铁宽平板轧材包括非合金钢的，宽度≥ 600 毫米	3465.89	0.18
43	尿素	7114.32	0.36	93	其他吊裤带、吊袜带、束袜带等不论是否针织或钩编	3453.29	0.18

续表

排名	产品名称	进口值	占比	排名	产品名称	进口值	占比
44	其他钢铁结构体及部件包括结构体用的已加工钢板、型材、管子及类似品	6601.76	0.34	94	联合收割机	3377.26	0.17
45	其他纺材宽 >30 厘米针织或钩编织物按重量计含弹性纱线或橡胶线≥ 5%	6379.16	0.33	95	40 克 < 每平方米重≤ 150 克未涂布中厚纸书写印刷用，成卷，含机械或化学 – 机械法制纤维≤ 10%	3294.74	0.17
46	制作或保藏的鲭鱼	6340.52	0.33	96	甲硫氨酸蛋氨酸	3253.74	0.17
47	其他 40 克 < 每平方米≤ 150 克未涂中厚纸书写印刷用，含机械或化学 – 机械法制纤维≤ 10%	6214.08	0.32	97	其他工业用单羧脂肪酸、酸性油	3235.29	0.17
48	碳	6190.14	0.32	98	棉制其他漂或未漂针织或钩编织物漂白或未漂白	3217.77	0.17
49	初级形状比重≥ 0.94 的聚乙烯	5969.35	0.31	99	其他鲜或冷藏的马铃薯	3154.49	0.16
50	未去梗的烟草	5946.01	0.30	100	缝编机	3122.99	0.16

数据来源：由联合国商品贸易数据计算整理所得

对比2005年及2016年斯里兰卡排名前10的进口产品发现，种类变动幅度较大。相对于 2005 年，2016 年斯里兰卡增加了轻油及制品，不含生物柴油；非货币用未锻造金；其他硅酸盐水泥；飞机和其他飞机的空载重量超过 15000 公斤；蜂窝网络或其他无线网络的电话机等产品的进口需求。减少了非工业用钻石；小麦及混合麦；聚酯短纤其他织物；染色的其他全棉机织物脂肪量＞ 1.5% 未加糖固状乳及奶油等产品的进口。

从进口产品的集中度来看，2005 年进口产品排名前 5 的额度占比为 17.64%，排名前 10 的额度占斯里兰卡进口总额的 23.95%；2016 年进口产品排名前 5 的额度占比为 13.78%，排名前 10 的额度占斯里兰卡进口总额的 21.54%。相比于 2005 年，2016 年斯里兰卡前 5、前 10 进口产品的总体集中度呈现下降趋势，下降幅度分别为 21.91%、10.03%。

从斯里兰卡进口前 100 名产品分类来看，2005 年与 2016 年，进口需求产业具有较高的一致性。主要进口的大类产品矿物燃料、矿物油及其蒸馏产品；针织或钩编的服装及衣着附件；电机电气设备及其零件；车辆及其零件附件；食用蔬菜、根及块茎；食品、饮料；塑料及其制品；纸及纸板、纸浆或纸板制品；化学纤维短纤；棉花；钢铁等。相对于2005年，2016年斯里兰卡增加了核反应堆、锅炉、机器机械器具及零件；盐、硫磺、泥土及石料、石膏料石灰；橡胶及其制品的进口，减少了特种机织物、簇绒织物等产品的进口。

五、阿富汗出口比较优势分析与进口需求研究①

（一）阿富汗出口比较优势分析

表 AF–1 表示 2015 年阿富汗全部出口产品的比较优势指数。比较优势指数反映了一国某产品在全球此类产品出口中的竞争力。若 RCA>1，表明该国此产品具有比较优势，若 RCA>2.5，则说明该产品具有极强的比较优势。从表 AF–1 可知，大部分产品的比较优势指数大于 1，即这些类产品相对于其他产品在国家贸易中更具竞争优势。

2015 年排名前 10 主要为矿产品；植物产品；纺织原料及纺织制品。具体包括：砂岩切割成矩形；鲜或干的开心果；枯茗子；大麦；芫荽子；羊毛或动物细毛制的结织栽绒地毯，包括羊毛或动物细毛制的其他结织栽绒铺地制品；葡萄干；鲜或干的无花果；马黛茶；其他植物液汁及浸膏，其比较优势指数分别为 31783.1531、31768.9961、31519.2841、31286.8391、28600.3890、3213.1703、1774.3976、1736.7334、1413.2025、1020.9850。从前 5 的产品的比较优势指数来看，在国际市场上阿富汗这几类产品几乎是不可替代的，具有一定的垄断地位。

由 AF–1 可知，阿富汗出口产品的比较优势指数值非常大，且组内差距巨大，最大值与最小值差值高达 31783.1449。从产品整体的类别来看，阿富汗的矿产品；谷物；食用水果及坚果、甜瓜或柑橘属水果的果皮；咖啡、茶、马黛茶及调味香料；含油籽仁及果实；杂项籽仁及果实；工业用或药用植物；稻草，秸秆及饲料；地毯及纺织材料的其他铺地制品等产品具有明显的比较优势。

① 由于数据的可获得性，阿富汗的比较分析主要采用 2015 年与 2016 年的数据。

表 AF-1　2015 年阿富汗比较优势指数排名

排名	产品名称	RCA	排名	产品名称	RCA
1	砂岩切割成矩形	31783.1531	23	紫苜蓿子	50.5065
2	鲜或干的开心果	31768.9961	24	鲜桃，包括鲜油桃	37.1127
3	枯茗子	31519.2841	25	干豌豆	28.1807
4	大麦	31286.8391	26	鲜葡萄	26.1943
5	芫荽子	28600.3890	27	鲜或干的去壳核桃	18.0497
6	羊毛或动物细毛制的结织栽绒地毯，包括羊毛或动物细毛制的其他结织栽绒铺地制品	3213.1703	28	其他调味香料	17.4576
7	葡萄干	1774.3976	29	鲜或冷藏的番茄	14.6312
8	鲜或干的无花果	1736.7334	30	鲜或干的未去壳核桃	14.0697
9	马黛茶	1413.2025	31	整个或切块的其他动物肠、膀胱和胃，包括鲜、冷、冻、干、熏、盐腌或盐渍的，鱼除外	14.0072
10	其他植物液汁及浸膏	1020.9850	32	鲜的木莓、黑莓、桑葚及罗甘莓	12.6486
11	番红花西红花	700.1675	33	医用凝胶制品、润滑剂、耦合剂	5.3430
12	鲜或干的未去壳巴西果	690.0321	34	草本花卉植物种子	5.1009
13	钨矿砂及其精矿	447.2616	35	未按种类指定的商品	3.9478
14	其他植物饲料	296.2242	36	以皮革，再生皮革作面钱包等物品，指通常置于口袋或手提包内的物品，包括以漆皮作面的	1.8884
15	芝麻	281.7494	37	酸乳	1.5974
16	鲜或干的未去壳巴旦杏	272.0543	38	鲜或冷藏的伞菌属蘑菇	1.4754
17	罂粟子	251.0558	39	长方砌石，路缘石，扁平石由天然石料不包括板岩所制	1.4646
18	鲜杏	228.1658	40	刚玉岩、天然刚玉砂等天然磨料	0.9920
19	鲜或干的其他坚果	163.5092	41	其他无酒精饮料	0.6565
20	鲜或干的去壳巴旦杏	89.3587	42	经其他加工的红，蓝，绿宝石未成串或镶嵌	0.1519
21	其他煤	66.4964	43	卫生纸、面巾纸、餐巾纸及类似纸	0.0082
22	矩形大理石及石灰华	51.8656			

数据来源：由联合国商品贸易数据计算整理所得

2016 年，阿富汗所有出口产品的比较优势指数大部分大于 2.5。即这些产品在国家贸易中具有极强的竞争优势。其中排名前10的产品为矿产品；植物产品；纺织原料及纺织制品。具体包括：砂岩切割成矩形；食用高粱；鲜或干的开心果；枯茗子；芫荽子；鲜或干的无花果；羊毛或动物细毛制的结织栽绒地毯，包括羊毛或动物细毛制的其他结织栽绒铺地制品；鲜或干的未去壳巴西果；葡萄干；其他植物液汁及浸膏，其比较优势指数分别为25448.9737、25448.9698、25448.4197、25416.2172、21424.1098、2022.4753、1779.1444、1511.5898、1022.9090、920.4423。排名前5的产品比较优势指数依然巨大，与其他产品比较优势指数差值较大。

由表AF-2可知，阿富汗各类产品的比较优势指数非常大，且组内最大值与最小值差距为25448.9603，较2015年降低了24.89%。从产品整体的类别来看，2016年阿富汗的矿产品；谷物；食用水果及坚果、甜瓜或柑橘属水果的果皮；含油籽仁及果实；杂项籽仁及果实；咖啡、茶、马黛茶及调味香料；工业用或药用植物；稻草，秸秆及饲料；食用蔬菜、根及块茎；地毯及纺织材料的其他铺地制品等产品具有明显的比较优势。

表AF-2　2016年阿富汗比较优势指数排名

排名	产品名称	RCA	排名	产品名称	RCA
1	砂岩切割成矩形	25448.9737	22	鲜或干的去壳核桃	69.0534
2	食用高粱	25448.9698	23	鲜或冷藏的番茄	65.7115
3	鲜或干的开心果	25448.4197	24	鲜或干的去壳巴旦杏	59.5999
4	枯茗子	25416.2172	25	鲜的木莓、黑莓、桑葚及罗甘莓	44.4516
5	芫荽子	21424.1098	26	干豌豆	43.2103
6	鲜或干的无花果	2022.4753	27	鲜或干的其他坚果	39.7632
7	羊毛或动物细毛制的结织栽绒地毯，包括羊毛或动物细毛制的其他结织栽绒铺地制品	1779.1444	28	钨矿砂及其精矿	37.2988
8	鲜或干的未去壳巴西果	1511.5898	29	鲜或冷藏的葱属蔬菜	30.3818
9	葡萄干	1022.9090	30	整个或切块的其他动物肠、膀胱和胃，包括鲜、冷、冻、干、熏、盐腌或盐渍的，鱼除外	23.6088
10	其他植物液汁及浸膏	920.4423	31	鲜桃，包括鲜油桃	23.0733
11	番红花西红花	842.8458	32	未按种类指定的商品	4.4879
12	紫苜蓿子	556.5650	33	鲜或冷藏的伞菌属蘑菇	4.3405

续表

排名	产品名称	RCA	排名	产品名称	RCA
13	亚麻子	549.7112	34	酸乳	2.6195
14	芝麻	398.1351	35	其他调味香料	2.3716
15	鲜或干的未去壳巴旦杏	375.0888	36	卫生纸、面巾纸、餐巾纸及类似纸	0.8360
16	马黛茶	362.5098	37	山羊	0.7616
17	鲜杏	348.6919	38	鲜、冷花菜	0.5631
18	其他植物饲料	148.6734	39	以皮革，再生皮革作面钱包等物品指通常置于口袋或手提包内的物品，包括以漆皮作面的	0.2528
19	鲜葡萄	132.8242	40	其他无酒精饮料	0.2263
20	矩形大理石及石灰华	116.0253	41	绵羊	0.1574
21	鲜或干的未去壳核桃	86.8346	42	天然蜂蜜	0.0134

数据来源：由联合国商品贸易数据计算整理所得

对比 2015 年与 2016 年，阿富汗的出口比较优势变动幅度明显。从比较优势指数来分析，相对于 2015 年，2016 年阿富汗出口产品的比较优势指数总体有所下降，比较优势均值从 3904.8971 降低至 3209.8557，下降幅度为 17.79%；比较优势指数最大值从 31783.1531 下降到 25448.9737，下降幅度为 19.93%；最小值从 0.0082 上升至 0.0134，增长率为 62.45%；这表明阿富汗在国际上具有极强的比较优势产品的竞争力有所弱化，但同时各产品之间的比较优势差距呈现出下降趋势。

从产品整体结构来看，2015 年与 2016 年产品种类相对比较稳定，矿产品；谷物；食用水果及坚果；甜瓜或柑橘属水果的果皮；含油籽仁及果实；杂项籽仁及果实；咖啡、茶、马黛茶及调味香料；工业用或药用植物；稻草，秸秆及饲料；地毯及纺织材料的其他铺地制品等产品始终具有较大的比较优势，相对于 2015 年，2016 年食用蔬菜、根及块茎的比较优势逐渐上升。

从排名前 10 的具体产品来看，产品种类变动幅度较小，而比较优势指数变动幅度较大。2015 年排名前 3 的比较优势产品：砂岩切割成矩形、鲜或干的开心果、枯茗子，排名分别变为 2016 年的第 1、第 3、第 4。比较优势指数从 31783.1531、31768.9961、31519.2841 下降至 25448.9737、25448.4197、25416.2172。相比于 2015 年，食用高粱、鲜或干的未去壳巴西果在 2016 年阿富汗出口产品中的比较优势逐渐增强；而大麦、马黛茶等产品的比较优势逐渐弱化。

（二）阿富汗出口主导产业分析

1. 出口主导产业测度

出口主导产业是由产业出口额占国家总出口额的比例来衡量的，所占比例越大，表明其在出口中所占地位越重，同时表明，此国生产相应产品的能力越强或拥有相应丰富的资源。表 AF-3 及表 AF-4 分别表示 2015 年与 2016 年阿富汗出口产品排名。

表 AF-3 2015 年阿富汗出口额排名

单位：万美元、%

排名	产品名称	出口值	占比	排名	产品名称	出口值	占比
1	未按种类指定的商品	9351.91	16.37	23	干豌豆	189.04	0.33
2	羊毛或动物细毛制的结织栽绒地毯，包括羊毛或动物细毛制的其他结织栽绒铺地制品	9018.42	15.78	24	罂粟子	165.68	0.29
3	其他植物液汁及浸膏	8187.93	14.33	25	鲜或干的去壳核桃	123.16	0.22
4	葡萄干	8024.83	14.04	26	芫荽子	63.26	0.11
5	枯茗子	2651.54	4.64	27	鲜或干的未去壳巴西果	60.39	0.11
6	芝麻	2531.68	4.43	28	紫苜蓿子	56.12	0.10
7	鲜或干的无花果	2460.66	4.31	29	鲜的木莓、黑莓、桑葚及罗甘莓	54.49	0.10
8	其他植物饲料	2446.15	4.28	30	鲜或干的未去壳核桃	46.00	0.08
9	鲜或干的开心果	2116.36	3.70	31	其他调味香料	41.96	0.07
10	其他煤	1971.61	3.45	32	以皮革，再生皮革作面钱包等物品，指通常置于口袋或手提包内的物品，包括以漆皮作面的	35.02	0.06
11	鲜或干的去壳巴旦杏	1780.77	3.12	33	砂岩切割成矩形	33.01	0.06
12	鲜或干的未去壳巴旦杏	1142.23	2.00	34	其他无酒精饮料	23.84	0.04
13	马黛茶	1056.14	1.85	35	酸乳	12.05	0.02
14	鲜或干的其他坚果	726.04	1.27	36	草本花卉植物种子	4.79	0.01
15	鲜葡萄	643.81	1.13	37	鲜或冷藏的伞菌属蘑菇	4.72	0.01
16	鲜或冷藏的番茄	393.49	0.69	38	医用凝胶制品、润滑剂、耦合剂	4.69	0.01
17	番红花西红花	330.54	0.58	39	大麦	3.78	0.01

续表

排名	产品名称	出口值	占比	排名	产品名称	出口值	占比
18	钨矿砂及其精矿	327.94	0.57	40	经其他加工的红，蓝，绿宝石未成串或镶嵌	2.89	0.01
19	鲜杏	319.31	0.56	41	长方砌石，路缘石，扁平石由天然石料不包括板岩所制	2.85	0.00
20	鲜桃，包括鲜油桃	276.14	0.48	42	刚玉岩、天然刚玉砂等天然磨料	0.70	0.00
21	矩形大理石及石灰华	247.03	0.43	43	卫生纸、面巾纸、餐巾纸及类似纸	0.10	0.00
22	整个或切块的其他动物肠、膀胱和胃包括鲜、冷、冻、干、熏、盐腌或盐渍的，鱼除外	207.42	0.36				

数据来源：由联合国商品贸易数据计算整理所得

根据表 AF-3、AF-4 可知，2015 年，阿富汗排名前 10 的出口主导产品主要为纺织原料及纺织制品；植物产品；矿产品。具体包括了未按种类指定的商品；羊毛或动物细毛制的结织栽绒地毯；其他植物液汁及浸膏；葡萄干；枯茗子；芝麻；鲜或干的无花果；其他植物饲料；鲜或干的开心果；其他煤。

2016 年阿富汗排名前 10 出口主导产品主要为植物产品和纺织原料及纺织制品，具体包括未按种类指定的商品；其他植物液汁及浸膏；葡萄干；鲜葡萄；羊毛或动物细毛制的结织栽绒地毯；鲜或干的无花果；食用高粱；枯茗子；鲜或冷藏的番茄；芝麻。

对比2015年及2016年，阿富汗排名前10的主导产品种类变动幅度较小。其中，未按种类指定的商品；羊毛或动物细毛制的结织栽绒地毯；其他植物液汁及浸膏；葡萄干；枯茗子；芝麻；鲜或干的无花果始终是排名靠前的出口产品。相对于 2015 年，2016 年阿富汗增加了鲜葡萄；食用高粱；鲜或冷藏的番茄的出口，减少了其他植物饲料；鲜或干的开心果；其他煤的出口。

表 AF-4　2016 年阿富汗出口额排名

单位：万美元、%

排名	产品名称	出口值	占比	排名	产品名称	出口值	占比
1	未按种类指定的商品	11353.99	19.04	22	整个或切块的其他动物肠、膀胱和胃，包括鲜、冷、冻、干、熏、盐腌或盐渍的，鱼除外	372.62	0.62

续表

排名	产品名称	出口值	占比	排名	产品名称	出口值	占比
2	其他植物液汁及浸膏	8585.80	14.39	23	干豌豆	368.49	0.62
3	葡萄干	5662.11	9.49	24	鲜的木莓、黑莓、桑葚及罗甘莓	249.00	0.42
4	鲜葡萄	3982.77	6.68	25	马黛茶	243.64	0.41
5	羊毛或动物细毛制的结织栽绒地毯，包括羊毛或动物细毛制的其他结织栽绒铺地制品	3898.42	6.54	26	鲜或干的其他坚果	217.22	0.36
6	鲜或干的无花果	3386.10	5.68	27	鲜桃，包括鲜油桃	191.93	0.32
7	食用高粱	3285.70	5.51	28	鲜或干的未去壳巴西果	138.28	0.23
8	枯茗子	2400.37	4.02	29	砂岩切割成矩形	121.72	0.20
9	鲜或冷藏的番茄	2188.80	3.67	30	芫荽子	45.84	0.08
10	芝麻	2048.13	3.43	31	鲜或冷藏的葱属蔬菜	34.56	0.06
11	鲜或干的未去壳巴旦杏	2030.02	3.40	32	酸乳	20.02	0.03
12	亚麻子	1834.39	3.08	33	钨矿砂及其精矿	18.68	0.03
13	其他植物饲料	1316.98	2.21	34	鲜或冷藏的伞菌属蘑菇	16.46	0.03
14	鲜或干的开心果	1299.93	2.18	35	卫生纸、面巾纸、餐巾纸及类似纸	11.15	0.02
15	鲜或干的去壳巴旦杏	1195.37	2.00	36	其他无酒精饮料	9.07	0.02
16	紫苜蓿子	799.05	1.34	37	其他调味香料	6.04	0.010
17	鲜杏	535.62	0.90	38	以皮革，再生皮革作面钱包等物品指通常置于口袋或手提包内的物品，包括以漆皮作面的	4.21	0.007
18	矩形大理石及石灰华	530.33	0.89	39	鲜、冷花菜	2.74	0.005
19	鲜或干的去壳核桃	448.86	0.75	40	绵羊	0.61	0.001
20	鲜或干的未去壳核桃	403.15	0.68	41	山羊	0.40	0.001
21	番红花西红花	386.87	0.65	42	天然蜂蜜	0.10	0.000

数据来源：由联合国商品贸易数据计算整理所得

从出口主导产品的集中度来看，2015 年，排名前 5 的主导产品出口额度为 3.72 亿美元，占比为 65.16%；排名前 10 的出口主导产品出口总额为 4.88 亿美元，占比为 85.34%。2016 年，排名前 5 的主导产品出口额为 3.35 亿美元，占比为 56.14%；前 10 出口主导产品出口总额达到 4.68 亿美元，占比为 78.45%。相比于 2015 年，

2016年阿富汗前5、前10主导产品的出口额度和产品集中度都呈现出下降趋势。其中，前5、前10主导产品出口额度分别降低了10.08%、4.04%；产品集中度分别下降了13.85%、8.07%。但从具体的产品来看，部分产品的占比额度有所提高，排名第1的未按种类指定的商品，2015年其占比为16.37%，而2016年增加到19.04%，排名第3的其他植物液汁及浸膏，从14.33%增加到14.39%。

表AF-5为2016年阿富汗排名前10的比较优势产品及出口主导产品。由表可知，阿富汗比较优势指数排名前列的产品和排名前列的出口主导产品都比较集中，主要为食用水果及坚果、甜瓜或柑橘属水果的果皮、咖啡、茶、马黛茶及调味香料。通过对比发现，其他植物液汁及浸膏、葡萄干、羊毛或动物细毛制的结织栽绒地毯，包括羊毛或动物细毛制的其他结织栽绒铺地制品、鲜或干的无花果、食用高粱、枯茗子，同时在比较优势排名前10产品和出口主导产业前10中。其中，从出口主导产品分类来看，2015年与2016年，阿富汗出口主导产业结构变动较小。2015年阿富汗主要出口食用水果及坚果；甜瓜或柑橘属水果的果皮；咖啡、茶、马黛茶及调味香料；含油籽仁及果实；杂项籽仁及果实；工业用或药用植物；稻草秸秆及饲料；矿产品等。2016年主要出口食用水果及坚果；甜瓜或柑橘属水果的果皮；咖啡、茶、马黛茶及调味香料；食用蔬菜，根及块茎；矿产品；含油籽仁及果实；杂项籽仁及果实；工业用或药用植物；稻草秸秆及饲料等。其中，食用水果及坚果、甜瓜或柑橘属水果的果皮类产品出口占比高达30%以上，是阿富汗最主要的出口产品。

2. 出口主导产业与比较优势产业的一致性分析

通过对比发现食用高粱的RCA排名第2，出口占比为5.51%，排名第7；鲜或干的开心果RCA排名第3，而其出口占比为2.18%，排名第14；其他植物液汁及浸膏的RCA排名为第10，而其出口占比为14.39%，排名第2；葡萄干的RCA排名为第9，而其出口占比为9.49%，排名第3。因此，可以得出阿富汗的比较优势产业与出口主导产业具有较强的一致性。

表AF-5　2016年阿富汗排名前10比较优势产品及出口主导产品

单位：%

排名	比较优势产品名称	RCA	排名	出口主导产品名称	占比
1	砂岩切割成矩形	25448.9737	1	未按种类指定的商品	19.04
2	食用高粱	25448.9698	2	其他植物液汁及浸膏	14.39
3	鲜或干的开心果	25448.4197	3	葡萄干	9.49
4	枯茗子	25416.2172	4	鲜葡萄	6.68

续表

排名	比较优势产品名称	RCA	排名	出口主导产品名称	占比
5	芫荽子	21424.1098	5	羊毛或动物细毛制的结织栽绒地毯，包括羊毛或动物细毛制的其他结织栽绒铺地制品	6.54
6	鲜或干的无花果	2022.4753	6	鲜或干的无花果	5.68
7	羊毛或动物细毛制的结织栽绒地毯，包括羊毛或动物细毛制的其他结织栽绒铺地制品	1779.1444	7	食用高粱	5.51
8	鲜或干的未去壳巴西果	1511.5898	8	枯茗子	4.02
9	葡萄干	1022.9090	9	鲜或冷藏的番茄	3.67
10	其他植物液汁及浸膏	920.4423	10	芝麻	3.43

（三）阿富汗出口比较优势变化分析

1. 描述性分析

对比分析 2015 年及 2016 年阿富汗比较优势指数排名前 100 产品，可以得出以下结论：

第一，阿富汗出口产品的比较优势呈现下降趋势，2015 年出口产品的比较优势均值为 3904.8971，2016 年为 3209.8557，下降幅度为 17.79%。

第二，阿富汗具有比较优势的产品数量呈现增长态势。2015 年，比较优势指数大于 1 的产品共有 39 类，大于 2.5 的产品共有 35 类；而 2016 年，比较优势指数大于 1 的产品有 35 类，大于 2.5 的产品共有 34 类。尽管阿富汗出口比较优势的产品种类较少，但其产品在国际上都是具有极强的比较优势。同时还可以看出，阿富汗具有比较优势的产品数据在逐年减少。

第三，具有比较优势的产品结构非常稳定，出口的产品主要包括矿产品；谷物；食用水果及坚果；甜瓜或柑橘属水果的果皮；含油籽仁及果实；杂项籽仁及果实；咖啡、茶、马黛茶及调味香料；工业用或药用植物；稻草、秸秆及饲料；地毯及纺织材料的其他铺地制品。

2. 回归分析

将 2016 年阿富汗产业比较优势指数作为因变量，把 2015 年的产业比较优势指数作为自变量，对其进行回归分析。若回归系数大于 1，则表明阿富汗更加强化了具有比较优势的产业，弱化了不具有比较优势的产业；若回归系数介于 0 和 1 之间，则表明具有比较优势的产业弱化了；若回归系数小于0，则表明比较优势的产业发生了质变。使用最小二乘法对其进行回归，得出结果如表 AF-6 所示。

表 AF-6 回归结果

变量	Coef.	Std. Err.	t	P>|t|
2015 比较优势指数	0.607682	0.0740175	8.21	0.000
_cons	655.5526	727.5472	0.9	0.372
R^2 = 0.5841		F-statistics = 67.40		

从表中可以看出，回归系数为 0.607682，表明 2016 年阿富汗具有比较优势的产业较 2015 年有所弱化。

（四）阿富汗进口需求及其变化分析

表 AF-7 表示 2015 年阿富汗产品进口额的排名。从表中可以看出，排名前 10 的进口产品主要包括矿产品；植物产品；动、植物油、脂及其分解产品；精制的食用油脂；动、植物蜡；纺织原料及纺织制品；光学仪器及设备、精密仪器及设备；石料、石膏、水泥、石棉、云母及类似材料的制品；食品。具体包括未按种类指定的商品；泥煤包括肥料用泥煤；小麦或混合麦的细粉；化学改性的动、植物油、脂；气态天然气；编带；电量计；长方砌石，路缘石，扁平石由天然石料不包括板岩所制；加有香料或着色剂的糖；其他巧克力及含可可的食品。其中，未按种类指定的商品和泥煤排名靠前，进口额分别为 33.05 亿美元、12.37 亿美元，占比为 42.8% 和 16.02%；其次，小麦或混合麦的细粉产品排名第三，进口额为 4.68 亿美元，占比为 6.07%。

从阿富汗进口产品种类来看，进口需求多样化特征明显，主要为乳品；蛋品；天然蜂蜜；其他食用动物产品、制粉工业产品；麦芽，淀粉，菊粉，面筋；矿产品；核反应堆，锅炉，机器机械器具；电机电气设备及其零件；车辆及其零件附件；塑料及其制品；橡胶及其制品等。

从阿富汗进口产品集中度来看，进口产品排名前 5 的额度占比为 73.70%，排名前 10 的额度占比为 84.76%。可以看出尽管产品进口需求呈现多样化，但阿富汗进口产品的集中度也非常高。

表 AF-7 2015 年阿富汗进口产品排名

单位：万美元、%

排名	产品名称	进口值	占比	排名	产品名称	进口值	占比
1	未按种类指定的商品	330524.16	42.80	35	其他发电机	1224.60	0.16
2	泥煤包括肥料用泥煤	123714.81	16.02	36	化学纤维制女式衬衫	1130.76	0.15
3	小麦或混合麦的细粉	46846.92	6.07	37	其他贱金属制仿首饰	937.96	0.12
4	化学改性的动、植物油、脂	34659.96	4.49	38	即热式、储存式、浸入式电热水器	883.10	0.11
5	气态天然气	33423.71	4.33	39	其他塑料制的铺地制品	867.12	0.11
6	编带	23927.05	3.10	40	动、植物质着色料及制品	856.47	0.11
7	电量计	21558.00	2.79	41	热泵式空调器装有制冷装置及一个冷热循环换向阀的	850.33	0.11
8	长方砌石，路缘石，扁平石由天然石料不包括板岩所制	17426.01	2.26	42	其他塑料制的硬管	846.92	0.11
9	加有香料或着色剂的糖	11529.92	1.49	43	非机动自行车	780.20	0.10
10	其他巧克力及含可可的食品	10998.62	1.42	44	摩托车用新的充气橡胶轮胎	708.49	0.09
11	其他医疗、外科或兽医用仪器器具	10293.42	1.33	45	彩色卫星电视接收机	575.89	0.07
12	烟草制的卷烟	8722.79	1.13	46	自行车用新的充气橡胶轮胎	541.91	0.07
13	用于泥土、石料、矿石或其他固体物质的机器的零件	7972.86	1.03	47	其他电诊断仪	535.76	0.07
14	每件净重不超过 3 千克半发酵茶	7768.68	1.01	48	塑料片或纺织材料作面的钱包等物品，指通常置于口袋或手提包内的物品	525.89	0.07
15	散热器及其零件	7486.89	0.97	49	其他谷物细粉	475.60	0.06
16	鲜或冷藏的蔬菜	7187.48	0.93	50	广播电视、无线电话、无线电电报传输设备	411.66	0.05
17	医用凝胶制品、润滑剂、耦合剂	6010.32	0.78	51	镍锍	394.65	0.05
18	其他锁	5795.58	0.75	52	鲜乳酪未熟化或未固化的包括乳清乳酪；凝乳	290.86	0.04
19	每件净重不超过 3 千克未发酵的花茶	5133.81	0.66	53	其他发送或接收声音、图像或其它数据用的设备	234.49	0.03
20	机动小客车用翻新轮胎包括旅行小客车及赛车用翻新轮胎	4471.29	0.58	54	蛋类、水果等清洁、分选、分级机包括其他农产品清洁，分选，分级机。品目 8437 的机器除外	175.62	0.02

续表

排名	产品名称	进口值	占比	排名	产品名称	进口值	占比
21	焦炭或半焦炭、甑炭	4142.10	0.54	55	多功能工业机器人	161.59	0.02
22	脂肪含量≤1.5%固状乳及奶油指粉状、粒状或其他固体状态，浓缩，加糖或其他甜物质	3379.10	0.44	56	酸乳	150.12	0.02
23	鲜或干的香蕉，包括芭蕉	2704.73	0.35	57	机动钻探车	149.27	0.02
24	带壳禽蛋	2548.77	0.33	58	盐、纯氯化钠、海水	142.13	0.02
25	截面高度≥80毫米槽钢	2530.61	0.33	59	其他肠线、肠膜、膀胱或筋腱物品	73.46	0.01
26	水煤气、炉煤气及类似气体	2515.07	0.33	60	无绳电话机	48.56	0.01
27	干绿豆	2493.37	0.32	61	再造烟草和均化烟草	42.75	0.01
28	其他以纸或纸板为底制成的铺地制品	2396.79	0.31	62	其他植物饲料	30.62	0.004
29	其他无酒精饮料	1972.60	0.26	63	加工金属的单工位组合机床	24.72	0.003
30	其他形状的肥皂	1840.36	0.24	64	贵金属电子手表	18.60	0.002
31	卫生纸、面巾纸、餐巾纸及类似纸	1732.43	0.22	65	天然蜂蜜	10.42	0.001
32	浓缩但未加糖的非固状乳及奶油未加其他甜物质	1530.43	0.20	66	大豆	5.78	0.001
33	铝制管子附件	1513.26	0.20	67	酪乳及其他发酵或酸化的乳及奶油，不论是否浓缩、加糖或其他甜物质、香料、水果等	5.17	0.001
34	其他皮革条带为鞋面的皮底鞋，皮革条带交叉于脚背并绕大脚趾的	1423.18	0.18				

数据来源：由联合国商品贸易数据计算整理所得

表AF-8表示2016年阿富汗产品进口额排名。从表中可以看出，排名前10的进口产品主要为植物产品；矿产品；纺织原料及纺织制品；动、植物油、脂及其分解产品；精制的食用油脂；动、植物蜡；光学仪器及设备、精密仪器及设备；核反应堆、锅炉、机器、机械器具及其零件；食品；石料、石膏、水泥、石棉、云母及类似材料的制品。具体包括未按种类指定的商品；小麦或混合麦的细粉；泥煤包括肥料用泥煤；编带；化学改性的动、植物油、脂；气态天然气；电量计；用于泥土、石料、矿石或其他固体物质的机器的零件；其他巧克力及含可可的食品；长方砌石，路缘石，扁平石。其中，未按种类指定的商品、小麦或混合麦的细粉、泥煤进口额度位居前3，分别为23.42亿美元、6.64亿美元、5.98亿美元。

从2016年阿富汗进口产品种类来看，主要为乳品；蛋品；天然蜂蜜；核反应堆，锅炉，机器机械器具；电机电气设备及其零件；车辆及其零件附件；光学，照相，电影，检验，医疗或外科用仪器及设备；食用蔬菜、根及块茎；制粉工业产品；麦芽，淀粉，菊粉，面筋；矿产品；橡胶及其制品；皮革制品；贱金属及其制品等。

从阿富汗进口产品集中度来看，进口产品排名前5的额度占比为65.13%，排名前10的额度占阿富汗进口总额的81.67%。可以看出，2016年阿富汗进口需求极为集中，进口产品结构具有单一性。

表 AF–8　2016年阿富汗进口额产品排名

单位：万美元、%

排名	产品名称	进口值	占比	排名	产品名称	进口值	占比
1	未按种类指定的商品	234243.05	35.85	36	彩色卫星电视接收机	1183.98	0.18
2	小麦或混合麦的细粉	66406.23	10.16	37	即热式、储存式、浸入式电热水器	1128.96	0.17
3	泥煤包括肥料用泥煤	59816.91	9.15	38	化学纤维制女式衬衫	1062.05	0.16
4	编带	33451.96	5.12	39	卫生纸、面巾纸、餐巾纸及类似纸	1008.76	0.15
5	化学改性的动、植物油、脂	31648.98	4.84	40	其他发电机	999.75	0.15
6	气态天然气	29639.15	4.54	41	镍锍	702.35	0.11
7	电量计	26095.68	3.99	42	非机动自行车	700.88	0.11
8	用于泥土、石料、矿石或其他固体物质的机器的零件	22878.09	3.50	43	摩托车用新的充气橡胶轮胎	686.84	0.11
9	其他巧克力及含可可的食品	15687.28	2.40	44	热泵式空调器装有制冷装置及一个冷热循环换向阀的	656.11	0.10
10	长方砌石，路缘石，扁平石由天然石料不包括板岩所制	13775.60	2.11	45	鲜或干的香蕉，包括芭蕉	523.22	0.08
11	其他医疗、外科或兽医用仪器器具	13712.90	2.10	46	其他塑料制的铺地制品	497.21	0.08
12	焦炭或半焦炭、甑炭	9662.91	1.48	47	其他谷物细粉	416.90	0.06

续表

排名	产品名称	进口值	占比	排名	产品名称	进口值	占比
13	机动小客车用翻新轮胎包括旅行小客车及赛车用翻新轮胎	7198.71	1.10	48	盐、纯氯化钠、海水	373.13	0.06
14	其他以纸或纸板为底制成的铺地制品	6257.57	0.96	49	酪乳及其他发酵或酸化的乳及奶油，不论是否浓缩、加糖或其他甜物质、香料、水果等	352.24	0.05
15	散热器及其零件	6252.67	0.96	50	塑料片或纺织材料作面的钱包等物品，指通常置于口袋或手提包内的物品	317.06	0.05
16	加有香料或着色剂的糖	6196.83	0.95	51	蛋类、水果等清洁、分选、分级机包括其他农产品清洁，分选，分级机。品目8437的机器除外	265.87	0.04
17	鲜或冷藏的蔬菜	5454.33	0.83	52	其他发送或接收声音、图像或其它数据用的设备	226.69	0.03
18	医用凝胶制品、润滑剂、耦合剂	5142.04	0.79	53	其他塑料制的硬管	217.39	0.03
19	烟草制的卷烟	4911.19	0.75	54	广播电视、无线电话、无线电电报传输设备	214.90	0.03
20	每件净重不超过3千克半发酵的茶	4485.17	0.69	55	鲜乳酪未熟化或未固化的包括乳清乳酪；凝乳	213.63	0.03
21	每件净重不超过3千克未发酵的茶	4481.95	0.69	56	机动钻探车	186.54	0.03
22	其他锁	3916.01	0.60	57	自行车用新的充气橡胶轮胎	179.58	0.03
23	带壳鲜禽蛋	3373.10	0.52	58	酸乳	176.34	0.03
24	干绿豆	2879.67	0.44	59	再造烟草和均化烟草	117.78	0.02
25	其他皮革条带为鞋面的皮底鞋，皮革条带交叉于脚背并绕大脚趾的	2653.29	0.41	60	贵金属电子手表	102.93	0.02
26	铝制管子附件	2615.36	0.40	61	其他植物饲料	98.65	0.02
27	其他无酒精饮料	2550.30	0.39	62	无绳电话机	86.23	0.01
28	截面高度≥80毫米槽钢	2531.22	0.39	63	加工金属的单工位组合机床	35.85	0.01
29	浓缩但未加糖的非固状乳及奶油未加其他甜物质	2436.20	0.37	64	干扁豆	31.09	0.005
30	动、植物质着色料及制品	2373.66	0.36	65	天然蜂蜜	29.56	0.005
31	其他形状的肥皂	2018.28	0.31	66	多功能工业机器人	28.99	0.004

续表

排名	产品名称	进口值	占比	排名	产品名称	进口值	占比
32	水煤气、炉煤气及类似气体	1689.21	0.26	67	合金铝制铝塑复合矩形板、片及带包括正方形厚度厚 >0.2 毫米	3.66	0.001
33	脂肪含量≤ 1.5% 固状乳及奶油指粉状、粒状或其他固体状态，浓缩，加糖或其他甜物质	1473.72	0.23	68	电话或电报交换设备	0.50	0.000
34	其他贱金属制仿首饰	1464.08	0.22	69	其他肠线、肠膜、膀胱或筋腱物品	0.18	0.000
35	其他电诊断仪	1214.96	0.19				

数据来源：由联合国商品贸易数据计算整理所得

对比 2015 年及 2016 年阿富汗排名前 10 的进口产品发现，进口产品变动幅度极小。未按种类指定的商品；泥煤包括肥料用泥煤；小麦或混合麦的细粉；化学改性的动、植物油、脂；气态天然气；编带；电量计；长方砌石，路缘石，扁平石；其他巧克力及含可可的食品，始终是阿富汗主要的进口产品。相对于 2015 年，2016 年阿富汗增加了用于泥土、石料、矿石或其他固体物质的机器的零件的进口需求，减少了加有香料或着色剂的糖的进口。

从进口产品的集中度来看，2015 年进口产品排名前 5 的额度占比为 73.70%，排名前 10 的额度占比为 84.76%；2016 年进口产品排名前 5 的额度占比为 65.13%，排名前 10 的额度占阿富汗进口总额的 81.67%。相比于 2015 年，2016 年阿富汗前 5、前 10 进口产品的总体集中度呈现下降趋势，下降幅度分别为 11.63%、3.65%。

从阿富汗进口产品分类来看，2015 年与 2016 年，进口需求产业的一致性较高。主要进口的大类产品包括乳品；蛋品；天然蜂蜜；核反应堆，锅炉，机器机械器具；电机电气设备及其零件；车辆及其零件附件；制粉工业产品；麦芽，淀粉，菊粉，面筋；矿产品；橡胶及其制品等。相对于 2015 年，2016 年阿富汗增加了光学，照相，电影，检验，医疗或外科用仪器及设备；食用蔬菜、根及块茎；皮革制品；贱金属及其制品的进口，减少了其他食用动物产品；塑料及其制品等产品的进口。

六、马尔代夫出口比较优势分析与进口需求研究

（一）马尔代夫出口比较优势分析

表 MV-1 显示了 2005 年马尔代夫出口比较优势指数排名前 100 的产品比较优势指数反映了一国某产品在全球此类产品出口中的竞争力。若 RCA>1，表明该国此产品具有比较优势，若 RCA>2.5，则说明该产品具有极强的比较优势。从 2005 年马尔代夫出口产品前 100 的产品来看，有 93 类产品的比较优势指数 RCA 都大于 1，有 59 类产品的比较优势指数都大于 2.5，即这些产品相对于其他产品在国家贸易中更具竞争优势。

2005 年排名前 10 主要为活动物、动物产品和肉、鱼、甲壳动物，软体动物及其他水生无脊椎动物的制品。具体包括鲜或冷鲣鱼或狐鲣；鲜或冷大眼金枪鱼；鲜或冷黄鳍金枪鱼；冻鲣鱼鱼肝及鱼卵除外；其他干鱼，食用杂碎除外；冻黄鳍金枪鱼鱼肝及鱼卵除外；制作或保藏的金枪鱼、鲣鱼及狐鲣狐鲣属；观赏鱼；其他冻、干、盐腌或盐渍软体动物；供人食用的鱼粉及团粒，其比较优势指数分别为 11245.8372、10539.0291、7324.1523、4839.4455、1384.8552、688.0146、449.7411、171.5883、160.5532、141.7557。从产品的比较优势指数来看，鲜或冷鲣鱼或狐鲣（鲣）和鲜或冷大眼金枪鱼具有极大的优势，在国际贸易中处于相对垄断的地位，可替代的产品较少。从产品整体的类别来看，马尔代夫的鱼、甲壳动物、软体动物及其他水生无脊椎动物及其制品；核反应堆、锅炉、机器、机械器具及其零件；电机、电气设备及其零件，录音机及放声机、电视图像、声音的录制的重放设备及其零件附件；钢铁制品；船舶及浮动结构体；木及木制品，木炭等产品具有明显的比较优势。

表 MV-1　2005 年马尔代夫比较优势指数排名前 100 产品

排名	产品名称	RCA	排名	产品名称	RCA
1	鲜或冷鲣鱼或狐鲣（鲣）	11245.8372	51	红柳桉木板材指深红色、浅红色及巴栲红柳桉木，经纵锯、纵切、刨切或旋切的，厚度超过 6 毫米	4.6106
2	鲜或冷大眼金枪鱼	10539.0291	52	混凝土或砂浆混合机器用于泥土、石料、矿石或其他固体物质的	4.1490
3	鲜或冷黄鳍金枪鱼	7324.1523	53	色织的其他全棉机织物每平方米重量不超过 200 克，含棉 85% 及以上	4.1232
4	冻鲣鱼，鱼肝及鱼卵除外	4839.4455	54	其他货物和其他船只运输货物和货物的船舶	3.7889
5	其他干鱼，食用杂碎除外	1384.8552	55	钟表珠宝轴承	3.7297
6	冻黄鳍金枪鱼，鱼肝及鱼卵除外	688.0146	56	冻鱼	3.3593
7	制作或保藏的金枪鱼、鲣鱼及狐鲣狐鲣属	449.7411	57	其他电话线路或线路电报用电气设备	3.3148
8	观赏鱼	171.5883	58	木制木窗，落地窗及其框架	3.1679
9	其他冻、干、盐腌或盐渍软体动物	160.5532	59	油漆、喷漆、清漆或类似刷子	2.5332
10	供人食用的鱼粉及团粒	141.7557	60	葡萄汽酒	2.4699
11	新鲜或冷藏鱼片和其他鱼肉	133.7041	61	人造充气床垫	2.4245
12	新的邮票包括支票、股票，债券及类似的所有权凭证	98.2529	62	其他高架移动式起重吊运设备	2.4179
13	其它活鱼	97.2184	63	铜废料和废料	2.0592
14	其他印刷品	68.9096	64	加工木材等材料的刨，铣，切削机器加工木材，软木，骨，硬质橡胶，硬质塑料及其他硬质材料	2.0351
15	冻大眼金枪鱼，鱼肝及鱼卵除外	38.2492	65	其他非自动缝纫机家用型除外	2.0123
16	不适于供人食用的水产品渣粉	37.4850	66	装压缩或液化气的钢铁容器	1.9884
17	其他合金钢废碎料	32.6424	67	充气筏	1.9669
18	鲜或冷鱼	30.2661	68	钢铁锚、多爪锚及其零件	1.9336
19	椰壳纤维纱线	23.4753	69	利口酒及柯迪尔酒	1.9311
20	接触式复印装置	22.5289	70	藤条、柳条、竹子或类似材料的座椅	1.8442
21	蒸馏或精馏设备	22.2274	71	加工金属的锻造或冲压机床	1.5535
22	棉制针织或钩编女三角裤及短衬裤	21.3088	72	矿物与沥青的混合机器用于泥土、石料、矿石或其他固体物质的	1.5348
23	冻角鲨	20.8931	73	其他手提式工具用的零件	1.5029

续表

排名	产品名称	RCA	排名	产品名称	RCA
24	冷加工的角材、型材及异型材除冷加工外未经进一步加工	19.8781	74	其他汽艇装有舷外发动机的除外	1.4777
25	其他鲜或冷金枪鱼金枪鱼属	15.4498	75	铝废碎料	1.4692
26	其他纺织纱线用橡胶或塑料浸渍、涂布、包覆、套裹	14.8588	76	防水鞋覆盖膝盖	1.4482
27	切削金属的其他钻床但品目 8458 的车床除外	14.6561	77	纸卷宗盒、信件、盘存储盒及类似品办公室，商店及类似场所使用的	1.4239
28	电话应答机	14.4508	78	其他纺织纤维制成的其他网及网料	1.3876
29	石油油和油脂	12.3993	79	未列名无缝钢铁管及空心异型材铸铁除外	1.3431
30	其他形状的沥青或类似原料的制品如石油沥青或煤焦油沥青	10.9178	80	其他熏鱼及鱼片	1.3256
31	其他短距离运货车零件	10.1400	81	750 瓦 < 输出功率≤ 75 千瓦的直流电动机、发电机	1.3103
32	其他纺织材料制其他男睡衣裤	9.1657	82	输出功率> 750MVA 交流发电机	1.2569
33	其他机械铲、挖掘机及机铲装载机	8.5174	83	砧；便携式锻件；带框架的手或踏板操作的砂轮	1.1807
34	其他推土机	8.4672	84	书本装订机	1.1783
35	航空器内燃引擎指点燃往复式或旋转式	8.2913	85	包装装压缩、液化气体铝容器，铝及铝合金制	1.1757
36	其他混合或搅拌机器用于泥土、石料、矿石或其他固体物质的	8.1109	86	鲜或冷角鲨	1.1543
37	75 千伏安 < 输出功率≤ 375 千伏安交流发电机	7.7926	87	其他制造纸浆制品、纸制品的机器	1.0873
38	金属或金属陶瓷的螺纹滚轧机	7.6773	88	电动卷扬机及绞盘	1.0822
39	其他点燃式活塞内燃发动机总重量超过 5 吨	7.4156	89	手工钻孔或攻丝工具	1.0725
40	木门及其框架和门槛	6.7918	90	船舶或船用螺旋桨及其桨叶	1.0630
41	其他冻金枪鱼鱼肝及鱼卵除外	6.6593	91	冷冻鱼片	1.0508
42	拖轮及顶推船	5.9297	92	输出功率≤ 75 千伏安交流发电机	1.0262
43	其他焊接机器及装置品目 8515 的货品除外	5.4281	93	输出功率> 375 千瓦的直流电动机、发电机	1.0056
44	其他纺织材料的帆	5.3843	94	未列名钢铁制螺纹肘管、弯管、管套不锈钢除外	0.9547
45	手用粗筛、细筛	5.3498	95	化纤挤压、拉伸、切割机器	0.9239

续表

排名	产品名称	RCA	排名	产品名称	RCA
46	织物的卷绕，退绕，折叠，剪切机器包括剪齿边机	5.0883	96	75 千瓦 < 输出功率≤ 375 千瓦的直流电动机，发电机	0.9142
47	其他叉车及可升降的工作车工作车指装有升降或搬运装置	5.0804	97	其他不锈钢条、杆除热加工或冷加工外未进一步加工的不锈钢条、杆	0.8892
48	珊瑚及其他水产品壳、骨的粉末及废料包括介、贝壳，棘皮动物壳，墨鱼骨的粉末及废料	5.0675	98	电化学，电子束，离子束或等离子电弧加工的化学机械工具	0.8698
49	起重车	5.0286	99	50 升≤容积≤ 300 升的其他钢铁制盛物容器钢铁柜、桶、罐、听及类似容器	0.8668
50	捣固机械及压路机	4.9370	100	静电复印设备，直接操作	0.8480

数据来源：由联合国商品贸易数据计算整理所得

2016 年，马尔代夫出口比较优势指数大于 1 的产品有 30 类，大于 2.5 的有 27 类。其中排名前 10 的产品包括鲜或冷鲣鱼或狐鲣；鲜或冷黄鳍金枪鱼；鲜或冷的其他鱼的鱼片；冻鲣鱼鱼肝及鱼卵除外；鲜或冷大眼金枪鱼；供人食用的鱼粉及团粒；其他熏鱼及鱼片；冻黄鳍金枪鱼鱼肝及鱼卵除外；其他干鱼，食用杂碎除外；鲜或冷剑鱼，其比较优势指数分别为 12052.0811、10950.7895、7243.9486、4863.9411、2019.3585、1357.4603、1308.7110、1290.2420、1240.0688、668.2953。同时由表 MV-2 可知，2016 年马尔代夫所出口产品的比较优势指数差距极大，出口产品更为集中。其中鱼、甲壳动物、软体动物及其他水生无脊椎动物及其制品占据了绝对的优势，而其他产品的比较优势显著程度较低。

表 MV-2　2016 年马尔代夫比较优势指数产品

排名	产品名称	RCA	排名	产品名称	RCA
1	鲜或冷鲣鱼或狐鲣（鲣）	12052.0811	29	冻的其他鱼片	1.5250
2	鲜或冷黄鳍金枪鱼	10950.7895	30	铝废碎料	1.3879
3	鲜或冷的其他鱼的鱼片	7243.9486	31	其他以纸或纸板为底制成的铺地制品	0.7867
4	冻鲣鱼鱼肝及鱼卵除外	4863.9411	32	鲜或干的坚果	0.5589
5	鲜或冷大眼金枪鱼	2019.3585	33	鲜或冷的剑鱼鱼肉	0.2554
6	供人食用的鱼粉及团粒	1357.4603	34	椰子油及其分离品	0.2384
7	其他熏鱼及鱼片	1308.7110	35	肉及水产品的提取物和汁液	0.1647

续表

排名	产品名称	RCA	排名	产品名称	RCA
8	冻黄鳍金枪鱼鱼肝及鱼卵除外	1290.2420	36	鲜或冷的剑鱼鱼片	0.1502
9	其他干鱼，食用杂碎除外	1240.0688	37	铅笔和蜡笔	0.0803
10	鲜或冷剑鱼	668.2953	38	各种形状的硬质橡胶	0.0776
11	其他观赏用非淡水鱼	616.9085	39	圆珠笔	0.0196
12	制作或保藏的金枪鱼、鲣鱼及狐鲣狐鲣属	311.1319	40	冻大眼金枪鱼，鱼肝及鱼卵除外	0.0188
13	其他鲜或冷鱼	258.9048	41	商业广告品及类似印刷品包括商品目录	0.0144
14	冻、干、盐腌或盐渍的海参仿刺参、海参纲	179.7362	42	其他天然砂	0.0125
15	冻剑鱼	113.0375	43	其他书籍，小册子及类似的印刷品非单张的	0.0111
16	冻的金枪鱼金枪鱼属、鲣鱼或狐鲣鲣鱼片	93.1417	44	其他伞玩具伞除外	0.0092
17	其它活鱼	80.9288	45	其他塑料制品	0.0078
18	其他原电池及原电池组	55.6708	46	单张的书籍，小册子及类似印刷品不论是否折叠，还包括散页印刷品	0.0072
19	其他合金钢废碎料	48.5553	47	永磁体	0.0062
20	干、盐腌或盐渍的鱼片	35.7414	48	塑料制其他家庭用具及卫生或盥洗用具	0.0055
21	鲜或冷的其他鱼的鱼肉	35.4969	49	石灰石助熔剂、石灰石及其他钙石	0.0031
22	不适于供人食用的水产品渣粉	16.8125	50	其他未列名硫化橡胶制品硬质橡胶除外	0.0009
23	其他冻鱼	10.9024	51	三轮车、踏板车、踏板汽车和类似的带轮玩具；玩偶车	0.0009
24	爬行动物包括蛇和海龟	10.5110	52	其他钢铁制品	0.0004
25	铜废料和废料	4.7295	53	由 56.02、59.03、59.06 或 59.07 所述材料所制成的其他男士服装	0.0003
26	其他塑料的废碎料及下脚料	3.0248	54	针织帽类及用其他纺织物制成帽类	0.0003
27	其他废油	2.9481	55	棉制针织或钩编 T 恤衫、汗衫等	0.0002
28	其他纺织材料制其他货物包装袋	1.7117	56	计算机的存储部件	0.0002

数据来源：由联合国商品贸易数据计算整理所得

对比 2005 年与 2016 年，马尔代夫出口比较优势变化幅度明显。从比较优势指数来分析，相对于 2005 年，2016 年产品的比较优势指数总体上升，比较优势均值从 379.2230 增加至 801.4309，增长率为 111.34%；比较优势指数最大值从 11245.8372 上升到 12052.0811，增长率为 7.17%；最小值从 0.8479 下降至 0.0002，组间差距逐渐加大，从 11244.9893 增长至 12052.0809。表明马尔代夫更加强化了在国际上具比较优势的产品，而国内各出口产品比较优势差距逐年拉大。

从产品整体结构来看，2005 年与 2016 年排名前 10 的产品种类极为稳定，鱼、甲壳动物、软体动物及其他水生无脊椎动物及其制品是最主要的出口产品，相对于 2005 年，2016 年马尔代夫减少了核反应堆、锅炉、机器、机械器具及其零件；电机、电气设备及其零件，录音机及放声机、电视图像、声音的录制的重放设备及其零件附件；钢铁制品；船舶及浮动结构体；木及木制品，木炭等产品的出口，更加强化了鱼、甲壳动物、软体动物及其他水生无脊椎动物及其制品的出口。

从排名前 10 的具体产品来看，产品比较优势指数变动幅度较小。2005 年排名前 3 的比较优势产品：鲜或冷鲣鱼或狐鲣（鲣）；鲜或冷大眼金枪鱼；鲜或冷黄鳍金枪鱼，分别变为 2016 年的第 1、第 5、第 2。比较优势指数从 11245.8372、10539.0291、7324.1523，分别变动到 12052.0811、2019.3585、10950.7895，变动幅度为 7.17%、-80.84%、49.52%。总的来看，相比于 2005 年，鲜或冷的其他鱼的鱼片；其他熏鱼及鱼片；鲜或冷剑鱼在 2016 年马尔代夫出口产品中的比较优势逐渐凸显。而制作或保藏的金枪鱼；鲣鱼及狐鲣狐鲣属；观赏鱼；其他冻、干、盐腌或盐渍软体动物等产品的比较优势变得不明显。

（二）马尔代夫出口主导产业分析

1. 出口主导产业测度

出口主导产业是由产业出口额占国家总出口额的比例来衡量的，所占比例越大，表明其在出口中所占地位越重，同时表明，此国生产相应产品的能力越强或拥有相应丰富的资源。表 MV-3 及表 MV-4 分别表示 2005 年与 2016 年马尔代夫出口额排名前 100 主导产品。

表 MV-3　2005 年马尔代夫出口额排名前 100 产品

单位：万美元、%

排名	产品名称	出口值	占比	排名	产品名称	出口值	占比
1	石油油和油脂	3725.03	24.16	51	其他高架移动式起重吊运设备	5.42	0.04
2	冻鲣鱼鱼肝及鱼卵除外	3371.95	21.87	52	其他非自动缝纫机家用型除外	5.20	0.03
3	制作或保藏的金枪鱼、鲣鱼及狐鲣狐鲣属	1694.08	10.99	53	75 千伏安 < 输出功率≤ 375 千伏安交流发电机	4.94	0.03
4	鲜或冷黄鳍金枪鱼	1473.23	9.56	54	其他鲜或冷金枪鱼金枪鱼属	4.90	0.03
5	其他干鱼，食用杂碎除外	1253.62	8.13	55	其他塑料制品	4.85	0.03
6	冻黄鳍金枪鱼鱼肝及鱼卵除外	689.86	4.47	56	其他电动工具	4.20	0.03
7	鲜或冷大眼金枪鱼	549.77	3.57	57	其他手提式工具用的零件	4.13	0.03
8	新鲜或冷藏鱼片和其他鱼肉	507.91	3.29	58	总重量≤ 5 吨的其他货车汽油型，装有点燃式活塞内燃发动机	4.02	0.03
9	新的邮票包括支票、股票，债券及类似的所有权凭证	346.82	2.25	59	色织的其他全棉机织物每平方米重量不超过 200 克，含棉 85% 及以上	3.96	0.03
10	其他印刷品	238.61	1.55	60	其他基于合成聚合物为基本成分的溶于非水介质的油漆	3.89	0.03
11	其他冻、干、盐腌或盐渍软体动物	181.21	1.18	61	散热器及其零件	3.81	0.02
12	不适于供人食用的水产品渣粉	146.09	0.95	62	其他空气泵、气体压缩机及通风罩	3.51	0.02
13	其他货物和其他船只运输货物和货物的船舶	143.20	0.93	63	织物的卷绕，退绕，折叠，剪切机器包括剪齿边机	3.46	0.02
14	鲜或冷鱼	107.73	0.70	64	其他推土机	3.39	0.02
15	其它活鱼	68.41	0.44	65	其他点燃式活塞内燃发动机总重量超过 5 吨	3.23	0.02
16	其他合金钢废碎料	67.10	0.44	66	过滤、净化装置用零件	3.19	0.02
17	鲜或冷鲣鱼或狐鲣（鲣）	64.89	0.42	67	冷加工的角材、型材及异型材除冷加工外未经进一步加工	3.09	0.02
18	观赏鱼	63.01	0.41	68	其他钢铁结构体及部件包括结构体用的已加工钢板、型材、管子及类似品	3.08	0.02

续表

排名	产品名称	出口值	占比	排名	产品名称	出口值	占比
19	棉制针织或钩编女三角裤及短衬裤	60.40	0.39	69	输出功率＞ 750MVA 交流发电机	3.06	0.02
20	其他机械铲、挖掘机及机铲装载机	41.54	0.27	70	冻角鲨	3.05	0.02
21	冻大眼金枪鱼，鱼肝及鱼卵除外	34.20	0.22	71	电压≤ 1000 伏的其他开关	2.80	0.02
22	木门及其框架和门槛	30.04	0.19	72	挖掘机上部结构可转 360 度的	2.63	0.02
23	蒸馏或精馏设备	27.71	0.18	73	加工金属的锻造或冲压机床	2.61	0.02
24	铜废料和废料	26.29	0.17	74	其他≤ 1000 伏电路开关等电气装置	2.57	0.02
25	起重车	23.33	0.15	75	其他电诊断仪	2.57	0.02
26	其他汽艇装有舷外发动机的除外	19.12	0.12	76	书本装订机	2.53	0.02
27	冻鱼	16.86	0.11	77	阀门用零件用于管道、锅炉、罐、桶或类似品的	2.46	0.02
28	葡萄汽酒	15.84	0.10	78	其他自动数据处理设备的部件	2.46	0.02
29	航空器内燃引擎指点燃往复式或旋转式	15.07	0.10	79	其他活动房屋	2.26	0.01
30	铝废碎料	14.56	0.09	80	伏特加酒	2.23	0.01
31	捣固机械及压路机	13.95	0.09	81	加工木材等材料的刨，铣，切削机器加工木材，软木，骨，硬质橡胶，硬质塑料及其他硬质材料	2.22	0.01
32	拖轮及顶推船	11.38	0.07	82	其他焊接机器及装置品目 8515 的货品除外	2.20	0.01
33	冷冻鱼片	10.96	0.07	83	其他零件和附件	2.20	0.01
34	柴油型其他货车装有压燃式活塞内燃发动机，重型指 5 吨≤车辆总重≤ 20 吨	10.14	0.07	84	其他数据处理设备同一机壳内至少有一个 CPU 和一个输入输出部件；包括组合式	2.16	0.01
35	其他电话线路或线路电报用电气设备	9.50	0.06	85	其他用于连接电路或电路的电气设备，电压 <1000 伏	2.16	0.01
36	其他形状的沥青或类似原料的制品如石油沥青或煤焦油沥青	9.04	0.06	86	油漆、喷漆、清漆或类似刷子	2.08	0.01
37	切削金属的其他钻床但品目 8458 的车床除外	8.21	0.05	87	其他视频信号录制或重放设备不论是否装有高频调谐放大器	2.02	0.01

续表

排名	产品名称	出口值	占比	排名	产品名称	出口值	占比
38	其他叉车及可升降的工作车工作车指装有升降或搬运装置	7.71	0.05	88	过滤或净化水的装置	2.02	0.01
39	利口酒及柯迪尔酒	7.64	0.05	89	红柳桉木板材指深红色、浅红色及巴栲红柳桉木，经纵锯、纵切、刨切或旋切的，厚度超过6毫米	2.00	0.01
40	供人食用的鱼粉及团粒	7.55	0.05	90	电话应答机	1.98	0.01
41	其他短距离运货车零件	7.13	0.05	91	排量≤250毫升装往复式活塞内燃发动机摩托车及脚踏两用车	1.93	0.01
42	飞机及直升机用其他零件	6.83	0.04	92	半挂车用的公路牵引车	1.87	0.01
43	木制木窗，落地窗及其框架	6.46	0.04	93	装有连接器的绝缘电导体，电压≤80伏	1.84	0.01
44	其他贵金属制首饰及其零件不论是否包、镀其他贵金属	5.77	0.04	94	未列名无缝钢铁管及空心异型材铸铁除外	1.76	0.01
45	威士忌酒	5.76	0.04	95	其他包装鲜葡萄酿造的酒	1.73	0.01
46	混凝土或砂浆混合机器用于泥土、石料、矿石或其他固体物质的	5.73	0.04	96	其他电动机、发电机组零件	1.67	0.01
47	柴油型的其他货车装有压燃式活塞内燃发动机，超重型指车辆总重量>20吨	5.47	0.04	98	钢铁制脚手架模板坑凳用支柱及类似设备	1.62	0.01
48	装压缩或液化气的钢铁容器	5.44	0.04	97	其他制造纸浆制品、纸制品的机器	1.58	0.01
49	品目8426、8429、8430的其他零件	5.43	0.04	99	独立窗式或壁式空气调节器	1.56	0.01
50	其他混合或搅拌机器用于泥土、石料、矿石或其他固体物质的	5.42	0.04	100	75千伏安<输出功率≤375千伏安柴油发电机组包括半柴油发电机组	1.46	0.01

数据来源：由联合国商品贸易数据计算整理所得

根据表MV-3、MV-4可知，2005年，马尔代夫出口主导产品前10主要为矿产品；活动物；动物产品；肉、鱼、甲壳动物，软体动物及其他水生无脊椎动物的制品；木浆及其他纤维状纤维素浆、回收。具体包括石油油和油脂；冻鲣鱼鱼肝及鱼卵除外；制作或保藏的金枪鱼、鲣鱼及狐鲣狐鲣属；鲜或冷黄鳍金枪鱼；其他干鱼，食用杂碎除外；冻黄鳍金枪鱼鱼肝及鱼卵除外；鲜或冷大眼金枪鱼；新鲜或冷藏鱼片和其他鱼肉；新的邮票；其他印刷品。2016 年马尔代夫出口主导产品前 10 主要为活动物；动物产品；肉、鱼、甲壳动物，软体动物及其他水生无脊椎动物的制品。具体包括冻鲣鱼鱼肝及鱼卵除外；鲜或冷的其他鱼的鱼片；鲜或冷黄鳍金枪鱼；制作或保藏的金枪鱼、鲣鱼及狐鲣狐鲣属；冻黄鳍金枪鱼鱼肝及鱼卵除外；其他干鱼，食用杂碎除外；其他鲜或冷鱼；鲜或冷大眼金枪鱼；其他熏鱼及鱼片；鲜或冷鲣鱼或狐鲣（鲣）。对比 2005 年及 2016 年，马尔代夫排名前 10 的主导产品变动幅度较小。2016 年马尔代夫增加了鲜或冷的其他鱼的鱼片；其他鲜或冷鱼；其他熏鱼及鱼片；鲜或冷鲣鱼或狐鲣的出口，减少了石油油和油脂；新的邮票包括支票、股票，债券及类似的所有权凭证、其他印刷品等产品的出口。

表 MV–4　2016 年马尔代夫出口产品排名

单位：万美元、%

排名	产品名称	出口值	占比	排名	产品名称	出口值	占比
1	冻鲣鱼，鱼肝及鱼卵除外	3625.70	25.973	19	其他冻鱼	41.31	0.296
2	鲜或冷的其他鱼的鱼片	3043.54	21.803	20	冻、干、盐腌或盐渍的海参仿刺参、海参纲	36.00	0.258
3	鲜或冷黄鳍金枪鱼	2574.52	18.443	21	其他原电池及原电池组	35.60	0.255
4	制作或保藏的金枪鱼、鲣鱼及狐鲣狐鲣属	1545.57	11.072	22	冻剑鱼	25.68	0.184
5	冻黄鳍金枪鱼，鱼肝及鱼卵除外	1028.67	7.369	23	铝废碎料	12.01	0.086
6	其他干鱼，食用杂碎除外	663.80	4.755	24	其他塑料的废碎料及下脚料	8.07	0.058
7	其他鲜或冷鱼	299.03	2.142	25	干、盐腌或盐渍的鱼片	7.12	0.051
8	鲜或冷大眼金枪鱼	204.35	1.464	26	冻的其他鱼片	2.75	0.020
9	其他熏鱼及鱼片	159.52	1.143	27	鲜或冷的其他鱼的鱼肉	2.70	0.019
10	鲜或冷鲣鱼或狐鲣（鲣）	116.60	0.835	28	其他以纸或纸板为底制成的铺地制品	2.61	0.019
11	其他合金钢废碎料	81.48	0.584	29	其他废油	1.25	0.009
12	鲜或冷剑鱼	75.34	0.540	30	鲜或干的坚果	0.71	0.005
13	供人食用的鱼粉及团粒	73.57	0.527	31	爬行动物包括蛇和海龟	0.40	0.003

续表

排名	产品名称	出口值	占比	排名	产品名称	出口值	占比
14	冻的金枪鱼金枪鱼属、鲣鱼或狐鲣鲣鱼片	66.46	0.476	32	其他塑料制品	0.37	0.003
15	铜废料和废料	58.77	0.421	33	椰子油及其分离品	0.33	0.002
16	其它活鱼	58.51	0.419	34	其他纺织材料制其他货物包装袋	0.25	0.002
17	不适于供人食用的水产品渣粉	56.87	0.407	35	其他书籍，小册子及类似的印刷品非单张的	0.14	0.001
18	其他观赏用非淡水鱼	49.26	0.353	36	铅笔和蜡笔	0.09	0.001

数据来源：由联合国商品贸易数据计算整理所得

从出口主导产品的集中度来看，2005 年，排名前 5 的主导产品出口额度为 1.15 亿美元，占比为 74.71%；排名前 10 的出口主导产品出口总额为 1.39 亿美元，占比为 89.84%。2016 年，排名前 5 的主导产品出口额为 1.18 亿美元，占比为 84.67%；前 10 出口主导产品出口总额达到 1.33 亿美元，占比为 94.99%。相比于 2005 年，2016 年马尔代夫前 5 的出口额度和集中度都有所提升，分别增加了 2.61%、13.32%；前 10 的出口额度有下降了 4.26%，而集中度上升了 5.74%。

从出口主导产品分类来看，2005 年与 2016 年，马尔代夫出口主导产业变动幅度较大。2005 年主要出口核反应堆、锅炉、机器、机械器具及其零件；电机、电气设备及其零件、车辆及其零件附件、饮料、酒及醋等产品；2016 年主要出口鱼、甲壳动物、软体动物及其他水生无脊椎动物及其制品；塑料及其制品；橡胶及其制品等。可以看出，2016 年马尔代夫出口产品种类减少，出口越来越集中，这反映出马尔代夫的出口产品结构变得逐渐单一，鱼、甲壳动物、软体动物及其他水生无脊椎动物及其制品是第一大出口产品。

2. 出口主导产业与比较优势产业的一致性分析

表 MV-5 为 2016 年马尔代夫排名前 10 的比较优势产品及出口主导产品。表中显示，马尔代夫比较优势指数与出口主导产品排名前列的都是鱼、甲壳动物、软体动物及其他水生无脊椎动物及其制品。对比具体产品发现，只有制作或保藏的金枪鱼、鲣鱼及狐鲣；其他鲜或冷鱼；供人食用的鱼粉及团粒；鲜或冷剑鱼四种产品未同时出现在出口比较优势和出口主导产品排名靠前的产品中。因此，可以得出马尔代夫的比较优势产业与出口主导产品具有高度一致性。

表 MV-5　2016 年马尔代夫排名前 10 比较优势产品及出口主导产品

单位：%

排名	比较优势产品名称	RCA	排名	出口主导产品名称	占比
1	鲜或冷鲣鱼或狐鲣（鲣）	12052.0811	1	冻鲣鱼，鱼肝及鱼卵除外	25.973
2	鲜或冷黄鳍金枪鱼	10950.7895	2	鲜或冷的其他鱼的鱼片	21.803
3	鲜或冷的其他鱼的鱼片	7243.9486	3	鲜或冷黄鳍金枪鱼	18.443
4	冻鲣鱼，鱼肝及鱼卵除外	4863.9411	4	制作或保藏的金枪鱼、鲣鱼及狐鲣狐鲣属	11.072
5	鲜或冷大眼金枪鱼	2019.3585	5	冻黄鳍金枪鱼，鱼肝及鱼卵除外	7.369
6	供人食用的鱼粉及团粒	1357.4603	6	其他干鱼，食用杂碎除外	4.755
7	其他熏鱼及鱼片	1308.7110	7	其他鲜或冷鱼	2.142
8	冻黄鳍金枪鱼，鱼肝及鱼卵除外	1290.2420	8	鲜或冷大眼金枪鱼	1.464
9	其他干鱼，食用杂碎除外	1240.0688	9	其他熏鱼及鱼片	1.143
10	鲜或冷剑鱼	668.2953	10	鲜或冷鲣鱼或狐鲣（鲣）	0.835

（三）马尔代夫出口比较优势变化分析

1. 描述性分析

对比分析 2005 年及 2016 年马尔代夫比较优势指数排名前 100 产品，我们可以得出以下信息：

第一，马尔代夫整体的比较优势有上升趋势。2005 年排名前 100 产品比较优势指数均值为 379.2230，2016 年为 801.4309，增长率为 111.34%。

第二，马尔代夫具比较优势的产品数量呈现缩减态势。2005 年，比较优势指数大于 1 的产品共有 93 类，大于 2.5 的产品共有 59 类；而 2016 年，比较优势指数大于 1 的产品有 30 类，大于 2.5 的产品共有 27 类。表明马尔代夫在国际上具有比较优势的产品数量逐渐减少，但部分产品的比较优势愈发突出。

第三，比较优势指数排名前 10 产品的结构极为稳定，主要为鱼、甲壳动物、软体动物及其他水生无脊椎动物。而从比较优势指数排名前 10 的具体产品来分析，2005 年至 2016 年，产品比较优势指数变动幅度也较小。2005 年排名前 3 的比较优势产品：鲜或冷鲣鱼或狐鲣鲣、鲜或冷大眼金枪鱼、鲜或冷黄鳍金枪鱼，分别变为 2016 年的第 1、第 5、第 2。比较优势指数从 11245.8372、10539.0291、7324.1523，分别变动到 12052.0811、2019.3585、10950.7895，变动幅度为 7.17%、-80.84%、

49.52%。

2. 回归分析

将 2016 年马尔代夫产业比较优势指数作为被解释变量，把 2005 年马尔代夫产业比较优势指数作为解释变量，对其进行回归分析。若回归系数 >1，则表明马尔代夫更加强化了具有比较优势的产业，弱化了不具有比较优势的产业；若 0< 回归系数 <1，则表明具有比较优势的产业弱化了；若回归系数 <0，则表明马尔代夫比较优势的产业发生了质变。使用最小二乘法对其进行回归，得出结果如表 MV-6 所示。

表 MV-6 回归结果

变量	Coef.	Std. Err.	t	P>|t|
2005 比较优势指数	0.828434	0.0229388	36.12	0.000
_cons	16.56367	14.3575	1.15	0.249
	R^2 =0.6175		F-statistics =1304.30	

从表中可以看出，回归系数为 0.828434，因此说明相对于 2005 年，2016 年马尔代夫具有比较优势的产业整体来看被弱化了。

（四）马尔代夫进口需求及其变化分析

表 MV-7 表示 2005 年马尔代夫进口额排名前 100 产品。从表中可以看出，排名前 10 的进口产品主要为矿产品；机器、机械器具、电气设备及其零件；录音机及放声机、电视图像、声音的录制和重放设备及其零件；木及木制品；木炭；活动物；动物产品；贱金属及其制品。具体有石油油和油脂；其他电话线路或线路电报用电气设备；其他木厚板材；无线电广播、电视发送设备等包含接收装置或声音录制的传送设备；其他液化石油气、烃类气；其他硅酸盐水泥；红柳桉木板材；脂肪量＞1.5% 的加糖固状乳及奶油；镀锌的其他形铁或非合金钢宽板材；其他天然砂。其中，石油油和油脂进口额度最高，为 0.99 亿美元，占比为 13.4%。

从马尔代夫进口前 100 名产品种类来看，主要为矿物燃料、矿物油及其蒸馏产品；电机电气设备及其零件；核反应堆、锅炉、机器机械器具及其零件；塑料及其制品；木及木制品；钢铁及其制品；家具、寝具、褥垫、软坐垫及类似的填充制品；乳制品；肉及食用杂碎等。

从马尔代夫进口前 100 名产品的集中度来看，进口产品排名前 5 的额度占比为 22.99%，排名前 10 的额度占马尔代夫进口总额的 27.95%。可以看出，马尔代夫进口产品相对分散，进口需求呈现多样性。

表 MV-7　2005 年马尔代夫进口额排名前 100 产品

单位：万美元、%

排名	产品名称	进口值	占比	排名	产品名称	进口值	占比
1	石油油和油脂	9977.94	13.40	51	甜饼干	257.90	0.35
2	其他电话线路或线路电报用电气设备	3799.67	5.10	52	冻藏的去骨牛肉	249.70	0.34
3	其他木厚板材经纵锯、纵切、刨切或旋切的，厚度超过 6 毫米	1162.13	1.56	53	品目 8471 所列其他机器零附件	247.69	0.33
4	无线电广播、电视发送设备等包含接收装置或声音录制的传送设备	1111.47	1.49	54	冻的整只鸡	239.89	0.32
5	其他液化石油气、烃类气	1071.47	1.44	55	木门及其框架和门槛	238.98	0.32
6	其他硅酸盐水泥	900.71	1.21	56	其他电灯和照明配件	236.74	0.32
7	红柳桉木板材指深红色、浅红色及巴栲红柳桉木，经纵锯、纵切、刨切或旋切的，厚度超过 6 毫米	724.57	0.97	57	其他机械铲、挖掘机及机铲装载机	232.26	0.31
8	脂肪量＞ 1.5% 的加糖固状乳及奶油指粉状、粒状或其他固体状态，浓缩，加糖或其他甜物质	697.82	0.94	58	其他电动机、发电机组零件	232.19	0.31
9	镀锌的其他形铁或非合金钢宽板材电镀锌的除外，宽≥ 600 毫米	694.18	0.93	59	其他塑料制品	230.77	0.31
10	其他天然砂	678.83	0.91	60	其他固定植物油、脂及其分离品	227.93	0.31
11	精米	670.28	0.90	61	输出功率＞ 750MVA 交流发电机	225.59	0.30
12	卵石，砾石及碎石，圆石子及燧石	649.18	0.87	62	其他用电气信号、安全、交通设备指道路或内河航道、停车场、港口、机场用	221.50	0.30
13	烟草制的卷烟	622.27	0.84	63	电压≤ 1000 伏的其他开关	209.29	0.28
14	其他数据处理设备同一机壳内至少有一个 CPU 和一个输入输出部件；包括组合式	611.38	0.82	64	无线电设备天线及其零件品目 8525 至 8528 所列其他装置或设备的，包括天线反射器	202.36	0.27
15	钢铁制塔楼及格构杆	586.35	0.79	65	过滤、净化装置用零件	200.69	0.27

续表

排名	产品名称	进口值	占比	排名	产品名称	进口值	占比
16	小麦或混合麦的细粉	564.64	0.76	66	未列名无缝钢铁管及空心异型材铸铁除外	200.60	0.27
17	塑料制囤，柜，罐，桶及类似容器	510.97	0.69	67	其他绘图墨水及其他墨类	191.55	0.26
18	其他胶合板、单板饰面板及类似的多层板	496.43	0.67	68	其他美容品或化妆品	191.35	0.26
19	飞机及直升机用其他零件	485.37	0.65	69	其他发电机组风力驱动除外	191.18	0.26
20	过滤或净化水的装置	458.56	0.62	70	其他材料制褥垫	188.20	0.25
21	其他货物和其他船只运输货物和货物的船舶	449.20	0.60	71	其他电压超过 1000 伏的电导体	187.32	0.25
22	沿其边缘、末端或面部成形的非针叶树木材	447.17	0.60	72	其他石料制砖瓦、方块及类似品可置入边长小于 7 厘米的方格，板岩除外，但包括板岩制嵌石	181.58	0.24
23	中型飞机及其他航空器中型指 2 吨＜空载重量≤ 15 吨	446.92	0.60	73	其他编号未列名的食品	181.25	0.24
24	其他书籍，小册子及类似的印刷品非单张的	433.84	0.58	74	香水及花露水	179.81	0.24
25	未加香料或着色剂的甜菜原糖	429.57	0.58	75	计算机用终端输入或输出部件，不论是否在同一机壳内有存储部件	173.80	0.23
26	船舶用柴油发动机指压燃式活塞内燃发动机	425.16	0.57	76	陶制脸盆，浴缸及类似卫生器具包括洗涤槽，抽水马桶，小便池等	173.64	0.23
27	其他发动机的专用零件指品目 8407 或 8408 所列的其他发动机	424.41	0.57	77	其他钢铁制品	171.35	0.23
28	液化丙烷	420.75	0.56	78	鲜或冷藏的葱	170.12	0.23
29	其他钢铁结构体及部件包括结构体用的已加工钢板、型材、管子及类似品	417.57	0.56	79	无连接器的绝缘导体，80 伏≤电压≤ 1000 伏	169.71	0.23
30	其他木家具	411.20	0.55	80	鲜乳酪未熟化或未固化的包括乳清乳酪；凝乳	169.49	0.23
31	其他已配定剂量的药品	409.84	0.55	81	纸卫生巾及类似的卫生用品	166.49	0.22
32	其他汽艇装有舷外发动机的除外	407.18	0.55	82	钢铁板桩不论是否钻孔、扎眼或组装	161.44	0.22

续表

排名	产品名称	进口值	占比	排名	产品名称	进口值	占比
33	铁或非合金钢制热轧盘条带有轧制过程中产生的变形	391.19	0.53	83	其他巧克力及含可可的食品	160.87	0.22
34	其他活动房屋	372.74	0.50	84	其他材料的其他鞋类配件	156.59	0.21
35	用于再现除声音或图像以外的现象的记录激光读取盘	352.80	0.47	85	零售包装有机表面活性剂制品	153.81	0.21
36	带壳禽蛋	352.51	0.47	86	光线路终端装置	152.45	0.20
37	彩色卫星电视接收机	350.31	0.47	87	其他未包馅或未制作的生面食	149.91	0.20
38	独立窗式或壁式空气调节器	347.42	0.47	88	加味、加糖或其他甜物质的水	149.91	0.20
39	其他基于合成聚合物为基本成分的溶于非水介质的油漆	335.09	0.45	89	塑料制的管子附件	148.26	0.20
40	其他泵；液体电梯	315.27	0.42	90	水泥制建筑或土木工程用预制构件包括混凝土或人造石制，不论是否加强	148.15	0.20
41	排量≤250毫升装往复式活塞内燃发动机摩托车及脚踏两用车	310.87	0.42	91	镶木地板	147.99	0.20
42	其他热轧盘条不带有轧制过程中产生的变形	306.34	0.41	92	塑料制坛，瓶及类似品	147.83	0.20
43	上釉的大陶瓷砖，瓦，块及类似品	303.20	0.41	93	浓缩并已加糖的非固状乳及奶油加其他甜物质	147.52	0.20
44	氯乙烯聚合物制的硬管	303.03	0.41	94	其他家用型冷藏箱	145.17	0.19
45	其他包装鲜葡萄酿造的酒	301.81	0.41	95	船舶用舷外点燃式引擎指点燃往复式或旋转式活塞内燃发动机	141.83	0.19
46	饮料及液体食品灌装设备	300.82	0.40	96	航空器内燃引擎指点燃往复式或旋转式	138.20	0.19
47	卧室用木家具	297.05	0.40	97	其他钢铁或其他管、管和空心型材	137.59	0.18
48	其他阀门用于管道、锅炉、罐、桶或类似品的	282.57	0.38	98	冻的鸡块和杂碎	137.32	0.18
49	其他发送或接收声音、图像或其它数据用的设备	278.25	0.37	99	其他木框架的坐具	136.02	0.18
50	其他自动数据处理设备的部件	274.62	0.37	100	其他一边或面制成连续形状的针叶木材	134.93	0.18

数据来源：由联合国商品贸易数据计算整理所得

表 MV-8 表示 2016 年马尔代夫进口额排名前 100 产品。从表中可以看出，排名前 10 的进口产品主要为矿产品；车辆、航空器、船舶及有关运输设备；木及木制品；木炭；植物产品；车辆、航空器、船舶及有关运输设备；机器、机械器具、电气设备及其零件；录音机及放声机、电视图像、声音的录制和重放设备及其零件。具体包括石油及从沥青矿物提取的油类；飞机及直升机用其他零件；石油油和油脂；其他木厚板材；其他硅酸盐水泥；矩形花岗岩；精米；卵石，砾石及碎石，圆石子及燧石；其他浮动结构体；交换机和路由器。其中，石油及从沥青矿物提取的油类进口额度最高，为 2.04 亿美元，占比为 9.6%；其次是飞机及直升机用其他零件和石油油和油脂，进口额度分别为 0.37 亿美元、0.35 亿美元，占比分别为 1.75%、1.65%。

从 2016 年马尔代夫进口前 100 名产品种类来看，主要为矿物燃料、矿物油及其蒸馏产品；核反应堆、锅炉、机器机械器具及其零件；电机电气设备及其零件；船舶及浮动结构体；木及木制品；家具、寝具、褥垫、软坐垫及类似的填充制品；钢铁及钢铁制品；盐、硫磺、泥土及石料、石膏料；乳制品；肉及食用杂碎等。

从马尔代夫进口前 100 名产品的集中度来看，进口产品排名前 5 的额度占比为 15.89%，排名前 10 的额度占马尔代夫进口总额的 20.98%。因此，可以看出马尔代夫进口产品相对分散，进口结构较为合理。

表 MV-8　2016 年马尔代夫进口额排名前 100 产品

单位：万美元、%

排名	产品名称	进口值	占比	排名	产品名称	进口值	占比
1	石油及从沥青矿物提取的油类但原油除外以及以上述油为基本成分按重量计≥ 70%的其他税目未列名制品	20421.61	9.60	51	光缆	791.13	0.37
2	飞机及直升机用其他零件	3724.61	1.75	52	上釉的大陶瓷砖，瓦，块及类似品	779.48	0.37
3	石油油和油脂	3512.27	1.65	53	铝制门窗及其框架、门槛	772.52	0.36
4	其他木厚板材经纵锯、纵切、刨切或旋切的，厚度超过 6 毫米	3435.00	1.61	54	其他电灯和照明配件	761.09	0.36
5	其他硅酸盐水泥	2730.73	1.28	55	其他塑料制品	743.16	0.35
6	矩形花岗岩	2387.54	1.12	56	便携式自动数据处理设备重量≤ 10 千克，至少由一个中央处理器、键盘和显示器组成	721.94	0.34

续表

排名	产品名称	进口值	占比	排名	产品名称	进口值	占比
7	精米	2213.80	1.04	57	一边或面制成连续形状的其他非针叶木材	721.47	0.34
8	卵石，砾石及碎石，圆石子及燧石	2094.16	0.98	58	液化丙烷	721.02	0.34
9	其他浮动结构体	2062.51	0.97	59	未加香料或着色剂的甜菜原糖	718.59	0.34
10	交换机和路由器	2053.82	0.97	60	其他医疗、外科或兽医用仪器器具	716.79	0.34
11	蜂窝网络或其他无线网络的电话机	1895.08	0.89	61	镀锌的其他形铁或非合金钢宽板材电镀锌的除外，宽≥600毫米	712.63	0.33
12	烟草制的卷烟	1829.25	0.86	62	木门及其框架和门槛	710.59	0.33
13	其他已配定剂量的药品	1695.39	0.80	63	塑料制的管子附件	704.56	0.33
14	其他钢铁制品	1594.01	0.75	64	飞机和其他飞机的空载重量超过15000公斤	700.00	0.33
15	其他木家具	1590.97	0.75	65	其他碑用或建筑用石	694.71	0.33
16	铁或非合金钢制热轧盘条带有轧制过程中产生的变形	1445.44	0.68	66	其他美容品或化妆品	683.59	0.32
17	加味、加糖或其他甜物质的水	1432.26	0.67	67	其他热轧盘条不带有轧制过程中产生的变形	675.41	0.32
18	独立窗式或壁式空气调节器	1372.39	0.64	68	零售包装有机表面活性剂制品	670.21	0.31
19	其他货物和其他船只运输货物和货物的船舶	1217.37	0.57	69	其他泵；液体电梯	656.14	0.31
20	脂肪量＞1.5%的加糖固状乳及奶油指粉状、粒状或其他固体状态，浓缩，加糖或其他甜物质	1204.40	0.57	70	氯乙烯聚合物制的硬管	654.43	0.31
21	其他基于合成聚合物为基本成分的溶于非水介质的油漆	1198.93	0.56	71	其他书籍，小册子及类似的印刷品非单张的	653.75	0.31
22	冻藏的去骨牛肉	1193.33	0.56	72	其他印刷打印机、复印机及传真机的零件和附件	647.85	0.30
23	其他机械铲、挖掘机及机铲装载机	1192.21	0.56	73	排量≤250毫升装往复式活塞内燃发动机摩托车及脚踏两用车	647.30	0.30

续表

排名	产品名称	进口值	占比	排名	产品名称	进口值	占比
24	其他鲜的带壳濒危禽蛋	1180.38	0.55	74	其他夹心块状或条状的含可可食品	640.74	0.30
25	其他天然砂	1161.23	0.55	75	品目 8426、8429、8430 的其他零件	623.87	0.29
26	冻的整只鸡	1143.08	0.54	76	同轴电缆及其他同轴电导体	622.49	0.29
27	其他无酒精饮料	1110.83	0.52	77	其他结构上含有一个非稠合吡啶环不论是否氢化的化合物	619.92	0.29
28	冻的鸡块和杂碎	1076.01	0.51	78	其他未包馅或未制作的生面食	596.73	0.28
29	航空器内燃引擎指点燃往复式或旋转式	1068.31	0.50	79	冻其他虾和对虾	585.75	0.28
30	其他木质多层板	1033.16	0.49	80	其他非耐火涂面制剂	576.82	0.27
31	过滤或净化水的装置	1028.18	0.48	81	其他建筑用木工制品包括蜂窝结构的木镶板	571.22	0.27
32	小麦或混合麦的细粉	1015.33	0.48	82	其他机动叉车及有升降装置工作车	563.69	0.26
33	其他发动机的专用零件指品目 8407 或 8408 所列的其他发动机	1003.29	0.47	83	鲜或冷藏的去骨牛肉	546.72	0.26
34	其他编号未列名的食品	1002.47	0.47	84	诊断或实验用配制试剂	546.38	0.26
35	其他钢铁结构体及部件包括结构体用的已加工钢板、型材、管子及类似品	998.35	0.47	85	其他金属家具	544.89	0.26
36	中型飞机及其他航空器中型指 2 吨＜空载重量≤ 15 吨	981.78	0.46	86	其他发电机组风力驱动除外	543.03	0.26
37	其他活动房屋	963.71	0.45	87	其他螺钉及螺栓不论是否带有螺母或垫圈	542.20	0.25
38	冷加工的角材、型材及异型材除冷加工外未经进一步加工	924.59	0.43	88	计算机的存储部件	526.69	0.25
39	其他不锈钢条、杆除热加工或冷加工外未进一步加工的不锈钢条、杆	901.41	0.42	89	其他制冷设备	524.82	0.25
40	船舶用舷外点燃式引擎指点燃往复式或旋转式活塞内燃发动机	887.62	0.42	90	鲜乳酪未熟化或未固化的包括乳清乳酪；凝乳	522.99	0.25

续表

排名	产品名称	进口值	占比	排名	产品名称	进口值	占比
41	船舶用柴油发动机指压燃式活塞内燃发动机	875.13	0.41	91	小包装的鲜葡萄酿造的酒	516.94	0.24
42	其他阀门用于管道、锅炉、罐、桶或类似品的	854.53	0.40	92	其他数据处理设备同一机壳内至少有一个 CPU 和一个输入输出部件；包括组合式	515.71	0.24
43	其他颜色的电视接收机	851.40	0.40	93	鲜或干的水果	508.41	0.24
44	甜饼干	838.88	0.39	94	钢铁板桩不论是否钻孔、扎眼或组装	503.16	0.24
45	挖泥船	820.51	0.39	95	浓缩并已加糖的非固状乳及奶油加其他甜物质	500.41	0.24
46	香水及花露水	810.45	0.38	96	装有冷藏或冷冻装置的其他设备，用于存储及展示包括柜、箱、展示台、陈列箱及类似品	488.83	0.23
47	卧室用木家具	798.74	0.38	97	其他制冷设备用零件	487.03	0.23
48	其他电压不超过 1000 伏的电导体	797.35	0.37	98	装软垫的木框架的坐具	482.54	0.23
49	其他机械和机械设备	797.35	0.37	99	以咖啡为基本成分的制品	481.05	0.23
50	其他固定植物油、脂及其分离品	794.71	0.37	100	卫生巾护垫及止血塞	480.74	0.23

数据来源：由联合国商品贸易数据计算整理所得

对比2005年及2016年马尔代夫排名前10的进口产品发现，种类变动幅度较大。相对于 2005 年，2016 年马尔代夫增加了对石油及从沥青矿物提取的油类；飞机及直升机用其他零件；矩形花岗岩；精米；卵石，砾石及碎石，圆石子及燧石；其他浮动结构体；交换机和路由器等产品的进口需求，降低了对其他液化石油气、烃类气；红柳桉木板材；脂肪量＞ 1.5% 的加糖固状乳及奶油；镀锌的其他形铁或非合金钢宽板材；其他天然砂等产品的进口需求。

从进口产品的集中度来看，2005 年进口产品排名前 5 的额度占比为 22.99%，排名前 10 的额度占比为 27.95%；2016 年进口产品排名前 5 的额度占比为 15.89%，排名前 10 的额度占比为 20.96%。相比于 2005 年，2016 年马尔代夫前 5、前 10 进口产品的总体集中度呈现下降趋势。

从马尔代夫进口前 100 名产品分类来看，2005 年与 2016 年，进口产品变动幅度较小，具有较强的一致性。主要进口的大类产品包括矿物燃料、矿物油及其蒸馏产品；电机电气设备及其零件；核反应堆、锅炉、机器机械器具及其零件木及木制品；钢铁及其制品；家具、寝具、褥垫、软坐垫及类似的填充制品；乳制品；肉及食用杂碎等。较 2005 年，2016 年增加了船舶及浮动结构体和盐、硫磺、泥土及石料、石膏料的进口，减少了塑料及其制品的进口。

七、尼泊尔出口比较优势分析与进口需求研究

（一）尼泊尔出口比较优势分析

比较优势指数反映了一国某产品在全球此类产品出口中的竞争力。若 RCA>1，表明该国此产品具有比较优势，若 RCA>2.5，则说明该产品具有极强的比较优势。从 2015 年尼泊尔出口产品前 100 的产品来看，所列产品的比较优势指数都大于 2.5，即这 100 类产品相对于其他产品在国家贸易中更具竞争优势。

2015 年排名前 10 的产品主要为纺织原料及纺织制品；植物产品；生皮（毛皮除外）及皮革。具体包括其他黄麻或韧皮其他纤维机织物；未磨的豆蔻；羊毛或动物细毛制的结织栽绒地毯；黄麻制其他货物包装袋；山羊或小山羊湿革；非零售与人纤短纤混纺聚酯短纤纱；剑麻或龙舌兰纤维制其他包扎用绳；其他纺织材料制其他毡呢；其他合成纤维扁条及类似品机织；棉制货物包装袋，其比较优势指数分别为 12796.3973、2708.7085、1961.8160、1752.8019、1201.2110、1130.7181、936.6252、829.8062、808.1638、696.7037。

表 NP-1　2015 年尼泊尔比较优势指数排名前 100 产品

排名	产品名称	RCA	排名	产品名称	RCA
1	其他黄麻或韧皮其他纤维机织物宽度超过 150 厘米	12796.3973	51	甘蔗糖蜜	98.4472
2	未磨的豆蔻	2708.7085	52	其他未磨肉桂及肉桂花	94.1782
3	羊毛或动物细毛制的结织栽绒地毯包括羊毛或动物细毛制的其他结织栽绒铺地制品	1961.8160	53	冻藏的整头及半头牛肉	93.9272
4	黄麻制其他货物包装袋含品目 5303 的其他韧皮纤维制	1752.8019	54	干扁豆	82.0194

续表

排名	产品名称	RCA	排名	产品名称	RCA
5	山羊或小山羊湿革经鞣制不带毛	1201.2110	55	冷冻的橙汁	81.6099
6	非零售与人纤短纤混纺聚酯短纤纱，混纺指按重量计聚酯短纤含量在 85% 以下	1130.7181	56	弓弦乐器	80.4010
7	剑麻或龙舌兰纤维制其他包扎用绳	936.6252	57	其他动物湿革经鞣制不带毛	79.1952
8	其他纺织材料制其他毡呢浸渍、涂布、包覆	829.8062	58	与棉混纺印花合纤短纤其他布混纺为含其他合短纤＜ 85%，重质指每平方米重＞ 170 克	77.7645
9	其他合成纤维扁条及类似品机织	808.1638	59	聚乙烯或聚丙烯制其他货物包装袋针织或钩编的，用扁条及类似材料制成	77.2024
10	棉制货物包装袋	696.7037	60	冻整头及半头猪肉	72.1680
11	松香、树脂酸	529.5655	61	毛制女式西服套装羊毛或动物细毛制	70.2607
12	羊毛制披巾、头巾、围巾及类似品包括披纱、面纱等	469.5640	62	粗制二聚戊烯、亚硫酸盐松节油等	65.5374
13	非零售纯聚丙烯腈短纤多股纱线包括缆线，纯指按重量计聚丙烯腈或其变性短纤含量≥ 85%	445.9370	63	其他纺织材料制其他货物包装袋	65.3221
14	松节油	408.4738	64	棉制女式上衣	65.1050
15	其他餐桌厨房等家用铜制器具及其零件	396.2312	65	未经加工的人发；废人发不论是否洗涤	63.5426
16	羊毛及动物细毛制其他毡呢未浸渍，涂布，包覆或层压	378.5638	66	经酸处理的骨胶原及骨	63.4397
17	非零售纯聚酯短纤单纱，纯指按重量计聚酯短纤含量在 85% 及以上	371.5202	67	加工未纺的黄麻及纺织用韧皮纤维包括短纤、废麻、废纱线及回收纤，不含亚麻、大麻、苎麻	63.1935
18	毛制其他针织或钩编手套	367.1767	68	镀或涂锌的钢铁丝网、篱及格栅	61.5879
19	镀锌的瓦楞形铁或非合金钢宽板材电镀锌的除外，宽≥ 600 毫米	356.2593	69	其他非圆形截面的其他焊缝管	61.1130
20	混合蔬菜汁、水果与蔬菜的混合汁	350.1342	70	低芥子酸油菜子油渣饼及固体残渣	59.2384
21	鲜或干的坚果	333.1217	71	棉制女式西服套装	56.2091
22	经分拣的碎织物等包括废线，绳，索，缆及其制品	329.7092	72	毛制毯子及旅行毯羊毛或动物细毛制	55.8607

续表

排名	产品名称	RCA	排名	产品名称	RCA
23	其他编号未列名植物产品	317.3178	73	鲜或干的植物种子或果实作香料、药料、杀虫、杀菌等类似用途	55.0185
24	白利糖浓度不超过 20 的葡萄柚包括柚汁	275.1997	74	毡呢制帽坯及圆帽片	53.8019
25	白利糖浓度不超过 20 的菠萝汁	264.6435	75	其他铁或非合金钢圆形截面焊缝管	53.6683
26	白利糖浓度不超过 20 的苹果汁	260.6549	76	喀什米尔山羊细毛套头衫针织或钩编，包括开襟衫、外穿背心及类似品	51.4931
27	其他烟草及烟草代用品的制品	211.7016	77	涂镀其他材料铁或非合金钢宽板材宽度≥ 600 毫米	50.8276
28	已磨的姜	206.9108	78	非零售其他纯人造纤维短纤单纱，纯指按重量计其纤维短纤含量在 85% 及以上	49.5273
29	每件净重超过 3 千克半发酵的茶	203.0962	79	未漂白黄麻或韧皮纤维机织物宽度超过 150 厘米	47.6796
30	镀或涂锌的铁或非合金钢丝	188.0651	80	牙膏	43.9831
31	镀贵金属的雕塑像及其他装饰品贱金属制	187.2901	81	非改良种用其他牛	42.3286
32	微晶玻璃	181.8940	82	厚度≥ 3 毫米的冷轧非卷材除冷轧外未进一步加工，宽≥ 600 毫米，未包、镀、涂层	41.8832
33	生的或经沤制的大麻	172.0134	83	棉制女式连衣裙	40.0798
34	非零售聚酯短纤多股纱线或缆线终捻为 Z 捻，聚酯短纤含量在 85% 及以上，缝纫线除外	166.7181	84	其他纺织材料制运动套装	37.2786
35	手工制纸及纸板	166.1075	85	其他的烟草加工及制作机器本章其他编号未列名的	36.4311
36	成卷的铜锌合金黄铜板、片、带厚度＞ 0.15 毫米	165.1315	86	其他未包馅或未制作的生面食	34.9014
37	其他纤维状纤维素化学浆	157.6848	87	其他调味香料	32.1035
38	未磨的姜	155.4667	88	其他铜锌合金黄铜板、片、带	31.2270
39	番茄汁	151.3760	89	针织或钩编男式便服套装	30.5415
40	其他纺织材料制其他毡呢未浸渍，涂布，包覆或层压	145.7013	90	神香及其他通过燃烧散发香气制品	30.4821
41	其他 α 、β 、γ 射线设备	145.2141	91	其他动物干革经鞣制不带毛	30.3164

续表

排名	产品名称	RCA	排名	产品名称	RCA
42	其他湿牛马皮包括蓝湿牛皮，经鞣制不带毛	120.7928	92	毛制针织或钩编女式大衣等包括短大衣、斗篷、短斗篷及类似品	30.1474
43	毛制针织或钩编女式上衣	116.3407	93	其他材料制其他便服套装	30.1221
44	非零售纯聚丙烯腈短纤单纱	111.3395	94	其他石棉或石棉混合物制的服装	29.3054
45	其他钢铁或其他管、管和空心型材	108.2454	95	非合金制铝条、杆	28.7016
46	其他谷物糠、麸及其他残渣	108.1663	96	针织帽类及用其他纺织物制成帽类	28.5290
47	其他铜锡合金板、片、带厚度>0.15 毫米	102.0761	97	亚麻子油渣饼及固体残渣	28.2666
48	已磨的豆蔻	101.3938	98	种用花生	27.9130
49	其他纺织材料制线，绳，索，缆可编织或编结，可用橡胶或塑料浸渍、涂布，包覆，套裹	100.0084	99	毛制女式上衣羊毛或动物细毛制	27.9045
50	未磨锡兰肉桂	99.0181	100	其他雕塑像及其他装饰品贱金属制	27.7225

数据来源：由联合国商品贸易数据计算整理所得

由 NP-1 可知，排名前 100 的产品的比较优势指数值相对较大，均值为 328.9383。同时组内差距也较大，最大值与最小值差距高达 12768.6748。从产品整体的类别来看，尼泊尔的生皮、皮革、毛皮及其制品；其他植物纺织纤维；化学纤维短纤；絮胎、毡呢及无纺织物；钢铁及其制品；铜及其制品；针织或钩编的服装及衣着附件；非针织或非钩编的服装及衣着附件；其他纺织制成品；蔬菜水果坚果或植物其他部分的制品；食品工业的残渣及废料等产品具有明显的比较优势。

（二）尼泊尔出口主导产业分析

1. 出口主导产业测度

出口主导产业是由产业出口额占国家总出口额的比例来衡量的，所占比例越大，表明其在出口中所占地位越重，同时表明，此国生产相应产品的能力越强或拥有相应丰富的资源。表 NP-2 表示 2015 年尼泊尔出口额排名前 100 主导产品。

表 NP-2　2015 年尼泊尔出口额排名前 100 产品

单位：万美元、%

排名	产品名称	出口值	占比	排名	产品名称	出口值	占比
1	羊毛或动物细毛制的结织栽绒地毯包括羊毛或动物细毛制的其他结织栽绒铺地制品	6361.72	9.64	51	棉质男式短裤	247.41	0.37
2	未磨的豆蔻	4278.78	6.48	52	涂镀其他材料铁或非合金钢宽板材宽度≥600毫米	240.33	0.36
3	其他合成纤维扁条及类似品机织	3528.95	5.35	53	塑料制塞子，盖子及类似品	235.99	0.36
4	混合蔬菜汁、水果与蔬菜的混合汁	2296.24	3.48	54	松节油	233.27	0.35
5	非零售与人纤短纤混纺聚酯短纤纱，混纺指按重量计聚酯短纤含量在85%以下	2230.55	3.38	55	微晶玻璃	222.70	0.34
6	羊毛制披巾、头巾、围巾及类似品包括披纱、面纱等	2063.75	3.13	56	其他雕塑像及其他装饰品贱金属制	217.33	0.33
7	黄麻制其他货物包装袋含品目5303的其他韧皮纤维制	1877.24	2.84	57	其他α、β、γ射线设备	211.65	0.32
8	每件净重超过3千克半发酵的茶	1727.27	2.62	58	氯乙烯聚合物制的铺地制品	207.01	0.31
9	鲜或干的坚果	1708.99	2.59	59	登记本，账本，笔记本等及类似品包括定货本，收据本，信笺本，记事本，日记本	203.19	0.31
10	纺织材料制鞋面胶底的其他鞋靴橡胶或塑料制外底，运动用鞋靴除外	1705.28	2.58	60	塑料制坛，瓶及类似品	202.37	0.31
11	镀或涂锌的铁或非合金钢丝	1630.51	2.47	61	棉制男式衬衫	195.24	0.30
12	其他黄麻或韧皮其他纤维机织物宽度超过150厘米	1439.96	2.18	62	甘蔗糖蜜	193.03	0.29
13	松香、树脂酸	1375.92	2.08	63	棉制针织或钩编连衣裙	190.07	0.29
14	其他铁或非合金钢圆形截面焊缝管	1288.40	1.95	64	其他餐桌厨房等家用铜制器具及其零件	187.15	0.28
15	非零售纯聚酯短纤单纱，纯指按重量计聚酯短纤含量在85%及以上	1216.66	1.84	65	其他回收纸或纸板包括未分选的废碎品	186.56	0.28
16	非零售纯聚丙烯腈短纤多股纱线包括缆线，纯指按重量计聚丙烯腈或其变性短纤含量≥85%	1213.60	1.84	66	非零售其他纯人造纤维短纤单纱，纯指按重量计其纤维短纤含量在85%及以上	177.28	0.27
17	其他烟草及烟草代用品的制品	1200.71	1.82	67	冻藏的去骨牛肉	170.59	0.26

续表

排名	产品名称	出口值	占比	排名	产品名称	出口值	占比
18	成卷的铜锌合金黄铜板、片、带厚度＞0.15毫米	938.74	1.42	68	以塑料片或纺织材料作面的手提包不论是否有背带，包括无把手的	169.42	0.26
19	镀锌的瓦楞形铁或非合金钢宽板材电镀锌的除外，宽≥600毫米	919.85	1.39	69	其他纺织材料制线，绳，索，缆可编织或编结，可用橡胶或塑料浸渍、涂布，包覆，套裹	163.89	0.25
20	棉制女式上衣	914.92	1.39	70	非改良种用其他牛	152.92	0.23
21	干扁豆	837.85	1.27	71	其他非柑橘属果实的精油	145.23	0.22
22	其他纺织材料制其他毡呢浸渍、涂布、包覆	772.81	1.17	72	其他纤维状纤维素化学浆	139.57	0.21
23	其他编号未列名植物产品	717.37	1.09	73	其他的烟草加工及制作机器本章其他编号未列名的	137.33	0.21
24	牙膏	609.35	0.92	74	羊毛制套头衫等针织或钩编，包括开襟衫、背心及类似品	136.33	0.21
25	其他含未列名成分混合药品	605.70	0.92	75	毛制其他针织或钩编手套	134.26	0.20
26	其他未包馅或未制作的生面食	598.23	0.91	76	羊毛及动物细毛制其他毡呢未浸渍，涂布，包覆或层压	128.20	0.19
27	涂漆或涂塑的铁或非合金钢宽板材宽度≥600毫米	594.93	0.90	77	棉制男式上衣	127.90	0.19
28	镀锌的其他形铁或非合金钢宽板材电镀锌的除外，宽≥600毫米	592.49	0.90	78	鲜或冷藏的蒜	125.74	0.19
29	低芥子酸油菜子油渣饼及固体残渣	580.66	0.88	79	其他从乳中提取的脂和油	121.21	0.18
30	聚乙烯或聚丙烯制其他货物包装袋针织或钩编的，用扁条及类似材料制成	573.66	0.87	80	厚度＜0.5毫米的非合金钢冷轧卷材未进一步加工，宽≥600毫米，未包、镀、涂层	113.78	0.17
31	其他湿牛马皮包括蓝湿牛皮，经鞣制不带毛	563.16	0.85	81	白利糖浓度不超过20的葡萄柚包括柚汁	105.40	0.16
32	其他钢铁或其他管、管和空心型材	557.59	0.84	82	镀或涂锌的钢铁丝网、篱及格栅	103.19	0.16
33	鲜或干的植物种子或果实作香料、药料、杀虫、杀菌等类似用途	526.51	0.80	83	化学纤维制女式衬衫	103.12	0.16

续表

排名	产品名称	出口值	占比	排名	产品名称	出口值	占比
34	针织帽类及用其他纺织物制成帽类	515.27	0.78	84	玻璃珠，仿珍珠及类似小件玻璃品	98.54	0.15
35	冷冻的橙汁	504.90	0.76	85	非零售纯聚丙烯腈短纤单纱	98.24	0.15
36	棉制女式连衣裙	496.08	0.75	86	其他各种材料制的雕塑品原件	98.09	0.15
37	绘油画、粉画	478.87	0.73	87	其他泡沫塑料板，片，膜，箔，扁条	98.03	0.15
38	其他配制的动物饲料	468.62	0.71	88	棉制女式裙子及裙裤	93.96	0.14
39	白利糖浓度不超过 20 的苹果汁	423.10	0.64	89	其他谷物糠、麸及其他残渣	89.28	0.14
40	棉制货物包装袋	421.60	0.64	90	其他调味香料	89.16	0.14
41	经分拣的碎织物等包括废线，绳，索，缆及其制品	390.66	0.59	91	其他非圆形截面的其他焊缝管	88.65	0.13
42	未磨的姜	380.24	0.58	92	未磨锡兰肉桂	78.24	0.12
43	棉制女式长、马、短裤	330.39	0.50	93	毛制男式上衣羊毛或动物细毛制	77.57	0.12
44	喀什米尔山羊细毛套头衫针织或钩编，包括开襟衫、外穿背心及类似品	313.96	0.48	94	用塑料涂面或盖面的壁纸及类似品包括起纹，压花，着色，印制图案或经其他装饰	75.43	0.11
45	非零售聚酯短纤多股纱线或缆线终捻为 Z 捻，聚酯短纤含量在 85% 及以上，缝纫线除外	307.59	0.47	95	镀贵金属的雕塑像及其他装饰品贱金属制	74.88	0.11
46	剑麻或龙舌兰纤维制其他包扎用绳	294.72	0.45	96	毛制针织或钩编女式上衣	73.70	0.11
47	山羊或小山羊湿革经鞣制不带毛	264.06	0.40	98	毛制针刺机制毡呢及纤维缝编织不论是否浸渍，涂布，包覆或层压	71.48	0.11
48	零售包装的狗食或猫食	260.19	0.39	97	棉制女式衬衫	67.96	0.10
49	非合金制铝条、杆	259.75	0.39	99	毛制女式上衣羊毛或动物细毛制	67.45	0.10
50	白利糖浓度不超过 20 的菠萝汁	249.17	0.38	100	其他升降、搬运、装卸机械	63.52	0.10

数据来源：由联合国商品贸易数据计算整理所得

2015 年，尼泊尔排名前 10 出口主导产品主要为纺织原料及纺织制品；植物产品；食品；鞋靴、护腿和类似品及其零件。具体包括羊毛或动物细毛制的结织栽绒地毯；未磨的豆蔻；其他合成纤维扁条及类似品机织；混合蔬菜汁、水果与蔬菜的混合汁；非零售与人纤短纤混纺聚酯短纤纱；羊毛制披巾、头巾、围巾及类似品；黄麻制其他货物包装袋；每件净重超过3千克半发酵的茶；鲜或干的坚果；纺织材料制鞋面胶底的其他鞋靴。

从出口主导产品的集中度来看，集中程度较低，出口产品结构较为分散。2015年，排名前5的主导产品出口额度为1.87亿美元，占比为28.32%；排名前10的出口主导产品出口总额为2.78亿美元，占比为42.09%。

从出口主导产品分类来看，2015年尼泊尔主要出口非纺织或非钩编的服装及衣着附件；化学纤维短纤；絮胎，毡呢及无纺织物；地毯及纺织材料的其他铺地制品；针织或钩编的服装及衣着附件；其他纺织制成品；钢铁及其制品；塑料及其制品；杂项化学产品；蔬菜水果坚果火之舞其他部分的制品；食品工业的残渣及废料等。

2. 出口主导产业与比较优势产业的一致性分析

表NP-3为2015年尼泊尔排名前10的比较优势产品及出口主导产品。由表可知，尼泊尔比较优势指数排名前列的产品较为集中，主要是纺织原料及纺织制品，具体包括其他植物纺织；化学纤维长丝；化学纤维短纤；絮胎、毡呢及无纺织物；其他纺织制成品；生皮及皮革。出口主导产品更为多元化，主要是纺织原料及纺织制品；生皮及皮革；钢铁；鞋靴、护腿和类似品及其零件。对比发现未磨的豆蔻；羊毛或动物细毛制的结织栽绒地毯；黄麻制其他货物包装袋；非零售与人纤短纤混纺聚酯短纤纱；其他合成纤维扁条及类似品机织，既是比较优势排名前10产品，也是出口主导产品前10产品。因此，可以得出尼泊尔的比较优势产业与出口主导产业具有较强的一致性。

表NP-3 2015年尼泊尔排名前10比较优势产品及出口主导产品

排名	比较优势产品名称	RCA	排名	出口主导产品名称	占比 %
1	其他黄麻或韧皮其他纤维机织物宽度超过150厘米	12796.3973	1	羊毛或动物细毛制的结织栽绒地毯包括羊毛或动物细毛制的其他结织栽绒铺地制品	9.64
2	未磨的豆蔻	2708.7085	2	未磨的豆蔻	6.48
3	羊毛或动物细毛制的结织栽绒地毯包括羊毛或动物细毛制的其他结织栽绒铺地制品	1961.8160	3	其他合成纤维扁条及类似品机织	5.35
4	黄麻制其他货物包装袋含品目5303的其他韧皮纤维制	1752.8019	4	混合蔬菜汁、水果与蔬菜的混合汁	3.48

续表

排名	比较优势产品名称	RCA	排名	出口主导产品名称	占比 %
5	山羊或小山羊湿革经鞣制不带毛	1201.2110	5	非零售与人纤短纤混纺聚酯短纤纱，混纺指按重量计聚酯短纤含量在 85% 以下	3.38
6	非零售与人纤短纤混纺聚酯短纤纱，混纺指按重量计聚酯短纤含量在 85% 以下	1130.7181	6	羊毛制披巾、头巾、围巾及类似品包括披纱、面纱等	3.13
7	剑麻或龙舌兰纤维制其他包扎用绳	936.6252	7	黄麻制其他货物包装袋含品目 5303 的其他韧皮纤维制	2.84
8	其他纺织材料制其他毡呢浸渍、涂布、包覆	829.8062	8	每件净重超过 3 千克半发酵的茶	2.62
9	其他合成纤维扁条及类似品机织	808.1638	9	鲜或干的坚果	2.59
10	棉制货物包装袋	696.7037	10	纺织材料制鞋面胶底的其他鞋靴橡胶或塑料制外底，运动用鞋靴除外	2.58

（三）尼泊尔进口需求及其变化分析①

表 NP-4 表示 2009 年尼泊尔进口额排名前 100 产品。从表中可以看出，排名前 10 的进口产品主要为矿产品；天然或养殖珍珠、宝石或半宝石、贵金属、包贵金属及其制品；仿首饰；硬币；贱金属及其制品；动、植物油、脂及其分解产品；精制的食用油脂；动、植物蜡；化学工业及其相关工业的产品；车辆、航空器、船舶及有关运输设备；植物产品。具体包括轻油及制品；非货币用半制成金包括镀铂的金；其他含碳量小于 0.25% 的钢坯；其他液化石油气、烃类气；初榨的豆油；其他含未列名成分混合药品；排量≤ 250 毫升装往复式活塞内燃发动机摩托车及脚踏两用车；厚度＜ 0.5 毫米的非合金钢冷轧卷材；鲜或干的坚果；圆截面直径 <14 毫米的其他热轧盘条。其中，轻油及制品进口额度最高，为 4.48 亿美元，占比为 11.95%；其次是非货币用半制成金和其他含碳量小于 0.25% 的钢坯，进口额度分别为 1.51 亿美元、1.09 亿美元，占比分别为 4.03%、2.93%。

从尼泊尔进口前 100 名产品种类来看，主要为矿物燃料、矿物油及其蒸馏产品；钢铁；塑料及其制品；药品；核反应堆，锅炉，机器机械器具及其零件；电机电器设备及其零件；车辆及其零件附件；食用蔬菜，根及块茎等。

① 基于数据的可获得性，此节仅对尼泊尔 2009 年与 2016 年的进口数据进行对比。

从尼泊尔进口前100名产品集中度来看，进口产品排名前5的额度占比为24.05%，排名前10的额度占尼泊尔进口总额的32.34%。可以看出尼泊尔进口产品较为分散，进口需求具有多元化特征。

表 NP-4　2009 年尼泊尔进口额排名前 100 产品

单位：万美元、%

排名	产品名称	进口值	占比	排名	产品名称	进口值	占比
1	轻油及制品	44847.74	11.95	51	焦炭或半焦炭、甑炭	1249.02	0.33
2	非货币用半制成金包括镀铂的金	15137.88	4.03	52	其他零件和附件	1114.35	0.30
3	其他含碳量小于 0.25% 的钢坯	10983.68	2.93	53	破碎或磨粉用机器用于泥土、石料、矿石或其他固体物质的	1079.26	0.29
4	其他液化石油气、烃类气	9808.68	2.61	54	最大截面尺寸＞ 6 毫米的精炼铜丝	1079.00	0.29
5	初榨的豆油	9496.34	2.53	55	非泡沫丙烯聚合物板，片，膜，箔及扁条	1058.20	0.28
6	其他含未列名成分混合药品	8117.61	2.16	56	未加香料或着色剂的甘蔗原糖	1056.19	0.28
7	排量≤ 250 毫升装往复式活塞内燃发动机摩托车及脚踏两用车	6316.33	1.68	57	其他煤	1007.25	0.27
8	厚度＜ 0.5 毫米的非合金钢冷轧卷材未进一步加工，宽≥ 600 毫米，未包、镀、涂层	5694.77	1.52	58	柴油型其他小型货车装有压燃式活塞内燃发动机，小型指车辆总重量≤ 5 吨	999.47	0.27
9	鲜或干的坚果	5680.69	1.51	59	含锌量≥ 99.995% 的未锻轧锌	981.06	0.26
10	圆截面直径 <14 毫米的其他热轧盘条不带有轧制过程中产生的变形	5333.23	1.42	60	干豌豆	966.57	0.26
11	其他硅酸盐水泥	5217.39	1.39	61	其他有机化合物	931.22	0.25
12	水泥熟料	5039.24	1.34	62	初级形状的聚对苯二甲酸乙二酯	916.31	0.24
13	低芥籽酸油菜籽	4139.86	1.10	63	盐、纯氯化钠、海水	889.87	0.24
14	其他拖拉机	3987.76	1.06	64	有衬背铝箔厚度≤ 0.2 毫米	872.52	0.23
15	机动车辆装有发动机的底盘	3906.18	1.04	65	其他玻璃器皿	864.54	0.23

续表

排名	产品名称	进口值	占比	排名	产品名称	进口值	占比
16	前铲装载机	3712.53	0.99	66	新的邮票包括支票、股票，债券及类似的所有权凭证	860.52	0.23
17	初榨的棕榈油	3514.74	0.94	67	无线电广播、电视用卫星地面站设备装有接收装置的发送设备	853.79	0.23
18	初级形状的聚丙烯	3397.37	0.90	68	最大截面尺寸＞7毫米的非合金铝丝	844.18	0.22
19	石油油和油脂	3201.58	0.85	69	其他点燃式活塞内燃发动机总重量超过5吨	837.78	0.22
20	蜂窝网络或其他无线网络的电话机	2925.19	0.78	70	固体氢氧化钠	834.97	0.22
21	初级形状比重≥0.94的聚乙烯	2538.57	0.68	71	铝废碎料	822.85	0.22
22	其他编号未列名的食品	2347.23	0.63	72	其他机械铲、挖掘机及机铲装载机	815.02	0.22
23	精米	2299.39	0.61	73	初级形状的纯聚氯乙烯	811.60	0.22
24	其他通信设备	2286.14	0.61	74	压燃式活塞内燃发动机的客车	809.60	0.22
25	飞机和其他飞机的空载重量超过15000公斤	2239.94	0.60	75	铸铁废碎料	801.35	0.21
26	厚度小于3毫米热轧卷材	2139.16	0.57	76	厚度>10毫米的其他热轧卷材	795.57	0.21
27	其他工业用单羧脂肪酸、酸性油	2055.47	0.55	77	光敏半导体器件、发光二极管	757.68	0.20
28	厚度＜3毫米的其他热轧卷材除热轧外未进一步加工宽≥600毫米，未包、镀、涂层	1965.52	0.52	78	其他配制的动物饲料	716.23	0.19
29	直接从铁矿还原的铁制品铁团、铁粒及类似形状	1955.46	0.52	79	航空器内燃引擎指点燃往复式或旋转式	714.67	0.19
30	1升＜排量≤1.5升带点燃往复式活塞内燃发动机其他车	1842.36	0.49	80	石油沥青	709.44	0.19
31	其他塑料制品	1790.58	0.48	81	麦精、粮食粉等制食品及乳制食品	702.27	0.19
32	飞机及直升机用其他零件	1732.20	0.46	82	其他媒体磁性、光学或半导体媒体除外	700.10	0.19

续表

排名	产品名称	进口值	占比	排名	产品名称	进口值	占比
33	部分或全部去梗的烟草	1714.43	0.46	83	未梳的脱脂剪羊毛未碳化	699.57	0.19
34	交换机和路由器	1693.88	0.45	84	排量≤1升的带点燃往复式活塞内燃发动机的其他车辆	692.12	0.18
35	生或沤制黄麻，其他纺织韧皮纤维不包括亚麻，大麻，苎麻	1643.60	0.44	85	其他美容品或化妆品	669.94	0.18
36	未梳的聚酯短纤包括未经其他纺前加工的	1588.92	0.42	86	计算机用终端输入或输出部件，不论是否在同一机壳内有存储部件	660.76	0.18
37	品目 8471 所列其他机器零附件	1586.03	0.42	87	无线电广播、电视用发送设备	657.58	0.18
38	人用疫苗	1554.18	0.41	88	干豆	655.00	0.17
39	非货币用未锻造金	1541.00	0.41	89	鲜或冷藏的葱	644.78	0.17
40	其他铅酸蓄电池启动活塞式发动机用铅酸蓄电池除外	1538.05	0.41	90	其他颜色的电视接收机	641.54	0.17
41	其他已配定剂量的药品	1466.95	0.39	91	棉制男式便服套装	628.89	0.17
42	其他医疗、外科或兽医用仪器器具	1458.98	0.39	92	静态转换器	626.29	0.17
43	初级形状比重＜0.94 的聚乙烯	1437.50	0.38	93	装压缩或液化气的钢铁容器	624.90	0.17
44	便携式自动数据处理设备重量≤10 千克，至少由一个中央处理器、键盘和显示器组成	1433.00	0.38	94	初榨的葵花油和红花油	623.34	0.17
45	输出功率≤75 千伏安柴油发电机组包括半柴油发电机组	1412.87	0.38	95	棉制女式其他服装	620.09	0.17
46	成卷或成张的新闻纸成条宽>36 厘米，或一边>36 厘米，一边>15 厘米成张矩形	1364.72	0.36	96	已配剂量含有其他抗菌素的药品	620.06	0.17
47	提炼豆油所得的油饼和其他固体残渣	1336.16	0.36	97	其他塑料及橡胶制鞋面的其他鞋靴	610.68	0.16
48	印花其他棉布每平方米重≤200 克	1320.56	0.35	98	16 千伏安＜额定容量≤500 千伏安其他变压器	597.60	0.16
49	干扁豆	1297.58	0.35	99	脂肪量＞1.5% 的加糖固状乳及奶油指粉状、粒状或其他固体状态，浓缩，加糖或其他甜物质	595.57	0.16

续表

排名	产品名称	进口值	占比	排名	产品名称	进口值	占比
50	柴油型的其他货车装有压燃式活塞内燃发动机，超重型指车辆总重量＞20吨	1285.18	0.34	100	干鹰嘴豆	592.55	0.16

数据来源：由联合国商品贸易数据计算整理所得

表NP-5表示2016年尼泊尔进口额排名前100产品。从表中可以看出，排名前10的进口产品为矿产品；贱金属及其制品；机器、机械器具、电气设备及其零件；录音机及放声机、电视图像、声音的录制和重放设备及其零件；植物产品；车辆、航空器、船舶及有关运输设备；天然或养殖珍珠、宝石或半宝石、贵金属、包贵金属及其制品；仿首饰；硬币。具体有石油油和油脂；其他含碳量小于0.25%的钢坯；蜂窝网络或其他无线网络的电话机；精米；排量≤250毫升装往复式活塞内燃发动机摩托车及脚踏两用车；其他液化石油气、烃类气；水泥熟料；非货币用半制成金包括镀铂的金；机动车辆装有发动机的底盘；轻油及制品，不含生物柴油。其中，石油油和油脂进口额度最高，为5.83亿美元，占比为6.57%；其次是其他含碳量小于0.25%的钢坯和蜂窝网络或其他无线网络的电话机，进口额度分别为3.64亿美元、1.97亿美元，占比分别为4.1%、2.22%。

从2016年尼泊尔进口前100名产品种类来看，主要为矿物燃料、矿物油及其蒸馏产品；电机电气设备及其零件；车辆及其零件附件；核反应堆、锅炉、机器机械器具及零件；钢铁；矿砂矿渣及矿灰；食用蔬菜，根及块茎；谷物；药品；塑料及其制品等。

从尼泊尔进口前100名产品集中度来看，进口产品排名前5的额度占比为17.17%，排名前10的额度占比为25.73%。由此可以看出，2016年尼泊尔进口需求更加分散，进口产品结构趋于多元化。

表NP-5　2016年尼泊尔进口额排名前100产品

单位：万美元、%

排名	产品名称	进口值	占比	排名	产品名称	进口值	占比
1	石油油和油脂	58347.54	6.57	51	含锌量≥99.995%的未锻轧锌	3075.47	0.35
2	其他含碳量小于0.25%的钢坯	36377.31	4.10	52	部分或全部去梗的烟草	3069.95	0.35
3	蜂窝网络或其他无线网络的电话机	19740.33	2.22	53	其他玻璃器皿	3017.81	0.34

续表

排名	产品名称	进口值	占比	排名	产品名称	进口值	占比
4	精米	19167.63	2.16	54	其他医疗、外科或兽医用仪器器具	2988.85	0.34
5	排量≤ 250 毫升装往复式活塞内燃发动机摩托车及脚踏两用车	18819.83	2.12	55	未脱壳稻谷	2923.91	0.33
6	其他液化石油气、烃类气	16428.86	1.85	56	移动通信基地站	2853.78	0.32
7	水泥熟料	15626.16	1.76	57	压燃式活塞内燃发动机的客车	2800.97	0.32
8	非货币用半制成金包括镀铂的金	14743.43	1.66	58	其他电视接收机零件	2627.79	0.30
9	机动车辆装有发动机的底盘	14699.21	1.66	59	焦炭或半焦炭、甑炭	2409.82	0.27
10	轻油及制品	14430.88	1.63	60	上釉的大陶瓷砖，瓦，块及类似品	2392.58	0.27
11	初榨的豆油	13090.78	1.47	61	光敏半导体器件、发光二极管	2374.90	0.27
12	其他煤	12401.05	1.40	62	初级形状比重＜ 0.94 的聚乙烯	2360.03	0.27
13	其他含未列名成分混合药品	11272.34	1.27	63	山羊	2341.67	0.26
14	其他机械铲、挖掘机及机铲装载机	11139.19	1.25	64	干绿豆	2307.88	0.26
15	其他玉米	10495.79	1.18	65	干扁豆	2294.33	0.26
16	其他拖拉机	9868.96	1.11	66	铁或非合金钢的热加工条、杆带有轧制过程中产生变形，热加工指热轧、热拉拔或热挤压	2228.51	0.25
17	圆截面直径 <14 毫米的其他热轧盘条不带有轧制过程中产生的变形	9678.25	1.09	67	破碎或磨粉用机器用于泥土、石料、矿石或其他固体物质的	2139.28	0.24
18	1 升＜排量≤ 1.5 升带点燃往复式活塞内燃发动机其他车	8127.26	0.92	68	其他客或货车用新充气橡胶轮胎	2094.87	0.24
19	厚度＜ 3 毫米的其他热轧卷材除热轧外未进一步加工宽≥ 600 毫米，未包、镀、涂层	8042.52	0.91	69	麦精、粮食粉等制食品及乳制食品	2078.81	0.23
20	提炼豆油所得的油饼和其他固体残渣	7118.10	0.80	70	排量≤ 1 升的带点燃往复式活塞内燃发动机的其他车辆	2036.48	0.23
21	尿素	6720.21	0.76	71	4.75 毫米 > 厚度≥ 3 毫米的大强度卷材宽≥ 600 毫米	1945.44	0.22

续表

排名	产品名称	进口值	占比	排名	产品名称	进口值	占比
22	其他已配定剂量的药品	6309.87	0.71	72	其他 40 克＜每平方米≤ 150 克未涂中厚纸书写印刷用，含机械或化学－机械法制纤维≤ 10%	1939.71	0.22
23	初级形状比重≥ 0.94 的聚乙烯	6220.32	0.70	73	启动活塞式发动机用铅酸蓄电池	1924.52	0.22
24	初级形状的聚丙烯	6032.59	0.68	74	其他硬粒小麦	1895.72	0.21
25	其他半制成银包括镀金，镀铂的银	5964.71	0.67	75	未加香料或着色剂的甘蔗原糖按重量计干燥状态的蔗糖含量对应的旋光读数不低于 69 度，但低于 93 度	1863.07	0.21
26	厚度＜ 0.5 毫米的非合金钢冷轧卷材未进一步加工，宽≥ 600 毫米，未包、镀、涂层	5771.73	0.65	76	铜废料和废料	1859.03	0.21
27	1.5 升＜排量≤ 3 升装点燃往复式活塞内燃发动机的其他载人车辆	5696.01	0.64	77	未加香料或着色剂其他甘蔗原糖	1842.74	0.21
28	柴油型其他小型货车装有压燃式活塞内燃发动机，小型指车辆总重量≤ 5 吨	5563.84	0.63	78	已配剂量含有其他抗菌素的药品	1835.14	0.21
29	其他编号未列名的食品	5271.56	0.59	79	其他通信设备	1828.42	0.21
30	磷酸氢二铵	5015.58	0.56	80	交换机和路由器	1810.48	0.20
31	其他鲜或冷藏的马铃薯	4884.17	0.55	81	卫生巾护垫及止血塞	1809.02	0.20
32	挖掘机上部结构可转 360 度的	4837.89	0.54	82	其他无酒精饮料	1779.54	0.20
33	其他铅酸蓄电池启动活塞式发动机用铅酸蓄电池除外	4194.87	0.47	83	干豌豆	1752.70	0.20
34	鲜苹果	4158.28	0.47	84	其他矿渣及矿灰	1751.06	0.20
35	中型飞机及其他航空器中型指 2 吨＜空载重量≤ 15 吨	4150.70	0.47	85	有衬背铝箔厚度≤ 0.2 毫米	1701.18	0.19
36	低芥籽酸油菜籽	4143.40	0.47	86	甜饼干	1678.37	0.19
37	便携式自动数据处理设备重量≤ 10 千克，至少由一个中央处理器、键盘和显示器组成	4098.55	0.46	87	其他媒体磁性、光学或半导体媒体除外	1676.05	0.19
38	其他配制的动物饲料	3918.35	0.44	88	棉制女式其他服装	1675.39	0.19
39	初榨的葵花油和红花油	3811.82	0.43	89	生石膏，硬石膏	1671.74	0.19

续表

排名	产品名称	进口值	占比	排名	产品名称	进口值	占比
40	柴油型其他货车装有压燃式活塞内燃发动机，重型指 5 吨≤车辆总重≤ 20 吨	3687.01	0.42	90	飞机及直升机用其他零件	1653.99	0.19
41	其他大豆	3601.48	0.41	91	其他有机化合物	1618.20	0.18
42	鲜或冷藏的葱	3534.14	0.40	92	铁或非合金钢的锻造条、杆除热加工外未进一步加工	1591.82	0.18
43	初榨的棕榈油	3523.64	0.40	93	其他巧克力及含可可的食品	1554.80	0.18
44	柴油型的其他货车装有压燃式活塞内燃发动机，超重型指车辆总重量＞ 20 吨	3475.49	0.39	94	其他型载人车辆	1553.50	0.17
45	其他美容品或化妆品	3267.46	0.37	95	其他不含可可的糖食	1502.01	0.17
46	未梳的聚酯短纤包括未经其他纺前加工的	3243.28	0.37	96	干辣椒未压碎或磨碎	1486.97	0.17
47	生或沤制黄麻，其他纺织韧皮纤维不包括亚麻，大麻，苎麻	3226.40	0.36	97	1.5 升＜排量≤ 2.5 升装有压燃往复式活塞内燃发动机	1483.69	0.17
48	其他小麦及混合麦	3185.95	0.36	98	其他钢铁结构体及部件包括结构体用的已加工钢板、型材、管子及类似品	1473.66	0.17
49	其他零件和附件	3084.82	0.35	99	其他硅酸盐水泥	1470.19	0.17
50	10 毫米≥厚≥ 4.75 毫米的其他热轧卷材除热轧外未进一步加工，宽≥ 600 毫米，未包、镀、涂层	3083.60	0.35	100	铝合金制空心异型材	1447.30	0.16

数据来源：由联合国商品贸易数据计算整理所得

对比 2009 年及 2016 年尼泊尔排名前 10 的进口产品发现，种类变动幅度较大。相对于 2009 年，2016 年尼泊尔增加了石油油和油脂；蜂窝网络或其他无线网络的电话机；精米；水泥熟料；机动车辆装有发动机的底盘的进口。减少了初榨的豆油；其他含未列名成分混合药品；厚度＜ 0.5 毫米的非合金钢冷轧卷材；鲜或干的坚果；圆截面直径 <14 毫米的其他热轧盘条的进口。

从进口产品的集中度来看，2009 年进口产品排名前 5 的额度占比为 24.05%，排名前 10 的额度占比为 32.34%；2016 年进口产品排名前 5 的额度占比为 17.17%，排名前 10 的额度占比为 25.73%。相比于 2009 年，2016 年尼泊尔前 5、前 10 进口产品的总体集中度呈现下降趋势，下降幅度分别为 28.61%、20.44%。表明尼泊尔的进口需求逐渐分散，进口产品结构更加趋于合理化。

从尼泊尔进口前 100 名产品分类来看，2009 年与 2016 年，进口需求产业具有较高的一致性。主要进口的大类产品为矿物燃料、矿物油及其蒸馏产品；电机电气设备及其零件；车辆及其零件附件；核反应堆、锅炉、机器机械器具及零件；钢铁；药品；塑料及其制品。相对于 2009 年，2016 年尼泊尔增加了矿砂矿渣及矿灰；食用蔬菜，根及块茎；谷物等产品的进口。

八、哈萨克斯坦出口比较优势分析与进口需求研究

（一）哈萨克斯坦出口比较优势分析

比较优势指数反映了一国某产品在全球此类产品出口中的竞争力。若 RCA>1，表明该国此产品具有比较优势，若 RCA>2.5，则说明该产品具有极强的比较优势。表 KZ-1 显示了 2005 年哈萨克斯坦出口比较优势指数 RCA 排名前 100 的产品。整体上，2005 年哈萨克斯坦出口产品比较优势排名前 100 位的指数都大于 2.5，这说明这 100 种产品相对于其他产品在出口贸易中具有显著的竞争优势。2005 年比较优势排名前 10 的产品包括：其他铍及其制品；铍废碎料；硅铬铁；其他铬的氧化物及氢氧化物；铬铁，按重量计含碳量在 4% 以上；未锻轧铍、铍粉末；磷；厚度小于 0.5 毫米的冷轧非卷材除冷轧；硫酸铬；其他铬酸盐及重铬酸盐，过铬酸盐等。其中其他铍及其制品；铍废碎料的比较优势指数达到了 216.94 和 115.00，在国际贸易中具有一定的垄断定位。从产品整体的类别来看稀土资源及其制品具有明显的比较优势。

表 KZ-1　2005 年哈萨克斯坦比较优势指数排名前 100 产品

排名	产品名称	RCA	排名	产品名称	RCA
1	其他铍及其制品	216.94	51	耐火粘土，不论是否煅烧	12.95
2	铍废碎料	115.00	52	其他未加工或半制成品的银粉	12.46
3	硅铬铁	114.11	53	其他未锻轧钽粉，包括简单烧结而成的条、杆	12.40
4	其他铬的氧化物及氢氧化物	103.41	54	未锻轧铊；铊粉末	11.53
5	铬铁，按重量计含碳量在 4% 以上	102.51	55	合金生铁、镜铁	11.44
6	未锻轧铍、铍粉末	100.48	56	其他含油子仁或果实的细粉及粗粉	11.43
7	磷	71.15	57	石油原油	11.31

续表

排名	产品名称	RCA	排名	产品名称	RCA
8	厚度小于 0.5 毫米的冷轧非卷材	68.40	58	非货币用金粉	10.51
9	硫酸铬	59.89	59	精制的棉子油及其分离品	9.87
10	其他铬酸盐及重铬酸盐，过铬酸盐	59.63	60	天然硫酸钡	9.30
11	铬矿砂及其精矿	58.85	61	硫酸铝	9.03
12	未锻轧的钛粉末	56.21	62	镀锡的非合金钢薄宽平板轧材	8.71
13	其他铬铁	56.07	63	设计图纸原稿或手稿及其复制件手绘的建筑、工程、工业、商业、地形或类似用途的	8.70
14	三氧化铬	55.64	64	钢铁制研磨机用研磨球及类似品经锻造或冲压后，未经进一步加工	8.68
15	粗或粗修石英岩	55.38	65	羊毛条及其他精梳羊毛	7.91
16	绵羊或羔羊湿革	45.15	66	其他贵金属矿砂及其精矿	7.77
17	未锻轧镉、粉末	44.68	67	氧化锌、过氧化锌	7.72
18	长纤维石棉	40.21	68	硅铁，含硅量在 55% 以上	7.63
19	重铬酸钠	36.63	69	铁道用非机动油罐货车及类似车包括电车道用，但不包括容积 50 立方米液化气铁路槽车	7.59
20	全粒面未剖层或粒面剖层湿牛皮包括蓝湿牛皮，经鞣制不带毛	32.97	70	未梳的棉花	7.53
21	红铅橙铅	32.90	71	镀锌的其他形铁或非合金钢宽板材电镀锌的除外，宽≥ 600 毫米	7.41
22	天然铀及其化合物，含天然铀或天然铀化合物的合金、分散体包括金属陶瓷、陶瓷产品及混合物	32.86	72	石棉水泥、纤维素纤维水泥或类似材料的管子、管子和管件	7.12
23	含锌量≥ 99.995% 的未锻轧锌	31.46	73	厚 <3 毫米的热轧非卷材除热轧外未进一步加工，宽≥ 600 毫米，未包、镀，涂层	6.80
24	其他煤	30.02	74	1 毫米≥厚度≥ 0.5 毫米冷轧卷材宽≥ 600 毫米	6.72
25	未加香料或着色剂的甜菜原糖	29.25	75	4.75 毫米 > 厚≥ 3 毫米大强度热轧非卷材宽≥ 600 毫米	6.63
26	褐煤	28.67	76	沥青	6.30
27	红花子	28.21	77	铁道用非机动自卸货车包括电车道用，但子目 860610 的货品除外	6.24
28	铜母合金	27.40	78	3 毫米 > 厚度 >1 毫米的冷轧非卷材除冷轧外未进一步加工，宽≥ 600 毫米，未包、镀、涂层	6.07

续表

排名	产品名称	RCA	排名	产品名称	RCA
29	锑矿砂及其精矿	24.74	79	三磷酸钠三聚磷酸钠	5.89
30	精炼铜的阴极型材未锻轧的	23.51	80	铁路和索道绝缘或冷藏货车和货车，非自走式、非卸车式货车	5.84
31	碳化钙	23.20	81	石灰石助熔剂、石灰石及其他钙石	5.84
32	其他油渣饼及固体残渣	22.32	82	其他基本金属	5.84
33	小麦或混合麦的细粉	21.97	83	其他以钢铁为主的废五金材料	5.83
34	其他石油等矿物油类的残渣	20.82	84	其他冷轧铁或非合金钢宽平轧材	5.78
35	棉短绒	20.68	85	纺织材料加强的硫化橡胶输送带包括带料	5.65
36	硅锰铁	20.21	86	已碾磨天然磷酸钙	5.40
37	已烧结铁矿砂及其精矿	20.01	87	含锌量＜ 99.99% 的未锻轧锌	5.18
38	未锻轧精炼铅	18.85	88	液化丁烷	5.03
39	其他含氮、磷两种元素肥料	18.85	89	厚度＜ 3 毫米的其他热轧卷材除热轧外未进一步加工宽≥ 600 毫米，未包、镀、涂层	4.65
40	1 毫米≥厚度≥ 0.5 毫米的冷轧非卷材未进一步加工，宽≥ 600 毫米，未包、镀、涂层	16.56	90	小麦或马尾松种子免耕小麦	4.63
41	其他金属酸盐及过金属酸盐	16.48	91	液化丙烷	4.46
42	氧化铝，但人造刚玉除外	16.45	92	其他钢铁制浴缸不论是否搪瓷	4.40
43	其他圆柱滚子轴承	16.43	93	10 毫米≥厚度≥ 4.75 毫米的热轧非卷材除热轧外未进一步加工，宽≥ 600 毫米，未包、镀，涂层	4.38
44	切割的石英除天然砂以外	15.92	94	含碳量不小于 0.25% 的钢坯	4.24
45	研光机或其他滚压机的未列名零件	14.89	95	新鲜西瓜	4.21
46	未锻轧的其他铜合金铜母合金除外，包括未锻轧的白铜或德银	14.37	96	其他湿牛马皮包括蓝湿牛皮，经鞣制不带毛	4.07
47	各种硫磺	13.46	97	其他钽和其制品，包括废物和废料	4.04
48	鱼子酱和鱼子酱代用品	13.31	98	其他动物角粉末和废料	3.93
49	锰矿砂及其精矿	13.09	99	石棉水泥、纤维素纤维水泥等波纹板	3.84
50	轧有花纹的热轧非卷材除热轧外未进一步加工，宽≥ 600 毫米，未包、镀、涂层	13.00	100	未精炼铜、电解精炼用铜阳极	3.80

数据来源：由联合国商品贸易数据计算整理所得

表 KZ-2 显示了 2016 年哈萨克斯坦出口比较优势指数 RCA 排名前 100 的产品。整体上，2016 年哈萨克斯坦出口产品比较优势排名前 100 位的指数都大于 2.5，这说明这 100 种产品相对于其他产品在出口贸易中具有显著的竞争优势。2016 年比较优势排名前 10 的产品包括：未锻轧铍、铍粉末；初榨的棉子油；硅铬铁；磷；天然铀及其化合物，含天然铀或天然铀化合物的合金、分散体包括金属陶瓷、陶瓷产品及混合物；其他铬的氧化物及氢氧化物；厚度≥ 3 毫米的冷轧非卷材除冷轧外未进一步加工，宽≥ 600 毫米，未包、镀、涂层；石英岩；其他未锻轧的精炼铜；铬铁等。其中未锻轧铍、铍粉末的比较优势指数达到了 311.61，在国际贸易中具有一定的垄断定位。从产品整体的类别来看稀土资源及其制品；榨油类农产品等具有明显的比较优势。

表 KZ-2　2016 年哈萨克斯坦比较优势指数排名前 100 产品

排名	产品名称	RCA	排名	产品名称	RCA
1	未锻轧铍、铍粉末	311.61	51	氧化铝，但人造刚玉除外	13.06
2	初榨的棉子油	247.49	52	其他硅锰钢的条、杆	12.39
3	硅铬铁	240.68	53	亚麻子油渣饼及固体残渣	12.24
4	磷	202.38	54	其他硬粒小麦	11.86
5	天然铀及其化合物，含天然铀或天然铀化合物的合金、分散体包括金属陶瓷、陶瓷产品及混合物	193.01	55	其他钢铁制浴缸不论是否搪瓷	11.86
6	其他铬的氧化物及氢氧化物	161.61	56	棉子油渣饼及固体残渣	11.82
7	厚度≥ 3 毫米的冷轧非卷材除冷轧外未进一步加工，宽≥ 600 毫米，未包、镀、涂层	146.47	57	其他液化石油气、烃类气	11.78
8	石英岩	112.12	58	未锻轧的铜锡合金青铜	11.39
9	其他未锻轧的精炼铜	103.79	59	其他钽和其制品，包括废物和废料	10.87
10	铬铁，按重量计含碳量在 4% 以上	83.62	60	未锻轧锌合金	10.81
11	重铬酸钠	82.78	61	未锻轧的其他铜合金铜母合金除外，包括未锻轧的白铜或德银	10.45
12	其他石棉	78.42	62	其他煤	10.43
13	三氧化铬	71.37	63	含多氯联苯、多溴联苯的废油	10.09
14	厚度≥ 3 毫米的冷轧卷材宽≥ 600 毫米	70.90	64	锌矿砂及其精矿	10.07
15	红花子	61.01	65	锑矿砂及其精矿	10.06

续表

排名	产品名称	RCA	排名	产品名称	RCA
16	新的邮票包括支票、股票，债券及类似的所有权凭证	59.58	66	荞麦	10.01
17	未锻轧的钛粉末	55.41	67	小麦糠、麸及其他残渣	9.69
18	其他铬铁	52.84	68	气态天然气	9.56
19	铜母合金	50.82	69	其他合金钢废碎料	9.52
20	小麦或混合麦的细粉	47.06	70	鲜、冷、冻或干的甜菜	9.26
21	亚麻子	44.58	71	3 毫米 > 厚度 >1 毫米的冷轧非卷材除冷轧外未进一步加工，宽≥ 600 毫米，未包、镀、涂层	9.15
22	厚 <3 毫米的热轧非卷材除热轧外未进一步加工，宽≥ 600 毫米，未包、镀，涂层	43.70	72	初榨亚麻子油	8.79
23	其他种用小麦及混合麦	40.85	73	冻的其他鱼片	8.37
24	厚度 >10 毫米的其他热轧卷材	40.56	74	精制的棉子油及其分离品	8.32
25	其他未锻轧钼粉，包括简单烧结而成的条、杆	38.84	75	其他大麦	8.28
26	未锻轧镉、粉末	36.57	76	耐火粘土，不论是否煅烧	8.21
27	各种硫磺	35.97	77	未梳的其他含脂羊毛	7.73
28	含锌量≥ 99.995% 的未锻轧锌	30.53	78	其他小麦及混合麦	7.67
29	冻鲤科鱼西鲤、黑鲫、草鱼、鲢属、鳑属、青鱼	29.71	79	板岩	7.67
30	其他铬酸盐及重铬酸盐，过铬酸盐	27.74	80	1 毫米≥厚度≥ 0.5 毫米冷轧卷材宽≥ 600 毫米	7.57
31	碳化钙	25.94	81	棉短绒	7.27
32	未锻轧精炼铅	25.51	82	未锻轧非合金铝	7.27
33	其他鲜的带壳禽蛋	24.72	83	页状硅石，膨胀粘土，泡沫矿渣包括类似膨胀矿物材料及相互混合物	7.17
34	厚度小于 0.5 毫米的冷轧非卷材除冷轧外未进一步加工，宽≥ 600 毫米，未包、镀、涂层	24.37	84	厚度＜ 3 毫米的其他热轧卷材除热轧外未进一步加工宽≥ 600 毫米，未包、镀、涂层	7.06
35	硅锰铁	24.33	85	葵花子	7.06
36	含石棉的制品	24.26	86	硅铁，含硅量在 55% 以上	6.96
37	铬矿砂及其精矿	24.18	87	液化丙烷	6.94

续表

排名	产品名称	RCA	排名	产品名称	RCA
38	其他铍及其制品	23.20	88	短绒纸浆	6.92
39	精制的亚麻子油及其分离品	22.54	89	褐煤	6.92
40	含碳量不小于 0.25% 的钢坯	22.18	90	废棉纱线包括废棉线	6.88
41	已碾磨天然磷酸钙	21.97	91	10 毫米≥厚度≥ 4.75 毫米的热轧非卷材除热轧外未进一步加工，宽≥ 600 毫米，未包、镀，涂层	6.70
42	其他未加工或半制成品的银粉	17.71	92	液化丁烷	6.58
43	精炼铜的阴极型材未锻轧的	16.02	93	未锻轧的铜锌合金黄铜	6.50
44	1 毫米≥厚度≥ 0.5 毫米的冷轧非卷材未进一步加工，宽≥ 600 毫米，未包、镀、涂层	15.88	94	厚度＜ 0.5 毫米的非合金钢冷轧卷材未进一步加工，宽≥ 600 毫米，未包、镀、涂层	6.40
45	天然硫酸钡重晶石	15.64	95	U235 浓缩铀，钚及其化合物	6.39
46	其他矿砂及其精矿	15.05	96	三磷酸钠三聚磷酸钠	5.85
47	石油原油	14.44	97	其他石油或天然气钢铁管道	5.85
48	适于缫丝的桑蚕茧	14.16	98	其他谷物粗粒及粗粉	5.77
49	其他油菜子油渣饼及固体残渣	14.11	99	沥青焦	5.56
50	铋及其制品，包括废料	13.74	100	宽度≥ 600 毫米冷轧其他合金钢板材除冷轧外未经进一步加工	5.53

数据来源：由联合国商品贸易数据计算整理所得

与 2005 年相比，2016 年哈萨克斯坦的出口比较优势有所变化。从比较优势指数来分析，相对于 2005 年，2016 年哈萨克斯坦前 100 名产品的比较优势指数总体有所上升，比较优势均值从 24.88 上升到 36.72，增幅 47.59% 左右；比较优势指数最大值从 216.94，上升到 311.61，增幅约为 43.64%；最小值从 3.80 上升至 5.53，增幅为 45.53%。从产品产业分布来看，总体变化不大，产品主要分布在稀土资源上，相对来说 2016 年榨油类农产品比较优势有所上升。从排名前 10 的具体产品来看，变化比较大。其他铍及其制品、铍废碎料；厚度小于 0.5 毫米的冷轧非卷材除冷轧外未进一步加工，宽≥ 600 毫米，未包、镀、涂层；硫酸铬；其他铬酸盐及重铬酸盐等产品比较优势下降明显，排名退出前 10；初榨的棉子油；天然铀及其化合物含天然铀或天然铀化合物的合金；分散体包括金属陶瓷、陶瓷产品及混合物；厚度≥ 3 毫米的冷轧非卷材除冷轧外未进一步加工，宽≥ 600 毫米，未包、镀、涂层；石英岩；其他未锻轧的精炼铜等产品比较优势上升明显，排名进入前 10。

（二）哈萨克斯坦出口主导产业分析

1. 出口主导产业测度

出口主导产业是由产业出口额占国家总出口额的比例来衡量的，所占比例越大，表明其在出口中所占地位越重，同时表明，此国生产相应产品的能力越强或拥有相应丰富的资源。如表 KZ-3，反映的是 2005 年哈萨克斯坦出口额排名前 100 的产品。整体上，2005 年哈萨克斯坦出口的产品主要集中在能源及其制品、稀土资源及其制品上，排名前 10 的产品分别是石油原油；精炼铜的阴极型材未锻轧的；铬铁按重量计含碳量在 4% 以上；石油油和油脂；已烧结铁矿砂及其精矿；气态天然气；氧化铝；含锌量≥ 99.995% 的未锻轧锌，镀锌的其他形铁或非合金钢宽板材电镀锌的除外，宽≥ 600 毫米；车用汽油、航空汽油等，其中以石油及其制品为代表的能源产品具有显著的主导地位。

表 KZ-3　2005 年哈萨克斯坦出口额排名前 100 产品

单位：万美元、%

排名	产品名称	出口值	占比	排名	产品名称	出口值	占比
1	石油原油	1739524.83	62.47	51	长纤维石棉	2770.33	0.10
2	精炼铜的阴极型材未锻轧的	142448.47	5.12	52	U235 浓缩铀，钚及其化合物	2591.14	0.09
3	铬铁，按重量计含碳量在 4% 以上	71654.74	2.57	53	羊毛条及其他精梳羊毛	2314.77	0.08
4	石油油和油脂	65913.29	2.37	54	厚度＜ 0.5 毫米的非合金钢冷轧卷材未进一步加工，宽≥ 600 毫米，未包、镀、涂层	2297.11	0.08
5	已烧结铁矿砂及其精矿	46828.90	1.68	55	其他含氮、磷两种元素肥料	2256.44	0.08
6	气态天然气	40953.63	1.47	56	10 毫米≥厚≥ 4.75 毫米的其他热轧卷材除热轧外未进一步加工，宽≥ 600 毫米，未包、镀、涂层	2062.85	0.07
7	氧化铝，但人造刚玉除外	37523.15	1.35	57	启动活塞式发动机用铅酸蓄电池	2058.39	0.07
8	含锌量≥ 99.995% 的未锻轧锌	29668.78	1.07	58	未锻轧铝合金	2039.42	0.07
9	镀锌的其他形铁或非合金钢宽板材电镀锌的除外，宽≥ 600 毫米	26110.63	0.94	59	其他石油等矿物油类的残渣	1968.12	0.07

续表

排名	产品名称	出口值	占比	排名	产品名称	出口值	占比
10	车用汽油、航空汽油	25042.52	0.90	60	其他铬的氧化物及氢氧化物	1915.37	0.07
11	天然铀及其化合物，含天然铀或天然铀化合物的合金、分散体包括金属陶瓷、陶瓷产品及混合物	22781.20	0.82	61	烟草制的卷烟	1825.93	0.07
12	其他以钢铁为主的废五金材料	22589.13	0.81	62	其他未锻轧钽粉，包括简单烧结而成的条、杆	1769.09	0.06
13	烟煤	22561.15	0.81	63	不锈钢废碎料	1615.43	0.06
14	其他煤	22042.07	0.79	64	含锌量＜ 99.99% 的未锻轧锌	1608.39	0.06
15	小麦或马尾松种子免耕小麦	20373.67	0.73	65	飞机和其他飞机的空载重量超过 15000 公斤	1607.80	0.06
16	全粒面未剖层或粒面剖层湿牛皮包括蓝湿牛皮，经鞣制不带毛	19863.52	0.71	66	硬粒小麦	1599.02	0.06
17	其他未加工或半制成品的银粉	18905.24	0.68	67	其他铍及其制品	1574.76	0.06
18	液化丙烷	17426.96	0.63	68	未去梗的烟草	1558.63	0.06
19	未烧结的铁矿石和精矿焙烧黄铁矿除外	16946.70	0.61	69	4.75 毫米＞厚度≥ 3 毫米的大强度卷材宽≥ 600 毫米	1495.13	0.05
20	未梳的棉花	16265.89	0.58	70	脂肪含量≤ 1.5% 固状乳及奶油指粉状、粒状或其他固体状态，浓缩，加糖或其他甜物质	1466.67	0.05
21	小麦或混合麦的细粉	14230.71	0.51	71	4.75 毫米＞厚≥ 3 毫米大强度热轧非卷材宽≥ 600 毫米	1437.79	0.05
22	1 毫米≥厚度≥ 0.5 毫米冷轧卷材宽≥ 600 毫米	13504.07	0.48	72	厚度小于 0.5 毫米的冷轧非卷材除冷轧外未进一步加工，宽≥ 600 毫米，未包、镀、涂层	1417.14	0.05
23	非货币用未锻造金	13475.04	0.48	73	轧有花纹的热轧非卷材除热轧外未进一步加工，宽≥ 600 毫米，未包、镀、涂层	1393.72	0.05
24	厚度＜ 3 毫米的其他热轧卷材除热轧外未进一步加工宽≥ 600 毫米，未包、镀、涂层	13091.51	0.47	74	三氧化铬	1369.49	0.05
25	铬矿砂及其精矿	12250.64	0.44	75	碳化钙	1326.09	0.05

续表

排名	产品名称	出口值	占比	排名	产品名称	出口值	占比
26	镀涂锡的非合金钢薄宽平板轧材	11792.24	0.42	76	最大截面尺寸＞6毫米的精炼铜丝	1310.95	0.05
27	磷	10033.29	0.36	77	鱼子酱和鱼子酱代用品	1288.07	0.05
28	铜矿砂及其精矿	9928.68	0.36	78	1.5升＜排量≤3升装点燃往复式活塞内燃发动机的其他载人车辆	1267.29	0.05
29	液化丁烷	9720.86	0.35	79	3毫米＞厚度＞1毫米的冷轧非卷材除冷轧外未进一步加工，宽≥600毫米，未包、镀、涂层	1248.90	0.04
30	硅锰铁	9697.75	0.35	80	纺织材料加强的硫化橡胶输送带包括带料	1240.56	0.04
31	未锻轧的钛粉末	9672.38	0.35	81	其他贵金属矿砂及其精矿	1226.89	0.04
32	未锻轧精炼铅	8663.52	0.31	82	重铬酸钠	1163.06	0.04
33	其他铬铁	8464.83	0.30	83	大麦种子	1132.06	0.04
34	其他圆柱滚子轴承	6877.84	0.25	84	锌矿砂及其精矿	1079.23	0.04
35	非货币用半制成金包括镀铂的金	6217.65	0.22	85	新鲜或冷藏西红柿	1040.31	0.04
36	其他矩形截面钢坯含碳量小于0.25%正方形截面除外	6058.96	0.22	86	三磷酸钠三聚磷酸钠	1040.30	0.04
37	含碳量不小于0.25%的钢坯	5316.21	0.19	87	其他凿井机用零件子目843041，843049所列机械的	1032.37	0.04
38	其他精制糖	5036.21	0.18	88	铁道用非机动油罐货车及类似车包括电车道用，但不包括容积50立方米液化气铁路槽车	1027.05	0.04
39	10毫米≥厚度≥4.75毫米的热轧非卷材除热轧外未进一步加工，宽≥600毫米，未包、镀，涂层	4426.77	0.16	89	其他湿牛马皮包括蓝湿牛皮，经鞣制不带毛	1022.16	0.04
40	电力	4035.88	0.14	90	其他金属酸盐及过金属酸盐	981.97	0.04
41	各种硫磺	3788.09	0.14	91	硫酸铬	947.79	0.03
42	锰矿砂及其精矿	3689.05	0.13	92	其他阀门用于管道、锅炉、罐、桶或类似品的	925.40	0.03
43	绵羊或羔羊湿革	3655.85	0.13	93	耐火粘土，不论是否煅烧	920.80	0.03

续表

排名	产品名称	出口值	占比	排名	产品名称	出口值	占比
44	1毫米≥厚度≥0.5毫米的冷轧非卷材未进一步加工，宽≥600毫米，未包、镀、涂层	3528.50	0.13	94	氧化锌、过氧化锌	877.65	0.03
45	未精炼铜、电解精炼用铜阳极	3478.50	0.12	95	铜母合金	868.42	0.03
46	硅铁，含硅量在55%以上	3383.04	0.12	96	冻鱼	848.37	0.03
47	硅铬铁	3334.53	0.12	97	未锻轧的其他铜合金铜母合金除外，包括未锻轧的白铜或德银	846.53	0.03
48	冷冻鱼片	2946.84	0.11	98	钢铁制研磨机用研磨球及类似品经锻造或冲压后，未经进一步加工	818.36	0.03
49	3毫米>厚>1毫米冷轧卷材宽≥600毫米	2884.12	0.10	99	其他液化石油气、烃类气	806.56	0.03
50	其他钢铁制品	2814.48	0.10	100	带其他工作部件的凿岩工具包括钻探工具	801.39	0.03

数据来源：由联合国商品贸易数据计算整理所得

如表KZ-4，反映的是2016年哈萨克斯坦出口额排名前100的产品。整体上，2005年哈萨克斯坦出口的产品主要集中在能源及其制品；稀土资源及其制品上，排名前10的产品为石油原油；天然铀及其化合物，含天然铀或天然铀化合物的合金、分散体包括金属陶瓷、陶瓷产品及混合物；精炼铜的阴极型材未锻轧的；气态天然气；铬铁按重量计含碳量在4%以上；石油油和油脂；其他未加工或半制成品的银粉；其他小麦及混合麦；小麦或混合麦的细粉；含锌量≥99.995%的未锻轧锌等，其中以石油及其制品为代表的能源产品具有显著的主导地位。

表KZ-4　2016年哈萨克斯坦出口额排名前100产品

单位：万美元、%

排名	产品名称	出口值	占比	排名	产品名称	出口值	占比
1	石油原油	1937801.41	52.69	51	厚<3毫米的热轧非卷材除热轧外未进一步加工，宽≥600毫米，未包、镀，涂层	4356.96	0.12

续表

排名	产品名称	出口值	占比	排名	产品名称	出口值	占比
2	天然铀及其化合物，含天然铀或天然铀化合物的合金、分散体包括金属陶瓷、陶瓷产品及混合物	173857.85	4.73	52	其他贵金属制首饰及其零件不论是否包、镀其他贵金属	4303.00	0.12
3	精炼铜的阴极型材未锻轧的	150884.12	4.10	53	其他合金钢废碎料	4210.07	0.11
4	气态天然气	128368.71	3.49	54	其他石油或天然气钢铁管道	4141.96	0.11
5	铬铁，按重量计含碳量在 4% 以上	112957.05	3.07	55	启动活塞式发动机用铅酸蓄电池	4134.36	0.11
6	石油油和油脂	80200.08	2.18	56	其他种用小麦及混合麦	4122.91	0.11
7	其他未加工或半制成品的银粉	58458.34	1.59	57	石英岩	4059.75	0.11
8	其他小麦及混合麦	55802.48	1.52	58	冻的其他鱼片	3975.20	0.11
9	小麦或混合麦的细粉	50459.22	1.37	59	硅铬铁	3974.04	0.11
10	含锌量≥ 99.995% 的未锻轧锌	50434.64	1.37	60	铅矿砂及其精矿	3934.61	0.11
11	铜矿砂及其精矿	44476.36	1.21	61	其他以钢铁为主的废五金材料	3926.09	0.11
12	未锻轧非合金铝	33409.78	0.91	62	已碾磨天然磷酸钙	3812.18	0.10
13	氧化铝，但人造刚玉除外	31106.59	0.85	63	1.5 升<排量≤ 3 升装点燃往复式活塞内燃发动机的其他载人车辆	3804.53	0.10
14	其他未锻轧的精炼铜	29141.68	0.79	64	电力	3699.79	0.10
15	液化丙烷	26735.97	0.73	65	3 毫米 > 厚 >1 毫米冷轧卷材宽≥ 600 毫米	3645.93	0.10
16	未烧结的铁矿石和精矿焙烧黄铁矿除外	25092.29	0.68	66	其他不以航行为主要功能的船舶包括灯船、消防船、起重船	3619.67	0.10
17	新的邮票包括支票、股票，债券及类似的所有权凭证	22213.43	0.60	67	宽度≥ 600 毫米热轧其他合金钢卷材除热轧外未经进一步加工	3430.40	0.09
18	未锻轧精炼铅	22060.57	0.60	68	干扁豆	3428.98	0.09

续表

排名	产品名称	出口值	占比	排名	产品名称	出口值	占比
19	其他煤	20236.10	0.55	69	褐煤	3400.18	0.09
20	镀锌的其他形铁或非合金钢宽板材电镀锌的除外，宽≥ 600 毫米	19866.43	0.54	70	其他未锻轧钼粉，包括简单烧结而成的条、杆	3366.18	0.09
21	锌矿砂及其精矿	17595.18	0.48	71	其他含硅量 <99.99% 的硅	3334.79	0.09
22	厚度＜ 3 毫米的其他热轧卷材除热轧外未进一步加工宽≥ 600 毫米，未包、镀、涂层	15864.42	0.43	72	10 毫米≥厚度≥ 4.75 毫米的热轧非卷材除热轧外未进一步加工，宽≥ 600 毫米，未包、镀，涂层	3333.68	0.09
23	各种硫磺	15427.41	0.42	73	U235 浓缩铀，钚及其化合物	3314.22	0.09
24	磷	14029.91	0.38	74	硅铁，含硅量在 55% 以上	3261.21	0.09
25	液化丁烷	13864.07	0.38	75	宽度≥ 600 毫米冷轧其他合金钢板材除冷轧外未经进一步加工	3189.81	0.09
26	已烧结铁矿砂及其精矿	13578.62	0.37	76	厚度≥ 3 毫米的冷轧非卷材除冷轧外未进一步加工，宽≥ 600 毫米，未包、镀、涂层	3186.05	0.09
27	铬矿砂及其精矿	11647.69	0.32	77	厚度＜ 0.5 毫米的非合金钢冷轧卷材未进一步加工，宽≥ 600 毫米，未包、镀、涂层	2968.67	0.08
28	烟草制的卷烟	11040.40	0.30	78	宽度小于厚度两倍的矩形截面钢坯含碳量小于 0.25%	2846.46	0.08
29	其他大麦	10905.24	0.30	79	铜废料和废料	2821.25	0.08
30	含碳量不小于 0.25% 的钢坯	10884.73	0.30	80	纺织材料制鞋面胶底的其他鞋靴橡胶或塑料制外底，运动用鞋靴除外	2786.16	0.08
31	厚度 >10 毫米的其他热轧卷材	10741.76	0.29	81	未精炼铜、电解精炼用铜阳极	2673.24	0.07
32	其他铬铁	10576.56	0.29	82	其他不含可可的糖食	2654.33	0.07
33	烟煤	9842.26	0.27	83	铜母合金	2360.14	0.06
34	亚麻子	9171.24	0.25	84	低芥籽酸油菜籽	2324.54	0.06

续表

排名	产品名称	出口值	占比	排名	产品名称	出口值	占比
35	硅锰铁	8951.62	0.24	85	三氧化铬	2271.90	0.06
36	未锻轧的钛粉末	8899.55	0.24	86	加味、加糖或其他甜物质的水	2164.74	0.06
37	1毫米≥厚度≥0.5毫米冷轧卷材宽≥600毫米	8765.28	0.24	87	其他圆柱滚子轴承	2138.71	0.06
38	其他硬粒小麦	8527.00	0.23	88	天然硫酸钡重晶石	2136.00	0.06
39	未梳的棉花	7153.25	0.19	89	其他巧克力及含可可的食品	2094.56	0.06
40	葵花子	5507.42	0.15	90	锰矿砂及其精矿	2086.92	0.06
41	其他石棉	5463.93	0.15	91	其他橡胶、塑料短筒靴过踝橡胶或塑料制外底及鞋面，防水及运动鞋靴除外，包括其他装金属护鞋头的橡胶、塑料鞋靴	2069.26	0.06
42	铁或非合金钢的热加工条、杆带有轧制过程中产生变形，热加工指热轧、热拉拔或热挤压	5410.12	0.15	92	其他凿井机用零件子目843041，843049所列机械的	2024.42	0.06
43	涂漆或涂塑的铁或非合金钢宽板材宽度≥600毫米	5388.08	0.15	93	其他含氮、磷两种元素肥料	1918.43	0.05
44	镀涂锡的非合金钢薄宽平板轧材	5359.76	0.15	94	重铬酸钠	1874.38	0.05
45	1升<排量≤1.5升带点燃往复式活塞内燃发动机其他车	4958.29	0.13	95	其他皮革制面的短筒靴过踝	1874.03	0.05
46	其他铬的氧化物及氢氧化物	4754.99	0.13	96	以皮革，再生皮革，漆皮作面手提包不论是否有背带，包括无把手的	1851.78	0.05
47	未锻轧锌合金	4729.58	0.13	97	初级形状的聚丙烯	1849.27	0.05
48	其他液化石油气、烃类气	4626.20	0.13	98	其他阀门用于管道、锅炉、罐、桶或类似品的	1832.20	0.05
49	其他钻探石油及天然气用的套管及导管铸铁的除外	4546.53	0.12	99	油轮	1816.44	0.05
50	厚度≥3毫米的冷轧卷材宽≥600毫米	4415.79	0.12	100	未按种类指定的商品	1797.33	0.05

数据来源：由联合国商品贸易数据计算整理所得

对比分析哈萨克斯坦2005年与2016年出口的前100名产品，从出口主导产品的集中度来看，2005年，排名前5的主导产品出口额度为206.64亿美元，占比为74.21%；排名前10的出口主导产品出口总额为222.57亿美元，占比为79.93。2016年，排名前5的主导产品出口额为250.39亿美元，占比为68.09%；前10出口主导产品出口总额达到279.92亿美元，占比为76.12%。相比于2005年，2016年哈萨克斯坦前5、前10主导产品的出口额度都有所提升，但是总体产品集中度上排名前5和前10的产品出口占比均出现下降。从具体产品来看，2005年排名第一的石油原油出口额从2005年的173.95亿美元上升到2016年的193.78亿美元，涨幅近20亿美元，出口额度占比从2005年的62.47%下降到2016年的52.69%，下降幅度为15.66%。但值得注意的是，与2005年相比，虽然以石油及其制品等为代表的能源产品出现了占比下降的情况，但是能源及其制品仍然在哈萨克斯坦货物出口中占据着明显的主导地位。总体货物出口份额中，能源及其制品仍然排在前列，这显示了哈萨克斯坦对能源贸易的依赖性。

2. 出口主导产业与比较优势产业的一致性分析

事实上，对比了2016年哈萨克斯坦排名前10的比较优势产品和出口主导产品如表KZ-5，我们发现哈萨克斯坦比较优势产业与出口主导产业一致程度并不高，仅仅在天然铀及其化合物含天然铀或天然铀化合物的合金、分散体包括金属陶瓷、陶瓷产品及混合物等产品上有所对应。哈萨克斯坦稀土资源上具有显著的比较优势，但是在出口产品中却表现出对能源产品的依赖，我们推测这可能受近年来国际贸易需求的影响，一方面是因为稀土资源并不是国际货物贸易的主流产品，另一方面能源贸易在国际贸易份额中占比较大，国际贸易群体对能源的需求较为旺盛。

表KZ-5　2016年哈萨克斯坦排名前10比较优势产品及出口主导产品

单位：%

排名	比较优势产品名称	RCA	排名	出口主导产品名称	占比
1	未锻轧铍、铍粉末	311.61	1	石油原油	52.69
2	初榨的棉子油	247.49	2	天然铀及其化合物，含天然铀或天然铀化合物的合金、分散体包括金属陶瓷、陶瓷产品及混合物	4.73
3	硅铬铁	240.68	3	精炼铜的阴极型材未锻轧的	4.10
4	磷	202.38	4	气态天然气	3.49

续表

排名	比较优势产品名称	RCA	排名	出口主导产品名称	占比
5	天然铀及其化合物，含天然铀或天然铀化合物的合金、分散体包括金属陶瓷、陶瓷产品及混合物	193.01	5	铬铁，按重量计含碳量在 4% 以上	3.07
6	其他铬的氧化物及氢氧化物	161.61	6	石油油和油脂	2.18
7	厚度≥ 3 毫米的冷轧非卷材除冷轧外未进一步加工，宽≥ 600 毫米，未包、镀、涂层	146.47	7	其他未加工或半制成品的银粉	1.59
8	石英岩	112.12	8	其他小麦及混合麦	1.52
9	其他未锻轧的精炼铜	103.79	9	小麦或混合麦的细粉	1.37
10	铬铁，按重量计含碳量在 4% 以上	83.62	10	含锌量≥ 99.995% 的未锻轧锌	1.37

数据来源：由联合国商品贸易数据计算整理所得

（三）哈萨克斯坦出口比较优势变化分析

1. 描述性分析

依据表 KZ-1 及表 KZ-2，对比分析 2005 年及 2016 年哈萨克斯坦比较优势指数排名前 100 产品，我们可以得出以下信息：

第一，从比较优势指数来分析，相对于 2005 年，2016 年哈萨克斯坦前 100 名产品的比较优势指数总体有所上升，比较优势均值从 24.88 上升到 36.72，增幅 45.98%；比较优势指数最大值从 216.94，上升到 311.61，增幅为 43.64%；最小值从 3.80 上升至 5.53，增幅为 45.53%。

第二，哈萨克斯坦具有比较优势的产品数量呈现上升态势。2005 年，比较优势指数大于 1 的产品共有 200 类，大于 2.5 的产品共有 119 类；而 2016 年，比较优势指数大于 1 的产品有 243 类，大于 2.5 的产品共有 150 类，这表明哈萨克斯坦在国际贸易出口中具有比较优势的产品逐渐增多。

第三，比较优势指数排名前 10 产品的结构相对稳定，产品主要分布在稀土资源产品上，相对来说，2016 年榨油类农产品比较优势有所上升。从排名前 10 的具体产品来看，变化比较大。其他铍及其制品、铍废碎料；厚度小于 0.5 毫米的冷轧非卷材除冷轧外未进一步加工，宽≥ 600 毫米，未包、镀、涂层；石英岩、其他铬酸盐及重铬酸盐等产品比较优势下降明显，排名退出前 10；初榨的棉子油；天然铀及其化合物含天然铀或天然铀化合物的合金、分散体包括金属陶瓷、陶瓷产品及混合物；

厚度≥ 3 毫米的冷轧非卷材除冷轧外未进一步加工，宽≥ 600 毫米，未包、镀、涂层；石英岩；其他未锻轧的精炼铜等产品比较优势上升明显，排名进入前 10。

2. 回归分析

将 2016 年哈萨克斯坦产业比较优势指数作为被解释变量，把 2005 年哈萨克斯坦产业比较优势指数作为解释变量，对其进行回归分析。若回归系数 >1，则表明哈萨克斯坦更加强化了具有比较优势的产业，弱化了不具有比较优势的产业；若 0< 回归系数 <1，则表明具有比较优势的产业弱化了；若回归系数 <0，则表明哈萨克斯坦比较优势的产业发生了质变。使用最小二乘法对其进行回归，得出结果如表 KZ-6 所示。从表中可以看出，回归系数为 1.700086，大于 1，因此说明相对于 2005 年，2016 年哈萨克斯坦具有比较优势的产业得到了强化。

表 KZ-6　回归结果

变量	Coef.	Std. Err.	t	P>|t|
2005 比较优势指数	1.700086	0.039013	43.57729	0.0000
常数项	−5.972016	1.575837	−3.789743	0.0003
R^2 =0.950926		F−statistics =1898.980		

（四）哈萨克斯坦进口需求及其变化分析

表 KZ-7 为 2005 年哈萨克斯坦进口额排名前 100 产品。从表中可以看出，排名前 10 的进口产品有石油原油、1.5 升＜排量≤ 3 升装点燃往复式活塞内燃发动机的其他载人车辆；气态天然气；石油油和油脂；车用汽油、航空汽油；其他已配定剂量的药品；铁道用非机动厢高＞ 60 厘米敞篷货车包括电车道用；其他钻探石油及天然气用的套管及导管铸铁的除外；纵向埋弧焊接石油、天然气粗钢管粗钢管指外径超过 406.4 毫米；焦炭或半焦炭、甑炭等。其中，石油原油进口额度最高，为 7.78 亿美元，占比 4.49%。从哈萨克斯坦进口前 100 名产品种类来看，主要为能源及其制品；药物；开采工具及其零件；交通工具及其零件等。从哈萨克斯坦进口前 100 名产品的结构来看，进口产品排名前 5 的额度为 22.73 亿美元，占比为 13.11%，排名前 10 的额度为 33.52 亿美元，占哈萨克斯坦进口总额的 18.29%。因此可以看出哈萨克斯坦进口产品具有相对集中性，但是集中程度并不高，各进口产品进口份额组间距较小，分布较为均匀。

表 KZ-7 2005 年哈萨克斯坦进口额排名前 100 产品

单位：万美元、%

排名	产品名称	进口值	占比	排名	产品名称	进口值	占比
1	石油原油	77784.85	4.49	51	厚度＜3 毫米的其他热轧卷材除热轧外未进一步加工宽≥600 毫米，未包、镀、涂层	5486.26	0.32
2	1.5 升＜排量≤3 升装点燃往复式活塞内燃发动机的其他载人车辆	52834.08	3.05	52	其他木家具	5288.54	0.31
3	气态天然气	38079.05	2.2	53	半挂车用的公路牵引车	5259.38	0.3
4	石油油和油脂	33571.41	1.94	54	钢轨	5221.17	0.3
5	车用汽油、航空汽油	25030.72	1.44	55	1 升＜排量≤1.5 升带点燃往复式活塞内燃发动机其他车	5172.84	0.3
6	其他已配定剂量的药品	24340.84	1.4	56	其他角材、型材及异型材	5114.43	0.3
7	铁道用非机动厢高＞60 厘米敞篷货车包括电车道用	22254.6	1.28	57	麦芽酿造的啤酒	5054.19	0.29
8	其他钻探石油及天然气用的套管及导管铸铁的除外	21744.86	1.25	58	其他离心泵	5023.3	0.29
9	纵向埋弧焊接石油、天然气粗钢管粗钢管指外径超过 406.4 毫米	21441.97	1.24	59	其他涡轮喷气机、涡轮螺旋桨和燃气轮机	4993.67	0.29
10	焦炭或半焦炭、甑炭	18075.2	1.04	60	其他热加工条、杆	4960.17	0.29
11	非自推进的其他钻探或凿井机械	17990.59	1.04	61	机动小客车用新的充气轮胎	4939.88	0.28
12	不含添加调味料或色素的生甘蔗糖	17475.08	1.01	62	铁道用非机动油罐货车及类似车包括电车道用，但不包括容积 50 立方米液化气铁路槽车	4860.72	0.28
13	其他阀门用于管道、锅炉、罐、桶或类似品的	15286.33	0.88	63	针叶木厚板材经纵锯、纵切、刨切或旋切的，厚度超过 6 毫米	4824.53	0.28
14	其他钢铁结构体及部件包括结构体用的已加工钢板、型材、管子及类似品	14331.53	0.83	64	其他电视接收机零件	4738.44	0.27
15	排气量＞4 升带点燃往复式活塞内燃发动机其他车	13865.79	0.8	65	计算机用终端输入或输出部件，不论是否在同一机壳内有存储部件	4676.87	0.27

续表

排名	产品名称	进口值	占比	排名	产品名称	进口值	占比
16	浮动或潜水式钻探或生产平台	13401.5	0.77	66	容积＞300升钢铁制盛物容器容积＞300升的囤、柜、桶、罐、听及类似容器	4674.71	0.27
17	用于石油或天然气管道的其他管线管	13123.82	0.76	67	铅矿砂及其精矿	4627.14	0.27
18	无线电广播、电视发送设备等包含接收装置或声音录制的传送设备	12896.24	0.74	68	感应或介质损耗工作炉及烘箱	4575.31	0.26
19	联合收割机	12041.24	0.69	69	播种机、种植机及移植机	4562.84	0.26
20	电话或电报交换设备	11722.88	0.68	70	10座及以上机动车	4394.34	0.25
21	其他纵向焊接石油、天然气粗钢管粗钢管指外径超过406.4毫米	10781.92	0.62	71	铜矿砂及其精矿	4383.7	0.25
22	其他凿井机用零件子目843041，843049所列机械的	10497.13	0.61	72	功率＞5000千瓦的其他燃气轮机	4371.72	0.25
23	其他钢铁制品	10198.68	0.59	73	其他空气泵、气体压缩机及通风罩	4365.15	0.25
24	柴油型的其他货车装有压燃式活塞内燃发动机，超重型指车辆总重量＞20吨	10156.34	0.59	74	其他气体过滤、净化机器及装置	4347.26	0.25
25	非公路用货运自卸车	9743.25	0.56	75	其他合金钢热加工条、杆除热轧，热拉拔或热挤压外未经进一步加工的	4331.92	0.25
26	其他拖拉机	9557.43	0.55	76	破碎或磨粉用机器用于泥土、石料、矿石或其他固体物质的	4291.84	0.25
27	其他特殊用途的机动车辆	9454.92	0.55	77	其他杂项化学产品	4212.25	0.24
28	金属冶炼及铸造用铸造机	9448.25	0.55	78	蒸馏或精馏设备	4171.3	0.24
29	其他硅酸盐水泥	8550.51	0.49	79	品目8471所列其他机器零附件	4116.69	0.24
30	其他电力控制或分配的装置电压不超过1000伏的线路	8401.49	0.48	80	柴油型其他货车装有压燃式活塞内燃发动机，重型指5吨≤车辆总重≤20吨	4001.2	0.23
31	无连接器的绝缘导体，80伏≤电压≤1000伏	8386	0.48	81	带其他工作部件的凿岩工具包括钻探工具	3962.59	0.23

续表

排名	产品名称	进口值	占比	排名	产品名称	进口值	占比
32	其他冷轧的铁制无缝圆形截面管	7949.84	0.46	82	其他铁或非合金钢圆形截面焊缝管	3909.85	0.23
33	U235浓缩铀，钚及其化合物	7597.97	0.44	83	部分或全部去梗的烟草	3907.12	0.23
34	输出功率＞375千伏安柴油发电机组包括半柴油发电机组	7404.82	0.43	84	上釉的大陶瓷砖，瓦，块及类似品	3885.04	0.22
35	前铲装载机	7232.99	0.42	85	其他木板，表面涂有三聚氰胺浸渍纸	3777.73	0.22
36	压燃式活塞内燃发动机的客车	7148.07	0.41	86	总重量≤5吨的其他货车汽油型，装有点燃式活塞内燃发动机	3765.11	0.22
37	铁道及电车道机车用其他轴、轮包括其他零件，含铁道及电车道其他车辆用的	7137.73	0.41	87	其他发动机的专用零件指品目8407或8408所列的其他发动机	3692.98	0.21
38	其他客或货车用新充气橡胶轮胎	6908.7	0.4	88	用于再现除声音或图像以外的现象的记录激光读取盘	3649.88	0.21
39	其他硅锰钢的条、杆	6711.25	0.39	89	石油沥青	3641.32	0.21
40	起重车	6604.88	0.38	90	包装中的乌龙茶＞3千克	3616.06	0.21
41	其他活动房屋	6340.27	0.37	91	婴儿用卫生巾和卫生棉条、餐巾纸和餐巾纸，类似卫生用品	3570.63	0.21
42	电力	6223.85	0.36	92	碳酸钠纯碱	3551.26	0.2
43	其他自推进的凿井机械	6123.44	0.35	93	其他电力控制或分配的装置电压超过1000伏的线路	3548.07	0.2
44	挖掘机上部结构可转360度的	6110.59	0.35	94	其他矿物油用的配制添加剂	3518.85	0.2
45	冻的鸡块和杂碎	5935.28	0.34	95	其他零件和附件	3518.15	0.2
46	其他编号未列名的食品	5790.44	0.33	96	静态转换器	3442.3	0.2
47	铁或非合金钢的热加工条、杆带有轧制过程中产生变形，热加工指热轧、热拉拔或热挤压	5772.62	0.33	97	其他电压超过1000伏的电导体	3341.53	0.19
48	其他机械和机械设备	5653.51	0.33	98	浓缩但未加糖的非固状乳及奶油未加其他甜物质	3327.87	0.19
49	零售包装有机表面活性剂制品	5613.6	0.32	99	饮料及液体食品灌装设备	3284.88	0.19

续表

排名	产品名称	进口值	占比	排名	产品名称	进口值	占比
50	冷藏－冷冻组合机各自装有单独外门的	5610.37	0.32	100	电梯和箕斗提升机	3276.85	0.19

数据来源：由联合国商品贸易数据计算整理所得

表 KZ-8 为 2016 年哈萨克斯坦进口额排名前 100 产品。从表中可以看出，排名前 10 的进口产品有其他已配定剂量的药品；气态天然气；纵向埋弧焊接石油、天然气粗钢管粗钢管指外径超过 406.4 毫米；轻油及制品；其他阀门用于管道、锅炉、罐、桶或类似品的；蜂窝网络或其他无线网络的电话机；石油油和油脂；1.5 ＜排量 ≤ 3 升装点燃往复式活塞内燃发动机的其他载人车辆；其他空气泵、气体压缩机及通风罩；其他钢铁制品等。其中，其他已配定剂量的药品进口额度最高，为 5.04 亿美元，占比 2.00%。从哈萨克斯坦进口前 100 名产品种类来看，主要为药物；开采工具及其零件；能源及其制品；矿物原材料；交通工具及其零件等。从哈萨克斯坦进口前 100 名产品的结构来看，进口产品排名前 5 的额度为 22.34 亿美元，占比为 8.87%，排名前 10 的额度为 37.62 亿美元，占哈萨克斯坦进口总额的 14.94%。因此可以看出哈萨克斯坦进口产品集中程度并不高，各进口产品进口份额组间距较小，分布较为均匀。

表 KZ-8　2016 年哈萨克斯坦进口额排名前 100 产品

单位：万美元、%

排名	产品名称	进口值	占比	排名	产品名称	进口值	占比
1	其他已配定剂量的药品	50414.62	2.00	51	其他医疗、外科或兽医用仪器器具	7411.98	0.29
2	气态天然气	47199.41	1.87	52	碳酸钠纯碱	7318.26	0.29
3	纵向埋弧焊接石油、天然气粗钢管粗钢管指外径超过 406.4 毫米	45101.66	1.79	53	上釉的大陶瓷砖，瓦，块及类似品	7237.15	0.29
4	轻油及制品，不含生物柴油	41296.48	1.64	54	破碎或磨粉用机器用于泥土、石料、矿石或其他固体物质的	7104.27	0.28
5	其他阀门用于管道、锅炉、罐、桶或类似品的	39391.50	1.56	55	三轮车、踏板车、踏板汽车和类似的带轮玩具；玩偶车	7099.15	0.28

续表

排名	产品名称	进口值	占比	排名	产品名称	进口值	占比
6	蜂窝网络或其他无线网络的电话机	38942.76	1.55	56	其他冷轧的铁制无缝圆形截面管	6991.84	0.28
7	石油油和油脂	36141.06	1.44	57	其他编号未列名的化工产品	6792.42	0.27
8	1.5升<排量≤3升装点燃往复式活塞内燃发动机的其他载人车辆	26217.29	1.04	58	其他制冷设备	6469.46	0.26
9	其他空气泵、气体压缩机及通风罩	25880.89	1.03	59	其他零件和附件	6420.95	0.26
10	其他钢铁制品	25635.43	1.02	60	非公路用货运自卸车	6325.61	0.25
11	铅矿砂及其精矿	22125.18	0.88	61	其他石油或天然气钢铁管道	6302.11	0.25
12	其他钢铁结构体及部件包括结构体用的已加工钢板、型材、管子及类似品	21722.67	0.86	62	其他利用温度变化处理材料的机器	6193.58	0.25
13	其他贵金属矿砂及其精矿	19804.66	0.79	63	静态转换器	6082.75	0.24
14	其他电压不超过1000伏的电导体	16769.18	0.67	64	中型飞机及其他航空器中型指2吨<空载重量≤15吨	6075.56	0.24
15	其他电力控制或分配的装置电压不超过1000伏的线路	15568.76	0.62	65	其他木家具	6070.96	0.24
16	未加香料或着色剂其他甘蔗原糖	14460.72	0.57	66	柴油型的其他货车装有压燃式活塞内燃发动机，超重型指车辆总重量>20吨	6060.37	0.24
17	烟草制的卷烟	14196.69	0.56	67	新鲜葡萄	5820.41	0.23
18	焦炭或半焦炭、甑炭	12669.11	0.50	68	初榨的葵花油和红花油	5746.40	0.23
19	交换机和路由器	12413.41	0.49	69	以系统形式报验的其他自动数据处理机	5743.77	0.23
20	由外部交流电驱动的铁道机车	12407.89	0.49	70	其他精制糖	5726.22	0.23
21	锌矿砂及其精矿	12086.29	0.48	71	其他不含可可的糖食	5591.53	0.22
22	抗血清、其他血液成分和免疫产物	11639.16	0.46	72	电梯和箕斗提升机	5547.21	0.22
23	排气量>4升带点燃往复式活塞内燃发动机其他车	11551.04	0.46	73	其他玻璃器皿	5546.02	0.22
24	空载重量>2吨的直升机	11530.85	0.46	74	U235浓缩铀，钚及其化合物	5452.62	0.22

续表

排名	产品名称	进口值	占比	排名	产品名称	进口值	占比
25	初级形状比重≥ 0.94 的聚乙烯	11337.23	0.45	75	其他美容品或化妆品	5378.79	0.21
26	冻的鸡块和杂碎	11105.53	0.44	76	其他电力控制或分配的装置电压超过 1000 伏的线路	5155.31	0.20
27	其他活动房屋	10716.01	0.43	77	测量、检验液体流量或液位的仪器	5063.11	0.20
28	便携式自动数据处理设备重量≤ 10 千克，至少由一个中央处理器、键盘和显示器组成	10703.36	0.43	78	独立窗式或壁式空气调节器	5015.76	0.20
29	铁道及电车道非机车用其他零件	9899.20	0.39	79	已配剂量含有其他抗菌素的药品	4995.23	0.20
30	其他离心泵	9720.81	0.39	80	冷藏 – 冷冻组合机各自装有单独外门的	4983.43	0.20
31	其他矿砂及其精矿	9617.21	0.38	81	其他面包，糕点，饼干及烘焙糕饼	4952.75	0.20
32	卫生巾护垫及止血塞	9466.90	0.38	82	木制碎料板不论是否用树脂或其他有机粘合剂粘合	4925.44	0.20
33	联合收割机	9457.50	0.38	83	过滤或净化水的装置	4783.86	0.19
34	其他编号未列名的食品	9288.24	0.37	84	用含动物肉、血成分制成的香肠及类似产品	4778.25	0.19
35	其他巧克力及含可可的食品	9177.29	0.36	85	其他油漆及清漆，皮革用水性颜料	4733.85	0.19
36	飞机和其他飞机的空载重量超过 15000 公斤	9167.74	0.36	86	计算机的存储部件	4696.62	0.19
37	机动小客车用新的充气轮胎	9157.03	0.36	87	诊断或实验用配制试剂	4683.89	0.19
38	零售包装有机表面活性剂制品	8827.05	0.35	88	脂肪含量≤ 1.5% 固状乳及奶油指粉状、粒状或其他固体状态，浓缩，加糖或其他甜物质	4676.27	0.19
39	包装中的乌龙茶＞ 3 千克	8764.30	0.35	89	容积＞ 300 升钢铁制盛物容器容积＞ 300 升的囤、柜、桶、罐、听及类似容器	4670.87	0.19

续表

排名	产品名称	进口值	占比	排名	产品名称	进口值	占比
40	其他钻探石油及天然气用的套管及导管铸铁的除外	8699.98	0.35	90	铁道及电车道机车用其他轴、轮包括其他零件，含铁道及电车道其他车辆用的	4638.86	0.18
41	其他颜色的电视接收机	8365.06	0.33	91	未列名钢铁制其他管子附件不锈钢除外	4632.85	0.18
42	其他发电机组风力驱动除外	8232.82	0.33	92	其他调味品	4549.82	0.18
43	其他客或货车用新充气橡胶轮胎	8163.42	0.32	93	涂漆或涂塑的铁或非合金钢宽板材宽度≥600毫米	4547.94	0.18
44	其他塑料制品	7789.57	0.31	94	初级形状的聚对苯二甲酸乙二酯	4529.10	0.18
45	人用疫苗	7743.76	0.31	95	测试台	4511.09	0.18
46	热交换装置	7674.73	0.30	96	用塑料涂面或盖面的壁纸及类似品包括起纹，压花，着色，印制图案或经其他装饰	4502.08	0.18
47	其他气体过滤、净化机器及装置	7660.12	0.30	97	其他发动机的专用零件指品目8407或8408所列的其他发动机	4463.03	0.18
48	其他拖拉机	7617.10	0.30	98	其他螺钉及螺栓不论是否带有螺母或垫圈	4337.65	0.17
49	其他机械和机械设备	7493.52	0.30	99	其他建筑业，工业用新的充气橡胶非子午线轮胎辋圈>61厘米	4337.32	0.17
50	零售包装抗萌剂及植物生长调节剂	7448.89	0.30	100	其他角材、型材及异型材	4277.39	0.17

数据来源：由联合国商品贸易数据计算整理所得

相对于2005年，2016年哈萨克斯坦排名前10的产品变动较大，石油原油；车用汽油、航空汽油；铁道用非机动厢高>60厘米敞篷货车包括电车道用；其他钻探石油及天然气用的套管及导管铸铁的除外；焦炭或半焦炭、甑炭等产品进口需求下降，退出前10；轻油及制品，不含生物柴油；其他阀门用于管道、锅炉、罐、桶或类似品的；蜂窝网络或其他无线网络的电话机；其他空气泵、气体压缩机及通风罩；其他钢铁制品等商品的进口需求上升，进入前10。从进口产品的集中度来看，2005年进口产品排名前5的额度为22.73亿美元，占比为13.11%，排名前10的额度为 33.52 亿美元，占哈萨克斯坦进口总额的 18.29%。2016 年进口产品排名前 5 的额度为 22.34 亿美元，占比为 8.87%，排名前 10 的额度为 37.62 亿美元，占哈萨克斯坦进口总额的 14.94%。相比于 2005 年，2016 年哈萨克斯坦进口商品的集中度有所下降。事实上，整体而言哈萨克斯坦进口产品集中程度并不高，各进口产品进口份额组间距较小，分布较为均匀。虽然集中度有所下降，但是其他已配定剂量的药品、气态天然气等产品始终是哈萨克斯坦主要的进口产品，需求相对较为旺盛。从 100 种进口产品的种类来看，2016 年哈萨克斯坦进口仍然以药物；开采工具及其零件；能源及其制品；矿物原材料；交通工具及其零件等产品为主。

九、吉尔吉斯斯坦出口比较优势分析与进口需求研究

（一）吉尔吉斯斯坦出口比较优势分析

比较优势指数反映了一国某产品在全球此类产品出口中的竞争力。若 RCA>1，表明该国此产品具有比较优势，若 RCA>2.5，则说明该产品具有极强的比较优势。表 KG–1 显示了 2005 年吉尔吉斯斯坦出口比较优势指数 RCA 排名前 100 的产品。整体上，2005 年吉尔吉斯斯坦出口产品比较优势排名前 100 位的指数都大于 2.5，说明这 100 种产品相对于其他产品在出口贸易中具有显著的竞争优势。2005 年比较优势排名前 10 的产品包括：石棉水泥、纤维素纤维水泥等波纹板；暂时保存的猎物，而不是立即食用的；其他无丝片材；石棉水泥、纤维素纤维水泥或类似材料的管子、管子和管件；干芸豆，白豌豆；脱色土；合纤制女式西服套装；其他用功率≤ 200 瓦白炽灯泡额定电压超过 100 伏；非货币用未锻造金；未梳的其他脱脂羊毛未碳化等。其中石棉水泥、纤维素纤维水泥等波纹板；暂时保存的猎物的比较优势指数达到了 737.72 和 407.79，在国际贸易中具有一定的垄断定位。

表 KG–1　2005 年吉尔吉斯斯坦比较优势指数排名前 100 产品

排名	产品名称	RCA	排名	产品名称	RCA
1	石棉水泥、纤维素纤维水泥等波纹板	737.72	51	毛皮其他头饰	28.13
2	暂时保存的猎物，而不是立即食用的	407.79	52	新鲜或冷藏胡萝卜和芜菁	26.38
3	其他无丝片材	377.43	53	其他材料制男式其他内衣	25.91
4	石棉水泥、纤维素纤维水泥或类似材料的管子、管子和管件	281.01	54	主要或仅与羊毛或粗梳毛混纺聚酯短纤织物	25.70

续表

排名	产品名称	RCA	排名	产品名称	RCA
5	干芸豆，白豌豆	228.27	55	酪乳及其他发酵或酸化的乳及奶油不论是否浓缩、加糖或其他甜物质、香料、水果等	24.82
6	脱色土	217.64	56	散热器及其零件	24.00
7	合纤制女式西服套装	185.69	57	其他合纤短纤其他机织物	22.73
8	其他用功率≤200瓦白炽灯泡额定电压超过100伏	181.65	58	已煅烧或烧结的白云石	21.88
9	非货币用未锻造金	158.83	59	其他方法制作或保藏的的动物肝	21.78
10	未梳的其他脱脂羊毛未碳化	150.98	60	爬行动物皮革经鞣制不带毛	21.73
11	其他化学纤维制货物包装袋	150.70	61	其他黄麻或韧皮其他纤维机织物宽度超过150厘米	21.26
12	其他无丝浮法玻璃片和磨砂或抛光玻璃片	133.56	62	其他铰接链滚子链除外	20.97
13	板岩	105.64	63	绵羊或羔羊湿革	20.90
14	已梳的棉花	90.82	64	与人造短纤混纺其他毛制机织物精梳羊毛或动物细毛含量<85%	19.99
15	未梳的其他动物粗毛	86.78	65	其他精制糖	19.34
16	未梳的棉花	79.58	66	合成纤维制其他女式裙子及裙裤	19.22
17	未去梗的烟草	79.57	67	冰淇淋及其他冰制食品	19.02
18	石灰石助熔剂、石灰石及其他钙石	78.90	68	合纤制男式短裤	18.98
19	按重量计氟化钙含量≤97%的萤石	78.47	69	使用液体燃料的家用炉灶	18.91
20	新鲜或冷藏的豆类	71.94	70	未梳的脱脂剪羊毛未碳化	18.34
21	其他材料制女式内衣式背心等含三角裤、短衬裤	71.89	71	鲜乳酪未熟化或未固化的包括乳清乳酪；凝乳	18.02
22	甘草根	65.40	72	重>16千克整张生马皮或生牛皮	17.94
23	规定重量整张生马皮或生牛皮指每张，简单干燥≤8千克，干盐渍≤10千克，鲜或湿盐≤16千克	64.97	73	未漂白黄麻或韧皮纤维机织物宽度超过150厘米	17.51
24	用于农业、园艺或林业的其他手工工具	64.78	74	骡	17.45
25	其他动物粗毛废料包括废纱线，不包括回收纤维	64.36	75	其他混合制成的植物质、动物质油脂或制品	17.30

续表

排名	产品名称	RCA	排名	产品名称	RCA
26	其他纺织材料制女式衬衫	60.90	76	其他毯子及旅行毯	16.69
27	锡矿砂及其精矿	59.53	77	合成纤维制婴儿服装及衣着附件	16.60
28	山羊或小山羊湿革经鞣制不带毛	55.50	78	其他贵金属矿砂及其精矿	16.45
29	二氧化碳	55.37	79	其他不带毛退鞣绵羊或羔羊生皮浸酸的及本章注释一三所述不包括的生皮除外	15.88
30	非零售粗梳中支纯棉多股纱，中支指单纱细度为232.56–714.29分特之间，含棉量≥85%	53.06	80	精制的棉子油及其分离品	15.71
31	山羊	48.01	81	加味、加糖或其他甜物质的水	15.62
32	锑矿砂及其精矿	47.60	82	皮革废渣、灰渣、淤渣及粉末皮革或再生皮革边角料	14.94
33	带毛的绵羊或羔羊生皮本章注释一三所述不包括的生皮除外	47.32	83	白利糖浓度不超过20的苹果汁	14.08
34	无壳核桃	47.22	84	其他纺织材料制手帕	13.83
35	陶瓷制建筑用砖	45.51	85	合成纤维制针织或钩编女西服套装	13.10
36	塑料制坛，瓶及类似品	44.52	86	碳化原纸	12.86
37	其他硅酸盐水泥	44.08	87	电力	12.69
38	白利糖浓度不超过20的菠萝汁	36.80	88	其他纺织料针织或钩编女式防风衣包括防寒短上衣、防风短上衣及类似品	12.65
39	其他动物角粉末和废料	36.05	89	全粒面未剖层或粒面剖层湿牛皮包括蓝湿牛皮，经鞣制不带毛	12.57
40	未梳的其他动物细毛	35.91	90	电动滑车及提升机	12.18
41	未梳喀什米尔山羊的细毛	35.49	91	额定容量≤650千伏安液体介质变压器	12.07
42	未梳的其他含脂羊毛	35.19	92	烟草代用品制的卷烟、雪茄烟	11.98
43	其他白炽灯泡	34.09	93	包装中的乌龙茶	11.94
44	其他铜锌合金黄铜板、片、带	33.98	94	山羊	11.63
45	非供零售用精梳混纺羊毛纱线混纺以羊毛纱线为主，但羊毛含量<85%	32.49	95	不锈钢废碎料	11.54
46	毛制毯子及旅行毯羊毛或动物细毛制	32.24	96	合成纤维制女式连衣裙	11.31
47	脂肪含量在1%–6%未浓缩的乳及奶油脂肪含量按重量计，本编号货品不得加糖和其他甜物质	31.59	97	其他自推进的凿井机械	10.48

续表

排名	产品名称	RCA	排名	产品名称	RCA
48	鲜杏	30.48	98	包馅面食	10.37
49	未经加工的人发；废人发不论是否洗涤	30.14	99	电池废碎料及废电池指原电池组和蓄电池的废碎料，废原电池组及废蓄电	10.11
50	其他合纤短纤其他机织物其他纯合纤布指按重量计其他合纤短纤含量在 85% 及以上	28.28	100	合纤制男式西服套装	9.96

数据来源：由联合国商品贸易数据计算整理所得

表 KG-2 显示了 2016 年吉尔吉斯斯坦出口比较优势指数 RCA 排名前 100 的产品。整体上，2016 年吉尔吉斯斯坦出口产品比较优势排名前 100 位的指数都大于 2.5，说明这 100 种产品相对于其他产品在出口贸易中具有显著的竞争优势。2016 年比较优势排名前 10 的产品包括：苹果干；驴；适于缫丝的桑蚕茧；干芸豆，白豌豆；其他贵金属矿砂及其精矿；皮革废渣、灰渣、淤渣及粉末、皮革或再生皮革边角料；其他用功率≤ 200 瓦白炽灯泡额定电压超过 100 伏；骡；其他石灰石制石刻；非公路用货运自卸车等。其中苹果干和驴的比较优势指数达到了 1283.10 和 404.04，在国际贸易中具有一定的垄断定位。

表 KG-2　2016 年吉尔吉斯斯坦比较优势指数排名前 100 产品

排名	产品名称	RCA	排名	产品名称	RCA
1	苹果干	1283.10	51	纸 / 纸板	19.27
2	驴	404.04	52	含石棉的制品	18.93
3	适于缫丝的桑蚕茧	379.87	53	棉短绒	18.51
4	干芸豆，白豌豆	375.64	54	未梳的其他含脂羊毛	18.17
5	其他贵金属矿砂及其精矿	206.11	55	其他铬铁	18.14
6	皮革废渣、灰渣、淤渣及粉末、皮革或再生皮革边角料	144.80	56	酪乳及其他发酵或酸化的乳及奶油不论是否浓缩、加糖或其他甜物质、香料、水果等	17.67
7	其他用功率≤ 200 瓦白炽灯泡额定电压超过 100 伏	120.58	57	冷冻土豆	17.31
8	骡	115.64	58	其他电气土壤加热器和电气空间加热器	17.29
9	其他石灰石制石刻	98.60	59	未锻轧铅锑合金锑元素在合金元素中是最主要的元素	16.92

续表

排名	产品名称	RCA	排名	产品名称	RCA
10	非公路用货运自卸车	97.28	60	其他材料的其他鞋类配件	16.73
11	板岩	88.95	61	用塑料涂面或盖面的壁纸及类似品包括起纹，压花，着色，印制图案或经其他装饰	16.40
12	其他热轧铁或非合金钢宽平板轧材除热轧外经进一步加工，宽≥ 600 毫米，未经包，镀，涂层	83.02	62	黄油	16.32
13	其他碑用或建筑用石	71.64	63	未去梗的烟草	15.34
14	盐水竹笋	68.57	64	鲜杏	15.05
15	合纤制男式西服套装	67.13	65	棉制针织或钩编女衬衫	14.74
16	未梳的其他脱脂羊毛未碳化	65.92	66	废棉纱线包括废棉线	14.25
17	其他无丝浮法玻璃片和磨砂或抛光玻璃片	64.62	67	其他纺材制针织或钩编男衬衫	13.78
18	其他纺织材料制针织或钩编女式西服套装	54.78	68	矿物与沥青的混合机器用于泥土、石料、矿石或其他固体物质的	13.74
19	其他矿砂及其精矿	53.88	69	锑矿砂及其精矿	13.48
20	其他皮革条带为鞋面的皮底鞋皮革条带交叉于脚背并绕大脚趾的	53.07	70	功率＞ 75 千瓦多相交流电动机	12.88
21	烟草代用品制的卷烟、雪茄烟	50.47	71	冷轧的铁或非合金钢其他窄板材宽度＜ 600 毫米，未经包，镀，涂层	12.85
22	成片或成卷的压缩石棉纤维接合材料不含青石棉制品	48.71	72	棉制手帕	12.74
23	钢铁制鱼尾板、钢轨垫板	45.35	73	其他角材、型材及异型材	12.49
24	晒干的小豆	44.89	74	输出功率＞ 375 千瓦的直流电动机、发电机	12.25
25	毛制男式短裤羊毛或动物细毛制	44.47	75	鲜或冷藏的整头及半头绵羊肉	11.50
26	天然硫酸钡重晶石	43.23	76	棉质男式其他防寒上衣羊毛或动物细毛制	11.16
27	其他合金钢空心钻钢包括非合金钢	37.53	77	硝酸铵	11.05
28	其他纺织材料制针织或钩编女衬衫	34.19	78	新鲜的李子	10.76
29	暂时保存的其他蘑菇和块菌	33.50	79	褐煤	10.70
30	玻璃灯泡	33.27	80	临时保存的其他水果和坚果	10.57
31	废丝包括不适于缫丝的蚕茧、废纱及回收纤维	31.52	81	其他材料制女式其他防寒上衣	10.46

续表

排名	产品名称	RCA	排名	产品名称	RCA
32	化学纤维制女式衬衫	31.41	82	塑料制坛，瓶及类似品	10.03
33	镁，钙，铬含量＞ 50% 的耐火砖及类似品	31.28	83	其他纺织制针织或钩编男裤包括马裤．短裤及其他长裤	9.92
34	非货币用未锻造金	29.81	84	轧有花纹的热轧非卷材除热轧外未进一步加工，宽≥ 600 毫米，未包、镀、涂层	9.89
35	棉制针织或钩编女睡衣及睡衣裤	29.33	85	无壳核桃	9.72
36	航空或航天导航仪器及装置但罗盘除外	28.59	86	其他硅铁	9.54
37	全粒面未剖层或粒面剖层湿牛皮包括蓝湿牛皮，经鞣制不带毛	26.77	87	脂肪含量在 1%–6% 未浓缩的乳及奶油脂肪含量按重量计，本编号货品不得加糖和其他甜物质	9.37
38	化纤制针织或钩编男衬衫	26.42	88	第 90 章所列机器、器具、仪器或装置用	9.23
39	化纤制针织或钩编女衬衫	25.16	89	其他动物干革经鞣制不带毛	9.16
40	硫酸钾	23.92	90	其他动物角粉末和废料	9.13
41	其他冷轧铁或非合金钢宽平轧材	22.62	91	规定重量整张生马皮或生牛皮指每张，简单干燥≤ 8 千克，干盐渍≤ 10 千克，鲜或湿盐≤ 16 千克	8.90
42	煤气、乙炔及类似水解气体发生器不论有无净化器	22.41	92	其他合纤制针织或钩编裙子及裙裤	8.51
43	钼酸盐	21.61	93	氯	8.50
44	涡轮喷气发动机推力不超过 25 千牛顿	21.56	94	带其他工作部件的凿岩工具包括钻探工具	8.49
45	未梳的棉花	21.30	95	铜废料和废料	8.38
46	与棉混纺印花合成短纤其他织物混纺为含聚酯短纤 85% 以下，每平方米重≤ 170 克	20.93	96	榴莲	8.38
47	山羊或小山羊干革经鞣制不带毛	20.24	97	毛制针织或钩编女裤	8.28
48	韭菜及其他蒜类蔬菜	20.10	98	其他硅酸盐水泥	8.20
49	合纤制针织或钩编男裤包括马裤．短裤及其他长裤	19.38	99	供吸用的水烟料	8.15
50	合成纤维制其他女式裙子及裙裤	19.35	100	合成纤维制女式上衣	8.05

数据来源：由联合国商品贸易数据计算整理所得

与2005年相比，2016年吉尔吉斯斯坦的出口比较优势有所变化。从比较优势指数来分析，相对于2005年，2016年吉尔吉斯斯坦前100名产品的比较优势指数总体有所下降，比较优势均值从61.11下降到54.28，下降约11.18%左右；比较优势指数最大值从737.72，上升到1283.10，增幅约为73.93%；最小值从9.96下降至8.05，下降约为19.18%。从排名前10的具体产品来看，相比于2005年，比较优势变化较大，其中石棉水泥、纤维素纤维水泥等波纹板；暂时保存的猎物；其他无丝片材；石棉水泥、纤维素纤维水泥或类似材料的管子、管子和管件；脱色土和富勒土；合纤制女式西服套装；非货币用未锻造金；未梳的其他脱脂羊毛未碳化等产品的比较优势出现了明显的下滑；苹果干；驴；适于缫丝的桑蚕茧；其他贵金属矿砂及其精矿；皮革废渣、灰渣、淤渣及粉末、皮革或再生皮革边角料；骡；其他石灰石制石刻；非公路用货运自卸车等产品比较优势显著上升，排名进入了前10。

（二）吉尔吉斯斯坦出口主导产业分析

1. 出口主导产业测度

出口主导产业是由产业出口额占国家总出口额的比例来衡量的，所占比例越大，表明其在出口中所占地位越重，同时表明，此国生产相应产品的能力越强或拥有相应丰富的资源。如表KG-3，反映的是2005年吉尔吉斯斯坦出口额排名前100的产品。整体上，2005年吉尔吉斯斯坦出口的产品主要集中在冶炼金属制品；能源及其制品；化工原材料及其产品；农作物以及畜牧产品；纺织产品以及各类服装等等。排名前10的产品分别是非货币用未锻造金；石油油和油脂；未梳的棉花；特种棉；电力；其他无丝浮法玻璃片和磨砂或抛光玻璃片；塑料制坛，瓶及类似品；其他无丝片材；其他硅酸盐水泥；其他用功率≤200瓦白炽灯泡额定电压超过100伏等，其中非货币用未锻造金出口值达到2.30亿美元，占比34.27，在各出口产品中具有一定的主导地位。

表KG-3　2005年吉尔吉斯斯坦出口额排名前100产品

单位：万美元、%

排名	产品名称	出口值	占比	排名	产品名称	出口值	占比
1	非货币用未锻造金	23027.34	34.27	51	非改良种用其他牛	134.38	0.20
2	石油油和油脂	5576.74	8.30	52	已梳的棉花	123.04	0.18
3	未梳的棉花	4013.42	5.97	53	骡	119.14	0.18

续表

排名	产品名称	出口值	占比	排名	产品名称	出口值	占比
4	特种棉	2175.51	3.24	54	用于农业、园艺或林业的其他手工工具	116.06	0.17
5	电力	2044.72	3.04	55	其他化学纤维制货物包装袋	113.47	0.17
6	其他无丝浮法玻璃片和磨砂或抛光玻璃片	1907.29	2.84	56	其他自推进的凿井机械	110.71	0.16
7	塑料制坛，瓶及类似品	1398.44	2.08	57	部分或全部去梗的烟草	102.89	0.15
8	其他无丝片材	1361.73	2.03	58	未锻轧铝合金	101.94	0.15
9	其他硅酸盐水泥	1305.85	1.94	59	机动小客车用新的充气轮胎	101.20	0.15
10	其他用功率≤ 200 瓦白炽灯泡额定电压超过 100 伏	1271.50	1.89	60	中型飞机及其他航空器中型指 2 吨＜空载重量≤ 15 吨	96.95	0.14
11	其他精制糖	1120.16	1.67	61	化学纤维制女式衬衫	95.65	0.14
12	未去梗的烟草	1047.52	1.56	62	主要或仅与羊毛或粗梳毛混纺聚酯短纤织物	94.67	0.14
13	石棉水泥、纤维素纤维水泥等波纹板	964.70	1.44	63	新鲜或冷藏胡萝卜和芜菁	93.52	0.14
14	干芸豆，白豌豆	893.26	1.33	64	其他特殊用途的机动车辆	87.93	0.13
15	其他以钢铁为主的废五金材料	660.64	0.98	65	含硅量≥ 99.99% 的硅	87.45	0.13
16	散热器及其零件	556.65	0.83	66	其他离心机及离心干燥机	86.14	0.13
17	加味、加糖或其他甜物质的水	532.51	0.79	67	石灰石助熔剂、石灰石及其他钙石	85.71	0.13
18	脂肪含量在 1%~6% 未浓缩的乳及奶油脂肪含量按重量计，本编号货品不得加糖和其他甜物质	521.58	0.78	68	合成纤维制女式连衣裙	85.67	0.13
19	合纤制女式西服套装	483.20	0.72	69	包装中的乌龙茶	84.91	0.13
20	合纤制男式短裤	401.11	0.60	70	烟草制的卷烟	84.55	0.13
21	其他纺织材料制女式衬衫	400.87	0.60	71	其他身体部分和附件包括驾驶室	84.01	0.13
22	不锈钢废碎料	400.68	0.60	72	未梳的其他脱脂羊毛未碳化	81.44	0.12
23	铝废碎料	340.68	0.51	73	蚊香	81.13	0.12
24	规定重量整张生马皮或生牛皮指每张，简单干燥≤ 8 千克，干盐渍≤ 10 千克，鲜或湿盐≤ 16 千克	336.21	0.50	74	未梳的脱脂剪羊毛未碳化	75.76	0.11

续表

排名	产品名称	出口值	占比	排名	产品名称	出口值	占比
25	重 >16 千克整张生马皮或生牛皮	309.10	0.46	75	其他非泡沫乙烯聚合物板，片，膜，箔及扁条	75.66	0.11
26	其他零件和附件	294.05	0.44	76	其他合金钢废碎料	72.29	0.11
27	其他白炽灯泡	291.24	0.43	77	其他活动房屋	72.20	0.11
28	其他未加工或半制成品的银粉	259.76	0.39	78	其他≤ 1000 伏电路开关等电气装置	68.82	0.10
29	鲜乳酪未熟化或未固化的包括乳清乳酪；凝乳	258.89	0.39	79	其他无酒精饮料	68.58	0.10
30	其他贵金属制首饰及其零件不论是否包、镀其他贵金属	257.09	0.38	80	板岩	68.56	0.10
31	1.5 升<排量≤ 3 升装点燃往复式活塞内燃发动机的其他载人车辆	241.36	0.36	81	非供零售用精梳混纺羊毛纱线混纺以羊毛纱线为主，但羊毛含量 <85%	68.21	0.10
32	车用汽油、航空汽油	237.92	0.35	82	其他金属家具	68.07	0.10
33	其他凿井机用零件子目 843041，843049 所列机械的	235.57	0.35	83	聚酯短纤其他织物纯聚酯布指按重量计聚酯短纤含量在 85% 及以上	65.68	0.10
34	冰淇淋及其他冰制食品	223.92	0.33	84	额定容量≤ 650 千伏安液体介质变压器	65.02	0.10
35	其他乳酪	208.38	0.31	85	集装箱包括用于运输液体的容器	64.39	0.10
36	新鲜或冷藏的豆类	200.07	0.30	86	钢轨	64.02	0.10
37	带毛的绵羊或羔羊生皮本章注释一三所述不包括的生皮除外	194.70	0.29	87	白利糖浓度超过 20 的苹果汁	64.00	0.10
38	酪乳及其他发酵或酸化的乳及奶油不论是否浓缩、加糖或其他甜物质、香料、水果等	185.64	0.28	88	黄油	62.83	0.09
39	其他材料制女式内衣式背心等含三角裤、短衬裤	182.93	0.27	89	其他皮革制面的其他鞋靴橡胶、塑料、再生皮革制外底，运动用鞋靴除外	61.47	0.09
40	瓦楞纸或纸板制的箱，盒，匣	181.01	0.27	90	其他合纤短纤其他机织物其他纯合纤布指按重量计其他合纤短纤含量在 85% 及以上	61.08	0.09

续表

排名	产品名称	出口值	占比	排名	产品名称	出口值	占比
41	全粒面未剖层或粒面剖层湿牛皮包括蓝湿牛皮，经鞣制不带毛	176.84	0.26	91	暂时保藏的其他食用蔬菜	60.74	0.09
42	其他混合制成的植物质、动物质油脂或制品	175.58	0.26	92	其他贵金属矿砂及其精矿	60.63	0.09
43	合成纤维制其他女式裙子及裙裤	169.85	0.25	93	非用醋制作的绞碎番茄	59.79	0.09
44	柴油型其他货车装有压燃式活塞内燃发动机，重型指 5 吨≤车辆总重≤ 20 吨	166.06	0.25	94	其他夹心块状或条状的含可可食品	59.41	0.09
45	无壳核桃	157.24	0.23	95	山羊或小山羊湿革经鞣制不带毛	58.74	0.09
46	陶瓷制建筑用砖	157.21	0.23	96	按重量计氟化钙含量≤ 97% 的萤石	57.20	0.09
47	其他经掺杂用于工业的晶体切片	152.35	0.23	97	与人造短纤混纺其他毛制机织物精梳羊毛或动物细毛含量 <85%	54.87	0.08
48	非零售粗梳中支纯棉多股纱、中支指单纱细度为 232.56–714.29 分特之间，含棉量≥ 85%	145.88	0.22	98	整个或切块的其他动物肠、膀胱和胃包括鲜、冷、冻、干、熏、盐腌或盐渍的，鱼除外	54.54	0.08
49	纺织材料制未列名制品	144.19	0.21	99	品目 8475 所列机器的零件灯泡等封装机及玻璃等制造机器的零件	54.33	0.08
50	合纤制女式长、马、短裤	135.78	0.20	100	其他铜锌合金黄铜板、片、带	53.88	0.08

数据来源：由联合国商品贸易数据计算整理所得

如表 KG–4，反映的是 2016 年吉尔吉斯斯坦出口额排名前 100 的产品。整体上，2016 年吉尔吉斯斯坦出口的产品主要集中在冶炼金属制品；矿物原材料；能源及其制品；化工原材料及其产品；农作物以及畜牧产品；纺织产品以及各类服装等。排名前 10 的产品分别是非货币用未锻造金；未按种类指定的商品；其他贵金属矿砂及其精矿；干芸豆，白豌豆；飞机和其他飞机的空载重量超过 15000 公斤；石油油和油脂；非公路用货运自卸车；未梳的棉花；化学纤维制女式衬衫；其他无丝浮法玻璃片和磨砂或抛光玻璃片等，其中非货币用未锻造金出口值达到7.02亿美元，占比49.30%，在各出口产品中具有一定的主导地位。

表 KG-4 2016年吉尔吉斯斯坦出口额排名前100产品

单位：万美元、%

排名	产品名称	出口值	占比	排名	产品名称	出口值	占比
1	非货币用未锻造金	70158.40	49.30	51	天然硫酸钡重晶石	228.52	0.16
2	未按种类指定的商品	6809.44	4.79	52	轻油及制品，不含生物柴油	222.04	0.16
3	其他贵金属矿砂及其精矿	6778.35	4.76	53	冰淇淋及其他冰制食品	211.96	0.15
4	干芸豆，白豌豆	5448.21	3.83	54	新鲜苹果	206.20	0.14
5	飞机和其他飞机的空载重量超过15000公斤	4272.70	3.00	55	大理石，石灰及石膏	203.75	0.14
6	石油油和油脂	3600.90	2.53	56	褐煤	203.43	0.14
7	非公路用货运自卸车	3374.29	2.37	57	涡轮喷气发动机推力不超过25千牛顿	201.19	0.14
8	未梳的棉花	1907.71	1.34	58	盐水竹笋	199.51	0.14
9	化学纤维制女式衬衫	1665.89	1.17	59	其他合纤制针织或钩编连衣裙	197.79	0.14
10	其他无丝浮法玻璃片和磨砂或抛光玻璃片	1485.27	1.04	60	其他材料的其他鞋类配件	196.11	0.14
11	苹果干	1373.97	0.97	61	其他以钢铁为主的废五金材料	187.92	0.13
12	烟草制的卷烟	1250.70	0.88	62	其他特殊用途的机动车辆	187.40	0.13
13	铜废料和废料	1061.38	0.75	63	未锻轧铝合金	186.70	0.13
14	航空或航天导航仪器及装置但罗盘除外	831.35	0.58	64	用其他塑料浸渍的纺织物包括用其他塑料涂布、包覆或层压的	184.00	0.13
15	黄油	758.12	0.53	65	其他纺织材料制针织或钩编女衬衫	180.42	0.13
16	其他用功率≤200瓦白炽灯泡额定电压超过100伏	758.10	0.53	66	硝酸铵	175.00	0.12
17	其他零件和附件	753.38	0.53	67	铁路或电车道机车齿轮箱及其零件	173.89	0.12
18	塑料制坛，瓶及类似品	684.96	0.48	68	化纤制女式其他防寒上衣	173.76	0.12

续表

排名	产品名称	出口值	占比	排名	产品名称	出口值	占比
19	全粒面未剖层或粒面剖层湿牛皮包括蓝湿牛皮，经鞣制不带毛	578.89	0.41	69	用塑料涂面或盖面的壁纸及类似品包括起纹，压花，着色，印制图案或经其他装饰	168.88	0.12
20	其他煤	517.25	0.36	70	额定容量≤1千伏安的其他变压器	165.58	0.12
21	合纤制针织或钩编男裤包括马裤、短裤及其他长裤	484.42	0.34	71	其他编号未列名的化工产品	164.91	0.12
22	其他电气土壤加热器和电气空间加热器	438.29	0.31	72	宽≥600毫米热轧其他合金钢材除热轧外未经进一步加工	159.13	0.11
23	化纤制针织或钩编女衬衫	437.62	0.31	73	皮革制鞋面的其他运动鞋靴橡胶、塑料、皮革或再生皮革制外底	156.28	0.11
24	功率>75千瓦多相交流电动机	424.15	0.30	74	散热器及其零件	155.92	0.11
25	其他未加工或半制成品的银粉	418.58	0.29	75	棉质男式其他防寒上衣羊毛或动物细毛制	155.43	0.11
26	其他硅酸盐水泥	397.39	0.28	76	其他碑用或建筑用石	154.03	0.11
27	化纤制针织或钩编男衬衫	391.07	0.27	77	鲜或干的去壳核桃	150.77	0.11
28	棉制针织或钩编女睡衣及睡衣裤	386.71	0.27	78	棉制针织或钩编套头衫等包括开襟衫、背心及类似品	148.54	0.10
29	其他压缩点火内燃活塞发动机柴油或半柴油机	381.58	0.27	79	品目8426、8429、8430的其他零件	147.65	0.10
30	其他乳酪	376.97	0.26	80	其他面包，糕点，饼干及烘焙糕饼	146.06	0.10
31	初级形状的纯聚氯乙烯	372.70	0.26	81	带其他工作部件的凿岩工具包括钻探工具	141.20	0.10
32	镁，钙，铬含量>50%的耐火砖及类似品	365.17	0.26	82	其他铬铁	140.50	0.10
33	合纤制男式西服套装	358.78	0.25	83	履带式推土机	137.01	0.10
34	合成纤维制女式上衣	347.72	0.24	84	其他建筑业，工业用新的充气橡胶非子午线轮胎辋圈>61厘米	130.98	0.09

续表

排名	产品名称	出口值	占比	排名	产品名称	出口值	占比
35	脂肪含量在 1%–6% 未浓缩的乳及奶油脂肪含量按重量计，本编号货品不得加糖和其他甜物质	346.20	0.24	85	其他贵金属制首饰及其零件不论是否包、镀其他贵金属	124.05	0.09
36	其他自动数据处理设备的部件	344.71	0.24	86	其他纺织制针织或钩编男裤包括马裤、短裤及其他长裤	123.70	0.09
37	毛制男式短裤羊毛或动物细毛制	344.24	0.24	87	天然蜂蜜	114.88	0.08
38	柴油型的其他货车装有压燃式活塞内燃发动机，超重型指车辆总重量＞ 20 吨	335.58	0.24	88	棉制针织或钩编男衬衫	111.03	0.08
39	其他热轧铁或非合金钢宽平板轧材除热轧外经进一步加工，宽≥ 600 毫米，未经包，镀，涂层	329.64	0.23	89	其他编号未列名的食品	107.26	0.08
40	其他皮革条带为鞋面的皮底鞋皮革条带交叉于脚背并绕大脚趾的	324.85	0.23	90	蒸馏葡萄酒制得的烈性酒	106.14	0.07
41	合成纤维制其他女式裙子及裙裤	292.33	0.21	91	新鲜或冷藏的其他马铃薯	105.90	0.07
42	其他石灰石制石刻	283.42	0.20	92	皮革废渣、灰渣、淤渣及粉末 皮革或再生皮革边角料	101.91	0.07
43	第 90 章所列机器、器具、仪器或装置用	274.20	0.19	93	功率＞ 5000 千瓦的其他燃气轮机	100.59	0.07
44	石油原油	264.45	0.19	94	其他合金钢热加工条、杆除热轧，热拉拔或热挤压外未经进一步加工的	97.83	0.07
45	酪乳及其他发酵或酸化的乳及奶油不论是否浓缩、加糖或其他甜物质、香料、水果等	264.40	0.19	95	瓦楞纸或纸板制的箱，盒，匣	97.50	0.07

续表

排名	产品名称	出口值	占比	排名	产品名称	出口值	占比
46	供婴幼儿食用的零售包装配方奶粉	263.05	0.18	96	硫酸钾	96.52	0.07
47	脂肪含量≤ 1.5% 固状乳及奶油指粉状、粒状或其他固体状态，浓缩，加糖或其他甜物质	261.36	0.18	97	其他纺材制针织或钩编男衬衫	95.84	0.07
48	未去梗的烟草	250.81	0.18	98	煤气、乙炔及类似水解气体发生器不论有无净化器	94.38	0.07
49	压缩点火内燃活塞发动机柴油或半柴油机	246.11	0.17	99	其他角材、型材及异型材	93.20	0.07
50	棉制针织或钩编女衬衫	235.16	0.17	100	其他纺织材料制针织或钩编女式西服套装	91.27	0.06

数据来源：由联合国商品贸易数据计算整理所得

对比分析吉尔吉斯斯坦 2005 年与 2016 年出口的前 100 名商品，从出口主导产品的集中度来看，2005 年，排名前 5 的主导产品出口额度为 3.68 亿美元，占比为 54.82%；排名前 10 的出口主导产品出口总额为 4.41 亿美元，占比为 65.6%。2016 年，排名前 5 的主导产品出口额为 9.35 亿美元，占比为 65.68%；前 10 出口主导产品出口总额达到 10.55 亿美元，占比为 74.14%。相比于 2005 年，2016 年吉尔吉斯斯坦前 5、前 10 主导产品的出口额度都有所提升，但总体产品集中度也出现同步上涨，其中排名前 5 和前 10 的产品出口占比均上升 10% 左右。从具体产品来看，2005 年排名第一的非货币用未锻造金出口额从 2005 年的 2.30 亿美元上升到 2016 年的 7.02 亿美元，并且出口额度占比从 2005 年的 34.27% 上升到 2016 年的 49.30%，集中度不断加强，在各出口货物中显著的具有主导地位。其他排名前 10 的产品，相比较 2005 年，电力；塑料制坛，瓶及类似品；其他无丝片材；其他硅酸盐水泥；其他用功率≤ 200 瓦白炽灯泡额定电压超过 100 伏 等的出口份额有所下降；其他贵金属矿砂及其精矿；干芸豆，白豌豆；飞机和其他飞机的空载重量超过 15000 公斤；非公路用货运自卸车；化学纤维制女式衬衫等产品出口份额有所提高。

2. 出口主导产业与比较优势产业的一致性分析

事实上，对比了 2016 年吉尔吉斯斯坦排名前 10 的比较优势产品和出口主导产品如表 KG-5，我们发现吉尔吉斯斯坦比较优势产业与出口主导产业一致程度并不高，仅仅在干芸豆，白豌豆；其他贵金属矿砂及其精矿的出口有所对应。吉尔吉斯斯坦在苹果干；驴；适于缫丝的桑蚕茧等产品上具有显著的比较优势，但是在出口产品中却表现出对非货币用未锻造金等产品的依赖，我们推测这可能受近年来国际贸易需求的影响，资源禀赋强的产品并不一定是需求最旺盛的产品。

表 KG-5　2016 年吉尔吉斯斯坦排名前 10 比较优势产品及出口主导产品

单位：%

排名	比较优势产品名称	RCA	排名	出口主导产品名称	占比
1	苹果干	1283.10	1	非货币用未锻造金	49.30
2	驴	404.04	2	未按种类指定的商品	4.79
3	适于缫丝的桑蚕茧	379.87	3	其他贵金属矿砂及其精矿	4.76
4	干芸豆，白豌豆	375.64	4	干芸豆，白豌豆	3.83
5	其他贵金属矿砂及其精矿	206.11	5	飞机和其他飞机的空载重量超过 15000 公斤	3.00
6	皮革废渣、灰渣、淤渣及粉末皮革或再生皮革边角料	144.80	6	石油油和油脂	2.53
7	其他用功率≤ 200 瓦白炽灯泡额定电压超过 100 伏	120.58	7	非公路用货运自卸车	2.37
8	骡	115.64	8	未梳的棉花	1.34
9	其他石灰石制石刻	98.60	9	化学纤维制女式衬衫	1.17
10	非公路用货运自卸车	97.28	10	其他无丝浮法玻璃片和磨砂或抛光玻璃片	1.04

数据来源：由联合国商品贸易数据计算整理所得

（三）吉尔吉斯斯坦出口比较优势变化分析

1. 描述性分析

依据表 KG-1 及表 KG-2，对比分析 2005 年及 2016 年吉尔吉斯斯坦比较优势指数排名前 100 产品，我们可以得出以下信息：

第一，从比较优势指数来分析，相对于 2005 年，2016 年吉尔吉斯斯坦前 100 名产品的比较优势指数总体有所下降，比较优势均值从 61.11 下降到 54.28，下降约 11.18% 左右。

第二，吉尔吉斯斯坦具比较优势的产品数量呈现下降态势。2005 年，比较优势指数大于 1 的产品共有 339 类，大于 2.5 的产品共有 222 类；而 2016 年，比较优势指数大于1的产品有288类，大于2.5的产品共有193类，这表明吉尔吉斯斯坦在国际贸易出口中具有比较优势的产品逐渐减少。

第三，从排名前10的具体产品来看，相比于2005年，比较优势变化较大，其中石棉水泥；纤维素纤维水泥等波纹板；暂时保存的猎物；其他无丝片材；石棉水泥；纤维素纤维水泥或类似材料的管子、管子和管件；脱色土和富勒土；合纤制女式西服套装；非货币用未锻造金；未梳的其他脱脂羊毛未碳化等产品的比较优势出现了明显的下滑；苹果干；驴；适于缫丝的桑蚕茧；其他贵金属矿砂及其精矿；皮革废渣、灰渣、淤渣及粉末、皮革或再生皮革边角料；骡；其他石灰石制石刻；非公路用货运自卸车等产品比较优势显著上升，排名进入了前10。

2. 回归分析

将2016年吉尔吉斯斯坦产业比较优势指数作为被解释变量，把2005年吉尔吉斯斯坦产业比较优势指数作为解释变量，对其进行回归分析。若回归系数 >1，则表明吉尔吉斯斯坦更加强化了具有比较优势的产业，弱化了不具有比较优势的产业；若0< 回归系数 <1，则表明具有比较优势的产业弱化了；若回归系数 <0，则表明吉尔吉斯斯坦比较优势的产业发生了质变。使用最小二乘法对其进行回归，得出结果如表KG-6所示。从表中可以看出，回归系数为1.366251，大于1，因此说明相对于2005年，2016年吉尔吉斯斯坦具有比较优势的产业得到了强化。

表 KG-6　回归结果

变量	Coef.	Std. Err.	t	P>|t|
2005 比较优势指数	1.366251	0.047803	28.58109	0.0000
常数项	−29.21554	5.509027	−5.303213	0.0000
	R^2=0.892882		F−statistics =816.8786	

（四）吉尔吉斯斯坦进口需求及其变化分析

表KG-7为2005年吉尔吉斯斯坦进口额排名前100产品。从表中可以看出，排名前10的进口产品有石油油和油脂；车用汽油、航空汽油；其他已配定剂量的药品；气态天然气；其他煤；其他精制糖；烟草制的卷烟；小麦或马尾松种子免耕小麦；无线电广播、电视发送设备等包含接收装置或声音录制的传送设备；品目8474所列机器的零件等。其中，石油油和油脂进口额度最高，为1.54亿美元，占比为13.87%。从吉尔吉斯斯坦进口前100名产品的结构来看，进口产品排名前5的额度为3.44亿美元，占比为31.08%，排名前10的额度为4.3亿美元，占吉尔吉斯斯坦进口总额的38.8%。因此可以看出吉尔吉斯斯坦进口产品具有相对集中性，特别是在石油及其制品等能源产品的进口上。

表 KG-7　2005 年吉尔吉斯斯坦进口额排名前 100 产品

单位：万美元、%

排名	产品名称	进口值	占比	排名	产品名称	进口值	占比
1	石油油和油脂	15366.81	13.87	51	其他印刷机用品目 8442 项下商品进行印刷的机器	272.20	0.25
2	车用汽油、航空汽油	10494.24	9.47	52	钳子、镊子及类似工具	265.81	0.24
3	其他已配定剂量的药品	3393.71	3.06	53	其他热加工条、杆	262.29	0.24
4	气态天然气	3042.50	2.75	54	其他木家具	257.79	0.23
5	其他煤	2129.76	1.92	55	石灰石助熔剂、石灰石及其他钙石	255.57	0.23
6	其他精制糖	1944.78	1.76	56	石油沥青	252.71	0.23
7	烟草制的卷烟	1807.45	1.63	57	其他材料的其他鞋类配件	249.72	0.23
8	小麦或马尾松种子免耕小麦	1743.93	1.57	58	婴儿用卫生巾和卫生棉条、餐巾纸和餐巾纸，类似卫生用品	240.77	0.22
9	无线电广播、电视发送设备等包含接收装置或声音录制的传送设备	1611.38	1.45	59	其他混合制成的植物质、动物质油脂或制品	238.29	0.22
10	品目 8474 所列机器的零件	1446.88	1.31	60	甜饼干	235.81	0.21
11	初级形状的聚对苯二甲酸乙二酯	1378.98	1.24	61	旧衣物	228.31	0.21
12	其他零件和附件	1215.29	1.10	62	其他编号未列名的食品	226.78	0.20
13	麦芽酿造的啤酒	1209.23	1.09	63	其他凿井机用零件子目 843041，843049 所列机械的	224.54	0.20
14	聚酯短纤其他织物纯聚酯布指按重量计聚酯短纤含量在 85% 及以上	1044.07	0.94	64	无连接器的绝缘导体，80 伏≤电压≤ 1000 伏	222.94	0.20
15	其他客或货车用新充气橡胶轮胎	1013.88	0.92	65	非瓦楞纸或纸板制可折叠箱，盒，匣	220.85	0.20
16	硝酸铵	912.79	0.82	66	主要或仅与化纤长丝混纺聚酯短纤机织物	220.60	0.20

续表

排名	产品名称	进口值	占比	排名	产品名称	进口值	占比
17	针叶木厚板材经纵锯、纵切、刨切或旋切的，厚度超过 6 毫米	911.14	0.82	67	其他自推进的凿井机械	217.42	0.20
18	小麦或混合麦的细粉	900.30	0.81	68	溶于非水介质的聚酯油漆及清漆等	210.66	0.19
19	人用疫苗	853.48	0.77	69	其他硅锰钢的条、杆	204.76	0.18
20	其他巧克力及含可可的食品	730.10	0.66	70	冷藏 – 冷冻组合机各自装有单独外门的	201.23	0.18
21	其他蓄电池	715.01	0.65	71	洗发剂	199.28	0.18
22	石棉	671.71	0.61	72	其他美容品或化妆品	198.60	0.18
23	其他医疗、外科或兽医用仪器器具	651.20	0.59	73	未镀或涂层的铁或非合金钢丝不论是否抛光	196.80	0.18
24	碳酸钠纯碱	641.36	0.58	74	其他视频信号录制或重放设备不论是否装有高频调谐放大器	195.31	0.18
25	1.5 ＜排量≤ 3 升装点燃往复式活塞内燃发动机的其他载人车辆	639.29	0.58	75	白炽灯泡、灯管等的封装机包括放电灯管、电子管、闪光灯泡等	193.00	0.17
26	其他机械零件	633.37	0.57	76	非自推进的其他钻探或凿井机械	192.83	0.17
27	机动小客车用新的充气轮胎	605.09	0.55	77	包装中的乌龙茶＞ 3 千克	191.88	0.17
28	冻的鸡块和杂碎	596.36	0.54	78	尿素	189.26	0.17
29	钢铁制研磨机用研磨球及类似品经锻造或冲压后，未经进一步加工	519.42	0.47	79	其他数据处理设备同一机壳内至少有一个 CPU 和一个输入输出部件；包括组合式	182.74	0.16
30	氰化钠、氧氰化钠	504.83	0.46	80	其他木板，未加工或不比砂纸进一步加工	182.49	0.16
31	新鲜苹果	500.54	0.45	81	酿酒机器	178.40	0.16
32	其他用于制造或热加工玻璃或玻璃器皿的机器	473.69	0.43	82	重 >16 千克整张生马皮或生牛皮	178.09	0.16
33	零售包装有机表面活性剂制品	455.78	0.41	83	涂漆或涂塑的铁或非合金钢宽板材宽度≥ 600 毫米	177.51	0.16
34	其他硅酸盐水泥	448.14	0.40	84	其他电诊断仪	174.51	0.16
35	上釉的大陶瓷砖，瓦，块及类似品	435.54	0.39	85	钼丝	173.40	0.16

续表

排名	产品名称	进口值	占比	排名	产品名称	进口值	占比
36	精制的葵花油和红花油及其分离品	424.35	0.38	86	乳品加工机器	173.08	0.16
37	加味、加糖或其他甜物质的水	405.20	0.37	87	人造黄油	172.72	0.16
38	其他不含可可的糖食	391.09	0.35	88	已配剂量含有青霉素或链霉素药品	172.68	0.16
39	已配剂量含有其他抗菌素的药品	388.49	0.35	89	彩色卫星电视接收机	170.56	0.15
40	不含添加调味料或色素的生甘蔗糖	387.92	0.35	90	防冻剂及解冻剂	170.17	0.15
41	镀锌的其他形铁或非合金钢宽板材电镀锌的除外，宽≥600毫米	348.95	0.31	91	氧化银的原电池及原电池组	168.39	0.15
42	其他有机表面活性产品及制品	338.44	0.31	92	生产食品、饮料用混合香料及制品	168.13	0.15
43	非公路用货运自卸车	334.83	0.30	93	其他夹心块状或条状的含可可食品	167.67	0.15
44	其他木板，表面涂有三聚氰胺浸渍纸	334.27	0.30	94	褐煤	167.66	0.15
45	初级形状比重＜0.94的聚乙烯	325.84	0.29	95	盖子、瓶帽、螺口塞封志等包装用附件贱金属制	164.95	0.15
46	其他特殊用途的机动车辆	317.84	0.29	96	其他建筑业，工业用新的充气橡胶非子午线轮胎辋圈＞61厘米	161.80	0.15
47	其他铁或非合金钢圆形截面焊缝管	280.92	0.25	97	集装箱包括用于运输液体的容器	157.61	0.14
48	部分或全部去梗的烟草	279.95	0.25	98	其他角材、型材及异型材	157.52	0.14
49	计算机用终端输入或输出部件，不论是否在同一机壳内有存储部件	275.01	0.25	99	氯乙烯聚合物制的铺地制品	157.49	0.14
50	破碎或磨粉用机器用于泥土、石料、矿石或其他固体物质的	272.49	0.25	100	半挂车用的公路牵引车	155.09	0.14

数据来源：由联合国商品贸易数据计算整理所得

表KG-8为2016年吉尔吉斯斯坦进口额排名前100产品。从表中可以看出，排名前10的进口产品有石油油和油脂；其他塑料及橡胶制鞋面的其他鞋靴；轻油及制品不含生物柴油；未按种类指定的商品；其他已配定剂量的药品；飞机和其他飞机的空载重量超过15000公斤；其他合纤短纤其他机织物；针叶木厚板材经纵锯、纵切、刨切或旋切的，厚度超过6毫米；气态天然气；烟草制的卷烟等。其中，石油油和油脂进口额度最高，为1.99亿美元，占比为5.17%。从吉尔吉斯斯坦进口前100名产品的结构来看，进口产品排名前5的额度为6.76亿美元，占比为17.58%，排名前10的额度为9.54亿美元，占吉尔吉斯斯坦进口总额的24.81%。因此可以看出吉尔吉斯斯坦进口产品具有相对集中性，特别是在石油及其制品等能源产品的进口上。

表KG-8　2016年吉尔吉斯斯坦进口额排名前100产品

单位：万美元、%

排名	产品名称	进口值	占比	排名	产品名称	进口值	占比
1	石油油和油脂	19879.00	5.17	51	其他通信设备零件	1238.21	0.32
2	其他塑料及橡胶制鞋面的其他鞋靴	13596.09	3.54	52	其他客或货车用新充气橡胶轮胎	1202.30	0.31
3	轻油及制品，不含生物柴油	12997.50	3.38	53	未加香料或着色剂的甜菜原糖	1188.19	0.31
4	未按种类指定的商品	12131.05	3.16	54	每根单丝细度≥67分特的合成纤维制连裤袜及紧身裤袜针织或钩编	1159.51	0.30
5	其他已配定剂量的药品	8984.69	2.34	55	棉制女式长、马、短裤	1141.44	0.30
6	飞机和其他飞机的空载重量超过15000公斤	8311.20	2.16	56	其他电力控制或分配的装置电压超过1000伏的线路	1130.85	0.29
7	其他合纤短纤其他机织物	6166.87	1.60	57	咖啡浓缩精汁	1108.04	0.29
8	针叶木厚板材经纵锯、纵切、刨切或旋切的，厚度超过6毫米	5827.48	1.52	58	色织的其他混纺合成纤维布	1106.71	0.29
9	气态天然气	4028.53	1.05	59	主要或仅与化纤长丝混纺聚酯短纤机织物	1102.39	0.29
10	烟草制的卷烟	3467.29	0.90	60	排气量>4升带点燃往复式活塞内燃发动机其他车	1083.99	0.28
11	其他橡胶、塑料短筒靴过踝橡胶或塑料制外底及鞋面，防水及运动鞋靴除外，包括其他装金属护鞋头的橡胶、塑料鞋靴	3326.82	0.87	61	棉制针织或钩编其他服装	1076.02	0.28

续表

排名	产品名称	进口值	占比	排名	产品名称	进口值	占比
12	橡胶、塑料制底及面的其他运动鞋靴	3221.99	0.84	62	印花的人纤长丝其他机织物	1072.36	0.28
13	精制的葵花油和红花油及其分离品	3127.60	0.81	63	初级形状比重＜0.94的聚乙烯	1024.66	0.27
14	汽轮机用的零件	2977.00	0.77	64	破碎或磨粉用机器用于泥土、石料、矿石或其他固体物质的	1023.70	0.27
15	蜂窝网络或其他无线网络的电话机	2912.02	0.76	65	腈纶短纤混纺织物主要或仅与化纤长丝混纺	1022.80	0.27
16	洗发剂	2873.40	0.75	66	注塑机用于加工塑料的	1005.90	0.26
17	其他巧克力及含可可的食品	2512.82	0.65	67	硝酸铵	998.50	0.26
18	其他美容品或化妆品	2375.97	0.62	68	其他热轧铁或非合金钢宽平板轧材除热轧外经进一步加工，宽≥600毫米，未经包，镀，涂层	987.35	0.26
19	其他小麦及混合麦	2355.24	0.61	69	其他夹心块状或条状的含可可食品	985.22	0.26
20	化纤针织或钩编其他服装	2166.96	0.56	70	以塑料片或纺织材料作面的手提包不论是否有背带，包括无把手的	960.96	0.25
21	胸罩不论是否针织或钩编	2163.71	0.56	71	其他镀或涂锌的铁窄板材包括非合金钢的，宽度＜600毫米	953.82	0.25
22	交换机和路由器	2130.57	0.55	72	色织的人纤长丝其他机织物	951.08	0.25
23	镀锌的其他形铁或非合金钢宽板材电镀锌的除外，宽≥600毫米	2118.15	0.55	73	初级形状的聚对苯二甲酸乙二酯	941.37	0.24
24	其他零件和附件	2064.46	0.54	74	其他与化纤长丝混纺合纤短纤织物	919.04	0.24
25	泡沫聚苯乙烯板，片，带，箔，扁条	1978.67	0.51	75	乙烯聚合物制袋及包	904.83	0.24
26	铁或非合金钢的热加工条、杆带有轧制过程中产生变形，热加工指热轧、热拉拔或热挤压	1941.21	0.50	76	前铲装载机	893.58	0.23

续表

排名	产品名称	进口值	占比	排名	产品名称	进口值	占比
27	品目 8426、8429、8430 的其他零件	1925.99	0.50	77	印花人纤短纤布人造纤维短纤含量在 85% 以下	886.60	0.23
28	蒸汽锅炉及过热水锅炉的零件	1904.60	0.50	78	其他钢铁结构体及部件包括结构体用的已加工钢板、型材、管子及类似品	877.67	0.23
29	供婴幼儿食用的零售包装配方奶粉	1829.12	0.48	79	聚酯短纤其他织物纯聚酯布指按重量计聚酯短纤含量在 85% 及以上	876.48	0.23
30	棉制针织或钩编男裤等包括马裤、短裤及其他长裤	1811.92	0.47	80	氯乙烯聚合物制单丝、条、杆及型材	859.72	0.22
31	非公路用货运自卸车	1785.40	0.46	81	其他离心泵	850.54	0.22
32	其他材料的其他鞋类配件	1720.48	0.45	82	非自推进的其他钻探或凿井机械	850.27	0.22
33	陶制厨房器具包括家用或盥洗用的	1718.77	0.45	83	过滤、净化装置用零件	849.26	0.22
34	卫生巾护垫及止血塞	1672.21	0.43	84	聚乙烯或聚丙烯制其他货物包装袋针织或钩编的，用扁条及类似材料制成	847.68	0.22
35	其他硅锰钢的条、杆	1607.56	0.42	85	航空或航天导航仪器及装置但罗盘除外	843.81	0.22
36	其他电压不超过 1000 伏的电导体	1599.46	0.42	86	甜饼干	829.29	0.22
37	压缩点火内燃活塞发动机柴油或半柴油机	1576.41	0.41	87	其他型载人车辆	806.62	0.21
38	合纤制短袜及其他袜类针织或钩编	1543.96	0.40	88	烟草代用品制的卷烟、雪茄烟	802.73	0.21
39	品目 8474 所列机器的零件	1477.98	0.38	89	其他编号未列名的食品	787.52	0.20
40	其他不含可可的糖食	1451.87	0.38	90	棉制针织或钩编连衣裙	782.74	0.20
41	宽 >30 厘米弹性针织或钩编织物按重量计弹性纱线含量在 5% 及以上且不含橡胶线	1429.37	0.37	91	其他阀门用于管道、锅炉、罐、桶或类似品的	774.65	0.20
42	零售包装有机表面活性剂制品	1423.55	0.37	92	加味、加糖或其他甜物质的水	770.60	0.20
43	其他精制糖	1399.47	0.36	93	初级形状的纯聚氯乙烯	766.35	0.20

续表

排名	产品名称	进口值	占比	排名	产品名称	进口值	占比
44	其他煤	1396.35	0.36	94	1.5 升<排量≤ 3 升装点燃往复式活塞内燃发动机的其他载人车辆	761.65	0.20
45	主要或仅与粘胶纤维短纤混纺聚酯短纤织物	1383.26	0.36	95	华夫饼干及圣餐饼	758.46	0.20
46	未加香料或着色剂其他甘蔗原糖	1333.19	0.35	96	其他纺织材料制婴儿服装及衣着附件针织或钩编	742.44	0.19
47	棉质男式短裤	1298.60	0.34	97	牙膏	730.73	0.19
48	用塑料涂面或盖面的壁纸及类似品包括起纹，压花，着色，印制图案或经其他装饰	1282.58	0.33	98	其他面包，糕点，饼干及烘焙糕饼	728.92	0.19
49	上釉的大陶瓷砖，瓦，块及类似品	1277.26	0.33	99	额定容量≥ 10000 千伏安液体变压器	721.97	0.19
50	木制碎料板不论是否用树脂或其他有机粘合剂粘合	1259.32	0.33	100	印花的其他混纺合成纤维布	713.49	0.19

数据来源：由联合国商品贸易数据计算整理所得

相对于 2005 年，2016 年吉尔吉斯斯坦排名前 10 的进口产品种类有所变动。其中，车用汽油、航空汽油；其他煤；其他精制糖；小麦或马尾松种子免耕小麦；无线电广播、电视发送设备等包含接收装置或声音录制的传送设备等产品进口需求明显下降；其他塑料及橡胶制鞋面的其他鞋靴；轻油及制品不含生物柴油；飞机和其他飞机的空载重量超过 15000 公斤；其他合纤短纤其他机织物针叶木厚板材经纵锯、纵切、刨切或旋切的，厚度超过 6 毫米等产品进口需求明显上升。从进口产品的集中度来看，2005 年进口产品排名前 5 的额度为 3.44 亿美元，占比为 31.08%，排名前 10 的额度为 4.3 亿美元，占吉尔吉斯斯坦进口总额的 38.8%。2016 年进口产品排名前 5 的额度为 6.76 亿美元，占比为 17.58%，排名前 10 的额度为 9.54 亿美元，占吉尔吉斯斯坦进口总额的 24.81%。虽然集中度有所下降，但是以石油及其制品为代表的能源商品始终是吉尔吉斯斯坦主要的进口产品，占据着主导地位。从吉尔吉斯斯坦进口前 100 名产品分类来看，2005 年与 2016 年，吉尔吉斯斯坦进口产业变动幅度较小，主要分布在能源及其制品；塑胶制品；药物；化工制品；机械零配件等。

图书在版编目（CIP）数据

“一带一路”沿线国家出口比较优势分析与进口需求研究．南亚和中亚国家／李敬等著．—北京：经济日报出版社，2019.7

ISBN 978-7-5196-0564-3

Ⅰ．①一…　Ⅱ．①李…　Ⅲ．①进出口贸易—对比研究—南亚、中亚　Ⅳ．①F746

中国版本图书馆 CIP 数据核字（2019）第 141778 号

“一带一路”沿线国家出口比较优势分析与进口需求研究：南亚和中亚国家

作　　者	李　敬　雷　俐　李志军等
责任编辑	周　璠
责任校对	徐建华
出版发行	经济日报出版社
地　　址	北京市西城区白纸坊东街 2 号 A 座综合楼 710（邮政编码：100054）
电　　话	010—63567684（总编室）
	010—63538621　63567692（发行部）
网　　址	www.edpbook.com.cn
E — mail	edpbook@sina.com
经　　销	全国新华书店
印　　刷	北京九州迅驰传媒文化有限公司
开　　本	710×1000 mm　1/16
印　　张	13.5
字　　数	240 千字
版　　次	2019 年 8 月第一版
印　　次	2019 年 8 月第一次印刷
书　　号	ISBN 978—7—5196—0564—3
定　　价	68.00 元